高职交通运输大类专业城市轨道交通方向规划教材

城市轨道交通行车组织

ChengShi GuiDao JiaoTong XingChe ZuZhi

主　编 ◎ 费安萍
副主编 ◎ 周世爽　刘婉玲

人民交通出版社
China Communications Press

内 容 提 要

本书为高职交通运输大类专业城市轨道交通方向规划教材之一。全书紧密结合岗位工作职责和内容，分别就正常情况车站行车工作组织、车辆段（车厂）行车组织、非正常情况行车组织及应急处理、调车作业组织、运用列车运行图确保运输生产秩序、施工组织及管理、车站行车工作细则管理、运营调度指挥、城市轨道交通运输能力计算、行车事故分析与处理十个项目进行了讲解和介绍。

本书适于高职高专城市轨道交通运营管理类专业学生选作教材使用，也可供从事城市轨道交通规划、建设和运营管理的专业技术人员阅读参考。

图书在版编目（CIP）数据

城市轨道交通行车组织／费安萍主编. --北京：人民交通出版社，2011.12

ISBN 978-7-114-09558-0

Ⅰ.①城… Ⅱ.①费… Ⅲ.①城市铁路－轨道交通－行车组织 Ⅳ.①U239.5

中国版本图书馆 CIP 数据核字（2011）第 270315 号

书　　名：城市轨道交通行车组织
著 作 者：费安萍
责任编辑：杜　琛　卢　珊
出版发行：人民交通出版社股份有限公司
地　　址：（100011）北京市朝阳区安定门外外馆斜街 3 号
网　　址：http://www.ccpress.com.cn
销售电话：（010）59757973
总 经 销：人民交通出版社股份有限公司发行部
经　　销：各地新华书店
印　　刷：北京市密东印刷有限公司
开　　本：720×960　1/16
印　　张：19.75
字　　数：388 千
版　　次：2011 年 12 月　第 1 版
印　　次：2015 年 3 月　第 3 次印刷
书　　号：ISBN 978-7-114-09558-0
定　　价：39.00 元

前言 Preface

距编者于2007年2月编写出版《城市轨道交通行车组织》一书已过四年。这四年间，我国城市轨道交通行业发生了历史性的巨大变化。首先是运营里程呈爆发式增长。经过2008年北京奥运会、2010年上海世博会、2010年广州亚运会，北京、上海、广州三大城市的地铁运营线路已经从原来的干线运营迅速发展为线网运营，上海已经成为国内首个地铁网络突破400km的城市，成为仅次于伦敦的世界第二大地铁城市。其次是形成线网运营的地铁客流量成倍增长。以广州地铁为例，2002年日最大客流量约为80万人次，2006年日最大客流量为200万人次，截至2010年6月广州地铁日最大客流量为500万人次，亚运会前广州地铁运营线路里程达到236km，亚运会期间广州地铁日最大客流量突破历史性的800万人次。由于运营里程和客流量的爆发式增长，我国城市轨道交通行车组织及调度指挥发生了较大的变化。

四年间，我国的高等职业教育也进行着颠覆式的改革。2006年11月高等职业技术教育的标志性文件——教高2006【16号】文明确指出“高职教育是高等教育的一个类型”，首次将高职教育定位于与普通高等教育同等地位的一级学科。同时教育部和财政部共同启动“国家示范性高等职业院校建设计划”，率先启动100所示范院校项目建设，对基于职业岗位工作过程的专业课程体系和核心课程教学改革进行了探索和实践。在此基础上，2010年12月，教育部同财政部联合启动了新增100所国家骨干高职院校建设，明确提出骨干高职院校以高技能高素质的“双高”型技能人才为培养目标，既强调高技能，又强调具有一定理论基础的高素质，修正了之前过于重视“职业技能”、轻视“专业理论”的教学思想，并要求将技师职业资格标准纳入人才培养方案，突出“高职教育”的“高等教育”和“职业教育”双重属性。

2010年11月，全国铁路特有工种首届职业技能大赛——全国首届高职接发列车职业技能大赛在武汉举办，使编者深刻意识到学生综合职业能力的提高有赖于培养学生综合运用行业企业规章完成接发列车等的企业实际生产任务能力，及设备故障情况下的应急处理能力。职业教育只有以学生为中心，立足于就业岗位，以生产任务为教学内容，在完成岗位典型工作任务的基础上，依据国家职业标准和地铁企业职业技能鉴定考核大纲，将职业资格考证内容融入教学，才能培养学生综合职业能力，适应就业需求，满足学生可持续性发展的需要。

基于上述两方面原因，为有效培养学生岗位实际职业能力，在人民交通出版社的组织下，编者对《城市轨道交通行车组织》教材进行了项目导向、任务驱动的编写体例修订，以任务为驱动组织项目教学改革。本教材将城市轨道交通行车组织职业能力的培养划分为十个职业岗位工作项目——正常情况车站行车工作组织、车辆段(车厂)行车组织、非正常情况行车组织及应急处理、调车作业组织、运用列车运行图确保运输生产秩序、施工组织及管理、车站行车工作细则管理、运营调度指挥、城市轨道交通运输能力计算、行车事故分析与处理。每一工作项目根据相关就业岗位典型工作任务分析归纳为 2～4 个学习性工作任务。同时为贯彻以学生为中心的教学理念，培养学生独立学习、探究学习的能力和素质，每个项目不但设计了复习思考、实训演练，还设计了案例导入、职业技能鉴定相关规定、交流与讨论。

本教材的编写依据来源于我广州铁路职业技术学院与广州、深圳、香港等珠三角广大地铁公司进行的地铁站务订单人才培养方案、广州地铁站务岗位应知应会、深圳地铁与深圳市职业技能鉴定中心共同开发的地铁车站值班员和站务员两个工种的职业技能考核大纲及香港地铁行车规章等内容。自 2003 年 10 月我院为深圳地铁开办深圳地铁站务订单班起至 2011 年 7 月，我院为广州地铁、深圳地铁、香港地铁、深圳地铁 3 号线等珠三角各大地铁运营公司开办了六届 12 个地铁站务、地铁运营订单班，共计 600 余人次。均采用量身定制形式根据地铁公司岗位职业能力需求组织教学。因此本教材也是数年来我院与珠三角各大地铁运营公司校企合作的结晶。

本书编者均为从事城市轨道交通行车组织的资深岗位从业者和教师。全书由费安萍任主编，周世爽、刘婉玲任副主编。具体编写分工如下：项目一、三(广州铁路职业技术学院费安萍)；项目二(大连交通大学轨道交通技术学院温向东)；项目四(广州铁路职业技术学院马国治)；项目五(广州铁路职业技术学院费安萍、辽宁铁道职业技术学院刘婉玲)；项目六、十(广州铁路职业技术学院曾险峰)；项目七、九(广州铁路职业技术学院沈俊娜)；项目八(广州铁路职业技术学院费安萍、深圳地铁周世爽、广州东站刘启绍)。

非常感谢深圳地铁调度票务部部长周世爽高级工程师参加本教材项目

八运营调度指挥的编写;广州东站原主管行车副站长刘启绍工程师参加本教材项目八运营调度指挥的编写,并担任我院兼职教师,主讲两届城市轨道交通行车组织,对本教材从编写到实践都提出了宝贵意见。

感谢广深铁路股份有限公司广州车务段刘明翔高级工程师、广州地铁运营总公司培训中心经理胡铁军工程师、广州车务段许中喜技师、广州地铁设计院欧阳长城高级工程师,对本书的编写架构和内容提出了宝贵意见。

由于时间关系及水平有限,书中疏漏和错误之处敬请读者反馈,以便今后修订和完善。书中参考引用了国内外有关从事城市轨道交通研究的专家、学者的著作和论文,在书末列出了主要参考文献目录,在此亦表示衷心的感谢。

编　者

2011 年 7 月于广州

目录 Contents

绪论　城市轨道交通概述

随着中国经济的持续高速发展、城市化进程的加快、城市人口及车辆的急剧增长,城市交通拥堵问题日益突出。同时城市交通造成的环境污染,严重制约了生态型城市的建设和城市的可持续性发展。世界各国为解决城市交通拥堵、降低大气污染都作出了不懈的努力,积累了大量经验,其途径之一就是发展运量大、快捷、安全、准点、环保的城市轨道交通。

城市客运交通体系如图 0-1 所示,其中地铁、轻轨、城市铁路均属于城市轨道交通范围。我国国家标准《城市公共交通常用名词术语》(GB 5655—1985)中,将城市轨道交通定义为"通常以电能为动力,采取轮轨运转方式的快速大运量公共交通之总称"。城市轨道交通按不同的标准,可分为轮轨系统和磁悬浮系统,双轨系统和独轨系统。一般按客运能力的大小,将城市轨道交通分为大运量的城市快速铁路、城市地铁,中运量的轻轨交通和小运量的独轨交通等。

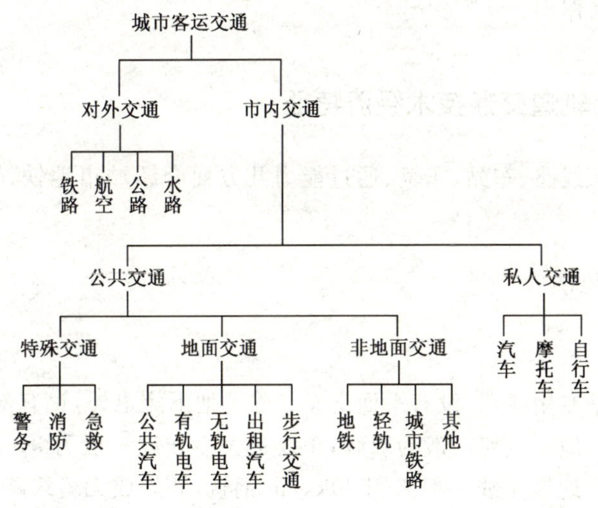

图 0-1　城市客运交通体系

世界上已有 130 多个城市兴建了地铁和轻轨交通。在城市公共交通中,轨道交通发挥了重要作用。历史经验表明,大力发展公共交通,在客流高峰期适当限制私人交通是解决城市交通问题唯一有效的措施。纽约、巴黎、首尔、东京等世界发达国家的城市轨道交通建设历史证明，在人口超过100万以上的大城市或特大城市发展城市轨道交通，构建城市公共交通骨架，密切配合公交运输，是解决大城市、特大城市交通问题的根本措施。

纽约和巴黎的轨道交通和道路公交由于能良好地衔接与配合，轨道交通承担了公交客运量的60%～67%，承担的客运周转量在83%以上。这是较为典型的以轨道交通为主，道路公交为辅的公交系统结构。1992～2002年，纽约市轨道交通承担公交系统客运量的59%～68%，承担的客运周转量为83%～87%。2002年轨道交通在巴黎大区承担了67%的客运量和84%的周转量。

我国以广州市为例，2009年1月广州市城市公共交通日均客运量为1085.23万人次，当时地铁运营的4条线路日平均客流为150万人次，占城市公共交通客运量的13%，节假日地铁输送客流可达城市公共交通客运量的20%。

到2010年广州亚运会前夕，广州投入运营的线路里程达到236km，属于城市轨道交通网络阶段，地铁的日均客运量达到500万人次，占城市公共交通客运量的30%～40%。亚运会初期免费乘车周最大日客运量突破历史性的800万人次，超过广州市日均公交客运量的一半。随着广州市地铁建设速度的加快，到2015年，广州市规划建设超过400km的轨道交通线路。可以预见，2015年广州市城市轨道交通完成客运量占城市公共交通完成客运量份额将超过50%，在城市公共交通中起到骨干和脉络作用。

一 城市轨道交通技术经济特征

这里主要从线路、车站、车辆、通过能力几方面介绍城市地铁、轻轨、独轨的技术经济特征。

(一)城市地铁

1.线路

地铁通常是专用线路，没有平面交叉。除了地下隧道外，也有部分线路在地面上或高架桥上。地铁线路一般为双线，正线最大纵坡度一般为3%，最小曲线半径为300～400m。地铁正线一般采用60kg/m钢轨，并焊成无缝线路，地铁其他线一般铺成普通线路，钢轨类型次于正线。地铁隧道内普遍采用整体道床，无需补充石砟或更换轨枕。高架线路可采用新型轨下基础，地面线路宜采用碎石道砟以降低投资。整体道床的优点是整体性强、稳定性好，轨道几何尺寸易于保持，可减少养护维修工作量。其不足是工程造价高、施工难度大，一旦成型无法纠偏，出现病害难以整治，道床弹性差。

2. 车站

地铁车站按其功能分为四种：中间站（只供乘客乘降用，此类车站数量最多）；折返站（在中间站设有折返线路设备，可供列车折返的车站）；换乘站（既用于乘客乘降又为乘客提供换乘的车站，有立体交叉换乘和同站平行换乘等方式）；终点站（地铁线路两端的车站，除了供乘客上下或换乘外，通常设置若干条尽端线提供给列车停留、折返、临修及检修使用）。

地铁车站一般设两层，即站厅层和站台层。形成网络之后，为了方便换乘，两条及以上线路交会站一般为三层或多层设计。为方便乘客，每一车站视地区客流情况设计多个出入口，出入口及站台层、站厅层均设有导向标志。

地铁车站有侧式、岛式和混合式等形式，一般多为高站台。站台长度应满足远期列车编组长度的需要。

3. 车辆

地铁列车编组通常为 3～10 辆。车辆宽度在 2.8～3m。早期地铁车辆采用耐候钢，现多采用铝合金车体以降低车辆质量，提高运行速度。地铁车辆最高运行速度可达 80～120km/h，运营速度为 35～40km/h。地铁车辆设计具有大容量的特点，车辆定员为 200～320 人。地铁车辆在牵引控制、调速制动以及故障诊断等方面采用了各种先进技术，自动化程度高。

4. 通过能力

地铁信号系统一般采用先进的微机联锁、自动闭塞设备并装备列车自动控制系统（ATC 系统）。ATC 系统包括列车自动防护子系统（ATP 系统）、列车自动运行子系统（ATO 系统）和列车自动监控子系统（ATS 系统），可确保地铁列车安全准点地进行运营。列车运行间隔可低至 90s。我国广州地铁 3 号线及武汉轻轨等线路率先采用了更为先进的移动闭塞技术，可更有效地提高线路通过能力和降低列车运行间隔。地铁高峰小时的运输能力为 3 万～7 万人。

地铁还具有安全、准点、节省能源、环保、节约城市土地等特征，也具有综合造价高、修建期长等特点。

（二）轻轨

1. 线路

轻轨线路可以为地面、地下和高架桥多种形式。铺设地面的线路有三种情况：无平面交叉的全封闭专用车道、有平面交叉的半封闭专用车道及允许与其他车辆混行的混合车道（常见于原有轨电车道路）。在新建轻轨工程中，主要采用前两种专用道。线路一般为双线，最大纵坡度可达 8%，最小曲线半径为 30m。

2.车站

轻轨车站设施简单，地面车站主要建筑物就是装有风雨篷的站台，站台高度与车厢地板相平。近年来开始流行低地板新型有轨电车，站台不必加高，旅客在地面就能方便上下车，车站建造更为简便。

轻轨车站按功能也分为中间站、折返站、换乘站和终点站四种。车站布置有岛式、侧式和混合式等形式。

3.车辆

新型轻轨车辆基本可分为四轴车、六轴单铰接车、八轴双铰接车三种类型，具有大容量、轻型化、铰接式、低地板和宽敞舒适等特点。目前轻轨车辆是以钢轮和钢轨为走行系统的交通方式。由于轻轨线路大部分在地面和高架桥上，轻轨车辆要特别注意减振、减噪，积极采用弹性车轮和橡胶弹簧装置。

新型轻轨车辆定员 130～270 人。车辆最高运行速度可达 60～80km/h，运营速度为 20～35km/h。

4.通过能力

轻轨列车的运行控制有人工控制、列车自动防护系统控制和列车自动控制系统控制三种类型。列车最小运行间隔可低至 90s。轻轨高峰小时的最大运输能力为 8000～40000 人。

轻轨还具有节省能源、环保、综合造价低、修建期短、运营成本低、能适应陡坡急弯等特点。

(三)独轨

1.线路

独轨有悬挂式和跨骑式两种，线路均为高架式，以单线为主，最大纵坡度可达 60‰，最小曲线半径可达 60m。

2.车站

独轨为高架设计，一般为三层，由下至上分别为地面、站厅、站台，乘客由自动扶梯和电梯上下。站台为岛式，站台两侧安装栅栏或屏蔽门。

3.车辆

悬挂式和跨骑式两种类型独轨的车辆形式不同。跨骑式独轨车辆较宽，约 3m；悬挂式独轨车辆宽约 2.6m。车辆定员：跨骑式独轨车辆为 140～190 人，悬挂式独轨车辆为 100～160 人。车辆最高运行速度可达 80km/h，运营速度约为 30km/h。

独轨列车通常4辆编组，受站台长度限制，最多6辆编组。独轨铁路的道岔转换时间较长，因此列车折返时间较长，列车最小运行间隔时间一般为3min。

4. 通过能力

独轨高峰小时的最大运输能力为5000～20000人。

独轨的其他技术经济特点有线路工程造价低、运行噪声小、占地面积小、旅客乘坐舒适且可观赏市容景色、能适应陡坡急弯、能耗大和车辆段投资较大等。

表0-1所示为城市轨道交通的基本技术经济特征。

地铁、轻轨、有轨电车的基本特征 表0-1

特征	地铁	轻轨	有轨电车
线路	主要在地下，封闭专用，曲线半径150～200m，纵坡3%～4%	地面、高架、地下，全部专用道，曲线半径25～50m，纵坡6%～7%	全部地面，混合道，部分专用道
运能	3万～7万人/h	1万～3万人/h	<1万人/h
车站形式	地面、高架、地下	地面、高架、地下	地面
站间距	1000～2000m	500～1000m	500m
站台长	100～200m	60～100m	20～30m
运行方式	各线独立运行	独立运行为主	多线混合运行
最小运行间隔	2min	2min	1min
平均速度	35～50km/h	25～30km/h	17～18km/h
车型	四轴	四轴、六轴、八轴	四轴
轴重	16t	10t	8t
编组	3～10辆	2～4辆	1～2辆
列车长	100～200m	60～100m	20～40m
供电电压	DC750/1500V	DC750V	DC600V
受电方式	三轨，架空线	架空线	架空线

二 世界城市轨道交通的发展

1863年英国建成第一条用蒸汽机车牵引的地铁线路，相对于地面拥挤的公共马车，尽管隧道内烟雾漫漫，但地铁列车的旅客运送速度从一开始就显示了强大的优势，受到市民的热烈欢迎。特别是1879年电力机车的成功研制运用，大大改善了地铁的客运环境和服务条件，地铁建设显示出强大的生命力。世界各大城市纷纷仿效建设轨道交通，城市轨道交通建设得到持续发展。

1863～1899年，英国伦敦、美国纽约、法国巴黎、匈牙利布达佩斯、奥地利维也纳等5个国家7座城市相继修建了地铁。

1900～1924年，德国柏林、西班牙马德里、美国费城等9座城市修建了地铁。

1925～1949年，由于期间经历了第二次世界大战，除了日本的东京、大阪，前苏联的莫斯科等少数城市继续修建地铁外，这一时期的地铁建设处于低潮。

1950～1974年，城市轨道交通建设蓬勃发展，相继有加拿大多伦多、意大利罗马、美国旧金山、韩国汉城（现首尔）和我国北京等约30座城市修建了地铁。

1975年至今，世界进入以和平和发展为主流的时期，世界范围内经济发展迅速，世界城市化进程大大加快，人口超过百万的城市不断增加；与此同时，发达国家的小汽车数量急剧增加，与城市街道有限的通行能力之间的矛盾日益突出，而且由汽车排放尾气造成的城市空气污染日益严重。世界各国为解决日益恶化的交通问题，纷纷建设城市轨道交通。城市轨道交通进入了新的历史发展时期。

一方面，城市轨道交通作为城市公共交通的骨干网络，有效地完成了艰巨的城市客运任务；另一方面，在建设生态性城市，将“摊大饼式”的城市发展模式转变为“伸开手指形”发展模式过程中，城市轨道交通发挥了巨大的作用。

在世界城市轨道交通中，地铁建设比较著名的有伦敦、纽约、巴黎、华盛顿、莫斯科等城市。表0-2为运营线路里程超过100km的城市地铁概况。

运营线路里程超过100km的城市地铁概况 表0-2

城市	城市人口（万人）	区域人口（万人）	线路里程（km）	地下线路里程（km）	高架线路里程（km）	地面线路里程（km）	车站（个）	供电（V）	受电方式
纽约	730	1330	436	253	129	75	501	DC625	三轨
伦敦	670	—	398	16.3	—	235	273	DC600	三轨
巴黎	210	1020	192	177	13.7	1.1	429	DC750	三轨
莫斯科	880	—	220	184	36	—	143	DC825	三轨
东京	840	1190	218	174	24	20	206	DC1500	三轨/架空线
芝加哥	300	700	163	18	85	60	143	DC750	三轨
墨西哥	2000	—	141	103	10	28	125	DC750	两导向杆
柏林	260	438	191	114	3	74	180	DC780/600	三轨
首尔	1020	1350	116	116	—	—	102	DC1500	三轨
马德里	320	400	113	105	3	5	137	DC600	架空线
华盛顿	60	300	112	62	10	40	64	DC750	三轨
斯德哥尔摩	66	160	105	62	—	—	99	DC650/750	三轨
大阪	260	—	104	93	11	—	98	DC750	三轨/架空线

1. 地铁建设

(1)伦敦

伦敦作为世界上最早修建地铁的城市，历经 130 多年的发展，通过不断地技术创新，其地铁系统已成为当今世界先进的技术范例之一。目前，伦敦地铁网络四通八达，地铁线路总长度约 398km(地下隧道 163km)，车站 270 多座，地铁车辆保有量 4000 多辆，年客运总量超过 8 亿人次。

(2)巴黎

1900 年为举办“凡尔赛展览会”，巴黎修建了其第一条地铁，从巴士底通往马约门，全长约 10km。如今，巴黎市区地铁已发展到 15 条线路，总长度 211km(地下隧道约 175km)，设有 370 个地铁站，成为一个密集的地下交通网络。巴黎地铁站间距离最短，平均站间距约 500m。巴黎地铁站的建筑设计十分精美，风貌别致，技术设备极为先进，被人们誉为“地下宫殿”。

(3)莫斯科

1932 年莫斯科的第一条地铁开始动工，线路全长约 11.6km，共设置车站 13 座，1935 年 5 月建成通车。如今的莫斯科拥有地铁线路 9 条，线路总长 244km，地铁车站 150 余座。莫斯科地铁每年最高客运量达 33 亿人次，是世界上最繁忙的地铁之一。莫斯科地铁以其建筑风格和客运效率闻名于世。莫斯科每一座地铁车站均是由著名设计师设计，并配有较高艺术水平的雕塑作品，宛如艺术宫殿。莫斯科地铁运营时间长、票价低廉、换乘方便，是全世界最方便的地铁之一。图 0-2 所示为莫斯科地铁。

图 0-2　富丽堂皇的莫斯科地铁

(4)纽约

1867 年纽约修建了其第一条地铁。目前纽约地铁线路总长约 436km(地下隧道约 253km)，车站约 47 座，地铁车辆保有量 6500 多辆，年客运总量超过 10 亿人次，是世界地铁线路最多、里程最长的城市地铁。

2. 轻轨建设

地铁建设蓬勃发展的同时，轻轨建设也取得了长足的发展。轻轨是从传统的有轨电车发展起来的。

19 世纪初是有轨电车的黄金时代。1881 年德国柏林工业博览会期间，一辆只能乘坐 6 人的有轨电车在 400m 长的轨道上展示，这是世界上第一辆有轨电车。世界上第一个投入商业运营的有轨电车系统出现于 1888 年美国弗吉尼亚州里士满市。

20 世纪初，有轨电车系统发展很快，至 20 世纪 20 年代，美国的有轨电车线路总长达到 25000km。到了 30 年代，欧洲、日本、印度和我国的有轨电车有了很大的发展。1908 年我国第一条有轨电车线路在上海建成通车，1909 年大连市也建设了有轨电车线路，在随后的年代里，北京、天津、沈阳、哈尔滨、长春等城市都相继修建了有轨电车线路，其在当时的城市公共交通中发挥了骨干作用。

旧式有轨电车行驶在道路中间，与其他车辆混合运行，又受路口交通信号灯的控制，运行速度很慢，正点率低，而且噪声大，加减速性能较差。随着汽车工业的迅速发展，西方国家私人小汽车数量急剧增长，大量的汽车涌上街头，城市道路面积明显不够使用。20 世纪 50 年代开始，世界各国大城市都纷纷拆除有轨电车线路，这阵风潮也波及我国。到 50 年代末，我国各大城市也把有轨电车线路基本拆完，仅剩下大连、长春的个别线路，并一直保留至今，继续承担着日常公共客运任务。

在二十世纪六七十年代地铁建设高潮发展时期，由于地铁造价昂贵，建设进度受财政和其他因素制约，西方大城市在建设地铁的同时，又重新把注意力转移到地面轨道上来。他们利用现代高科技开发了新一代噪声低、速度高、走行部转弯灵活、乘客上下方便、甚至照顾到老人和残疾人的低地板新型有轨电车。在线路结构上，也采用了降噪声技术措施。在速度要求较高的线路上，采用专用车道，于与繁忙道路交叉处，进入半地下或高架交叉，互不影响。对速度要求不高的线路，可与道路平齐，与汽车混合运行。

1978 年 3 月，国际公共交通联合会(EITP)在比利时首都布鲁塞尔会议上，确定了新型有轨电车交通的统一名称，英文为 Light Rail Transit，简称轻轨交通(LRT)。二十世纪八九十年代，环保问题、能源结构问题突出，在经济可持续发展战略方针的指导下，全世界又掀起了新一轮轻轨交通系统建设的高潮。据粗略统计，已有 50 个国家建有 360 条轻轨线路。我国长春、大连等地也在近年建成了新型轻轨线路，武汉、天津轻轨也已投入运营。长春轻轨所使用的车辆，由湘潭电机股份有限公司生产，可载员 300 人，低地板部分离地面只有 350mm，极大地方便了乘客上下车。

从 20 世纪城市交通的发展历程,可以看出有一个否定之否定的发展过程。有轨电车从大发展到大拆除,然后汽车登上历史舞台,逐渐成了城市交通的主角;到 20 世纪末,以地铁和轻轨为代表的城市轨道交通又恢复了它的主导地位,这是个螺旋式的上升过程。随着世界经济的快速发展及科学技术的飞速发展,中等运量的轨道交通系统已不仅仅局限于传统的钢轮钢轨系统方面,而形成了形式多样的交通系统,如直线电机系统、橡胶轮体系的新交通系统(AGT)、跨座式独轨交通系统以及悬挂式独轨系统等。

三 我国城市轨道交通的发展

从 20 世纪 60 年代北京开始建设城市地铁起,我国城市轨道交通建设经历了长期、曲折的发展过程,并有一段时期的停滞。近年来我国的城市轨道交通发展正处于历史性的快速发展阶段。线路营业里程呈爆发式增长态势。北京、上海、广州分别经历了奥运会、世博会和亚运会的举办,使得线路营业里程和客流量急剧增长。天津、深圳、重庆、南京、武汉等城市的城市轨道交通保持了持续稳定的发展势头。许多城市也在筹建轨道交通。当前我国的城市轨道交通建设可分为四种情况:第一种,已具有建设和运营管理城市轨道交通的经验,正在进行城市轨道交通网络化建设,在城市中发挥骨架作用,例如北京、上海、广州等城市;第二种,具有建成一条线或正在建设城市轨道交通的城市,开始进行第二条、第三条城市轨道交通的前期工作,尽快形成城市轨道交通客运走廊的作用,例如深圳、南京、重庆、武汉、长春、大连、杭州等城市;第三种,正在开展城市轨道交通建设工作,例如长沙、沈阳、西安等城市;第四种,在经济发达地区,如珠江三角洲地区、长江三角洲地区、京津塘地区,正在酝酿城市间的城际轨道交通建设。一些经济发达地区的中等城市也在积极筹备建设地铁。我国的城市轨道交通行业虽然只有 40 年的历史,但与发达国家一百多年的历史相比较,发展速度是比较快的,设计、施工、管理水平快速提高,有的已达到国际先进水平,有的已处于国际领先水平。当然,在综合交通规划与设计及一些关键技术设备研发和运营管理水平等方面,我国与国外发达国家尚有较大差距。我国地铁建设有代表性的城市为北京、上海、广州等。

1. 北京地铁(图 0-3)

北京地铁是我国第一条地铁,一期工程于 1965 年动工,1969 年 10 月通车试运行,宣告了中国没有城市地铁历史的结束。

地铁 1 号线为已开通的线路,全长 30.44km,设 23 站。各站站名为黑石头、高井、福寿岭、苹果园、古城路、八角游乐园、八宝山、玉泉路、五棵松、万寿路、公主坟、军事博物馆、木樨地、南礼士路、复兴门、西单、天安门西、天安门东、王府井、东单、

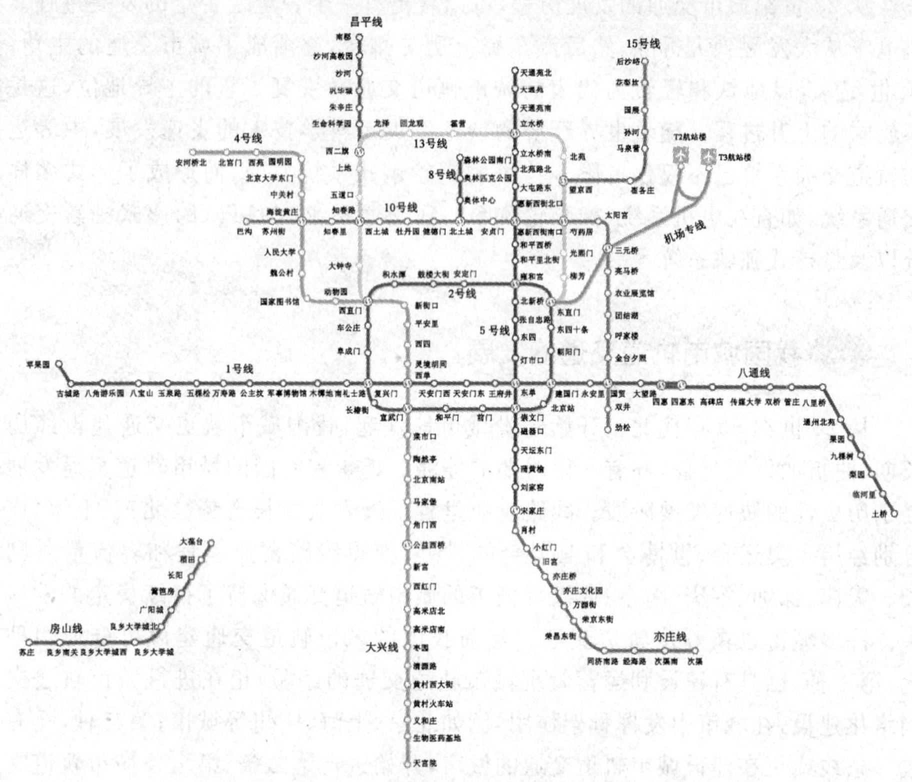

图 0-3　2011 年 1 月北京地铁运营图

建国门、永安里、国贸、大望路、四惠、四惠东。其中黑石头、高井、福寿岭站为非运营车站。

八通线为已开通的线路。2000 年 12 月开始修建北京地铁八通线，八通线是北京地铁 1 号线的东段延长线，西起四惠站，东至土桥站，全长 18.964km，设四惠、四惠东、高碑店、广播学院、双桥、管庄、八里桥、通州北苑、果园、九棵树、梨园、临河里、土桥，共 13 座车站。“八通线”之名起源于“复八线”，“复八线”原计划从复兴门到八王坟，在修建之前即确定了“八通线”之名，此后建设的“八通线”虽然是由四惠修建到通州土桥，“八通线”之名却一直沿用了下来。为加快东部地区的发展，北京市政府已将地铁 1 号线和地铁八通线贯通。

地铁 2 号线为已开通的线路。全长 23.1km，共设 18 站。各站站名为西直门、车公庄、阜成门、复兴门、长椿街、宣武门、和平门、前门、崇文门、北京站、建国门、朝阳门、东四十条、东直门、雍和宫、安定门、鼓楼大街、积水潭、西直门。

地铁 5 号线为已开通的线路。这条线路北起昌平区太平庄，南至朝阳区宋家庄，全长 27.6km。共设 23 座车站，分别为天通苑北站、天通苑站、天通苑南站、立水桥站、立水桥南站、北苑路北站、大屯路东站、惠新西街北口站、惠新西街南口站、和平西桥站、和平里北街站、雍和宫站、北新桥站、张自忠路站、东四站、灯市口站、东单站、崇文门站、磁器口站、天坛东门站、蒲黄榆站、刘家窑站、宋家庄站。2007年10月7日投入试运营。

地铁8号线为建设中的线路。线路全长28.4km，设19站，分别是朱辛庄、龙铭苑站、回龙观东站、霍营北站、霍营站、西三旗站、西三旗南站、永泰站、林翠路站、森林公园南门站、奥林匹克公园站、奥体中心站、北土城站、安华桥站、安德里站、鼓楼大街站、后海站、地安门站和美术馆后街站。

奥运支线为已通车线路。奥运支线是地铁8号线的一期工程，从北土城站到森林公园南门，全长4.528km，共设4座车站，分别为北土城站、奥体中心站、奥林匹克公园站、森林公园站，已于2008年7月19日通车试运营，10月8日对公众开放。

地铁10号线全长57.13km，设地下车站45座。一期线路已通车，全长24.65km，设车站22座，具体是巴沟站、苏州街站、海淀黄庄站、知春里站、知春路、西土城站、牡丹园站、建德门站、北土城站、安贞门站、惠新西街南口站、芍药居站、太阳宫站、三元桥站、亮马桥站、农业展览馆站、团结湖站、呼家楼站、金台夕照站、国贸站、双井站、劲松站。二期线路正在建设，全长33km，设车站24座，预计2012年通车。

地铁13号线为已开通的线路，西起西直门，东至东直门，全路线呈倒“U”字形，全长40.5km。共设16座车站，各站站名为西直门、大钟寺、知春路、五道口、上地、西二旗、龙泽、回龙观、霍营、立水桥、北苑、望京西、芍药居、光熙门、柳芳、东直门。于2003年1月9日全线开通。

机场线又称机场快轨，为已开通的线路。机场线是从东直门至北京首都国际机场的线路，全长27.3km，共设置东直门、麦子店西路、2号航站楼和3号航站楼4座车站。2008年7月19日开通运营。

2010年12月30日，北京5条地铁新线同时开通并投入试运营，新开通的5条线分别是大兴线、亦庄线、昌平线、房山线以及15号线(望京西到顺义后沙峪段)。新线与既有地铁线路连接，使得北京郊区5座新城进出市区的时间均缩短至1h以内。新线还将以各种形式延伸，与河北省多个区域的交通基础设施实现对接，“京津冀都市圈”初步成型。新增的5条线路则呈放射状，向京城北、东北、东南、南、西南5个方向延伸。

5条新线开通后，北京地铁运营线路由目前的9条增加到14条，运营里程由228km增长到336km，增加了108km，同时也已超过“十一五”期间制订的270km的规划目标；车站达到198座；日均客运量从2005年的186万人次增加到现在的600多万人次，轨道交通已经开始逐步成为市区内的主要交通方式。

2. 上海地铁

图 0-4 所示为 2010 年上海地铁世博会的运营线路图。截至 2010 年 6 月 30 日，上海轨道交通线网已开通运营 11 条线、267 座车站，运营里程达 420km，成为国内首个突破 400km 地铁网络的城市，也成为仅次于伦敦的世界地铁第二大城市。

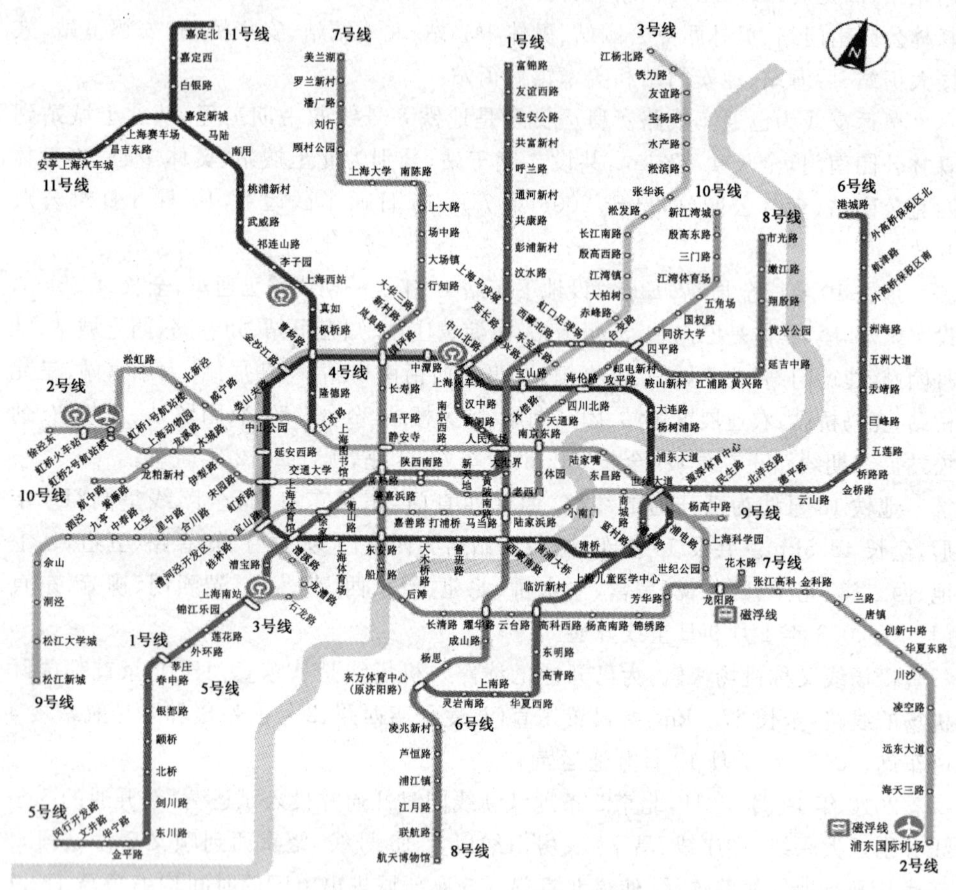

图 0-4　2010 年 6 月上海轨道交通网络图

轨道交通 1 号线南段（锦江乐园－徐家汇）于 1993 年 4 月 9 日投入观光运营，1 号线全线（锦江乐园－上海火车站）于 1995 年 4 月 10 日试运营，南、北、北延伸段分别于 1997 年 7 月 1 日、2004 年 12 月 28 日和 2007 年 12 月 29 日开通试运营。1 号线（富锦路－莘庄）长近 37km，共设 28 座车站，是一条纵贯上海南北走向的交通大动脉。

轨道交通 2 号线一期工程（龙阳路－中山公园）于 1999 年 10 月 20 日投入观

光运营,2 号线(张江高科—中山公园)于 2000 年 12 月 26 日建成试运营,西延伸段于 2006 年 12 月 30 日开通,东延伸一期于 2010 年 2 月 24 日开通,西西延伸于 2010 年 3 月 16 日开通,东延伸二期于 2010 年 4 月 8 日开通。2 号线(徐泾东—浦东国际机场)全长约 60km,投入运营车站 31 座,是一条横贯上海市区连接浦江两岸的东西向线路。

轨道交通 3 号线(上海南站—江湾镇)于 2000 年 12 月 26 日建成试运营,北延伸段于 2006 年 12 月 18 日开通。3 号线(上海南站—江杨北路)长约 40km,共设 29 座车站,是一条环绕中心城区以高架为主的地铁线路。

轨道交通 4 号线于 2005 年 12 月 31 日开始"C"字形试运营,2007 年 12 月 29 日实现环通运营。4 号线长约 34km,共 17 座车站(不含共线段车站),与轨道交通 3 号线接轨成环。

轨道交通 5 号线于 2003 年 11 月 25 日建成试运营,全线位于闵行区。5 号线(闵行开发区—莘庄)长约 17km,共 11 座车站。其中,除莘庄站为地面车站,其余 10 座车站为高架车站。

轨道交通 6 号线工程于 2007 年 12 月 29 日建成试运营,全线位于浦东新区。6 号线(港城路—灵岩南路)长约 31km,设车站 27 座,其中高架车站 8 座,地下车站 19 座。

轨道交通 7 号线一期工程于 2009 年 12 月 5 日建成试运营,线路长 34.38km,投入运营车站 27 座,是上海轨道交通网络中一条南北向的骨干线。

轨道交通 8 号线一期工程于 2007 年 12 月 29 日建成试运营,8 号线二期于 2009 年 7 月 5 日建成试运营。8 号线二期与 8 号线一期(市光路—耀华路)贯通后,线路长 37.5km,投入运营车站 28 座。8 号线在人民广场与 1、2 号线形成大型轨道交通换乘枢纽,并在西藏南路站与 4 号线形成立体"十字"交叉换乘。

轨道交通 9 号线一期工程于 2007 年 12 月 29 日建成试运营,9 号线二期工程于 2009 年 12 月 31 日建成试运营。9 号线(松江新城—杨高中路)长约 46km,投入运营车站 23 座,是上海轨道交通网络中重要的市域级骨干线路。

轨道交通 10 号线于 2010 年 4 月 10 日建成试运营。10 号线(航中路—新江湾城)长 29.6km,投入运营车站 27 座。

轨道交通 11 号线一期的主线于 2009 年 12 月 31 日建成试运营,11 号线支线于 2010 年 3 月 29 日试运营,全长约 43.6km,投入运营车站 19 座。

13 号线世博专用线(世博大道—马当路)长约 5km,仅作为世博园内专用轨道交通,马当路站、卢浦大桥站、世博大道站仅限持世博门票乘客使用,与其他城市轨道交通运营网路不联通。世博会后该专线暂停对外运营。

3.广州地铁

2010 年广州亚运会前开通 6 条新线后,广州成为中国地铁第三城,运营总里程为 236km(含广佛线佛山段)。图 0-5 所示为 2011 年 6 月广州地铁运营线路图。

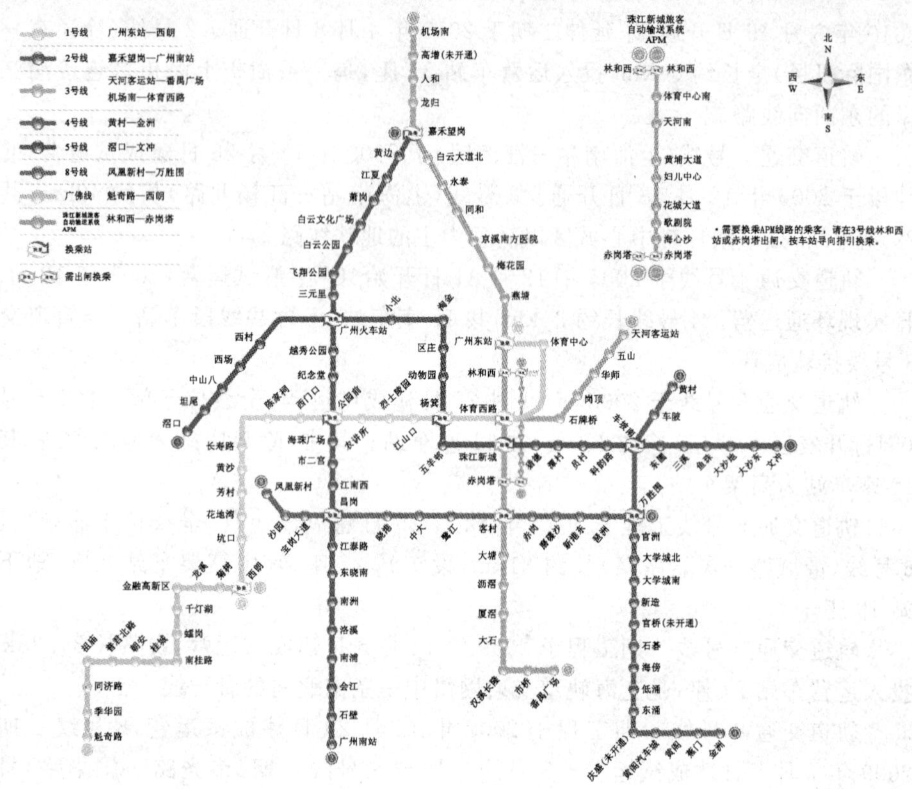

图 0-5 2011 年 6 月广州地铁运营线路图

1993 年 12 月 28 日,地铁 1 号线正式动工建设。1997 年 6 月 28 日,香港回归祖国前夕 1 号线西朗至黄沙首段 5 站开通。1998 年 12 月 28 日,地铁 1 号线全线建成。1999 年 6 月 28 日,地铁 1 号线全线开通运营。地铁 1 号线全长 18.48km,设 16 座车站。

地铁 2 号线首期段三元里到晓港于 2002 年 12 月 28 日正式开通。2003 年 6 月 28 日,地铁 2 号线全线(三元里—琶洲塔)19.90km 对外开通正式运营,共 17 座车站投入使用,分别为三元里、广州火车站、越秀公园、纪念堂、公园前、海珠广场、市二宫、江南西、晓港、中大、鹭江、客村、赤岗、磨碟沙、新港东、琶洲、万胜围,全部为地下车站。

地铁 3 号线首通段(广州东站—客村)于 2005 年 12 月 26 日开通,2006 年 12 月 30 日全线(包括客村—番禺广场和支线体育西路—天河客运站)开通试运营。3 号线呈南北走向,全长 36.33km,包括一条主线和一条支线,共设 18 站,全部为地下车站。其中主线的13站站名分别为天河客运站、五山、华师、岗顶、石牌桥、体育西路、珠江新城、赤岗塔、客村、大塘、沥滘、厦滘、大石、汉溪长隆、市桥和番禺广场;支线站名分别为广州东站、林和西、体育西路。3号线在国内率先采用"Y"字形线路,主线从天河客运站出发,到体育西站与支线相接,从而更经济、有效地解决了客流问题。3号线列车设计最高速度为120km/h,是国内已建地铁中时速最高的。

3号线北延段于2010年10月30日开通后,成为广州里程最长、车站最多、速度最快的线路。3号线北延段由广州东站向北延伸至新白云国际机场,新增线路30.9km,全部为地下线路。加上原来已建成的线路,3号线总长达到67.25km。

地铁4号线于2005年12月26日开通万胜围—新造试验段试运营。2009年12月28日4号线北延段(万胜围—车陂南)正式开通,4号线全长43.65km,线路呈南北走向,由天河区的黄村到南沙区的金洲,共16个站点,北部黄村—大学城南为地下线,共7个地下站;南部新造—金洲为高架线,共9个高架站,主要为大学城和南沙区服务。其中高架线预留了官桥和庆盛两个站的空位,待周边地区开发后建设。

地铁5号线于2009年12月28日开通运营,呈东西横向,西起荔湾区芳村滘口,东至萝岗区广州经济技术开发区的黄埔客运港。5号线全长40.5km,设24座车站,各站站名分别是滘口、坦尾、中山八、西场、西村、广州火车站、小北、淘金、区庄、动物园、杨箕、五羊邨、珠江新城、猎德、潭村、员村、科韵路、车陂南、东圃、三溪、鱼珠、大沙地、大沙东及文冲。

2010年9月25日地铁2/8号线(嘉禾望岗—广州南站,万胜围—昌岗)开通运营,是在原2号线中部拆解,向北、西、南延伸,形成的两条十字走向的交通骨干线,延长里程23.3km,新增车站17座。

广佛地铁原名为佛山地铁1号线。广佛线横跨广州的海珠区、荔湾区和佛山的禅城区、南海区,呈东西走向,线路西起佛山市魁奇路,东达广州市沥滘,总长约32.16km,全线共设站21座。广佛地铁首通段(魁奇路—西朗)约21km,于2010年11月3日亚运会前夕开通,计划2012年全线通车。

为解决拥阻的道路交通,广州地铁在亚运会后将进行新一轮的建设。从2011年开始至2015年,广州地铁规划建10条新线,包括:4号线南延段、8号线二期、8号线北延段、11号线、13号线二期、14号线首期及支线、16号线、20号线和白鹅潭快线等。到2015年,广州地铁运营总里程规划将达到470km。广州地铁的远期规划长度是600km。

值得指出的是,广州地铁虽然起步略晚,但建设成就非常突出。主要体现在广州地铁采用了城市轨道交通一系列国际第一流的设备。广州地铁2号线首次采用了刚性接触网,开辟了刚性接触网新纪元,大大减少了接触网故障处理和维修作业;2 号线在国内地铁车站站台首次安装了站台屏蔽门,有效减少了因列车在隧道内的活塞运行将站台冷气带走所造成的能源消耗,同时进一步保障了站台候车的乘客安全;采用非接触式 IC 卡车票,取代了传统的磁卡式车票,减少了车票因检票设备的机械传输所造成的机械磨耗,且方便乘客使用,降低乘客入闸、出闸时间,提高了闸机的通过能力;3 号线采用基于通信的移动闭塞信号技术,大大提高了线路的输送能力;4 号线采用直线电机技术,取代了传统的动轮、从轮,该技术从线路坡度(可大于 60‰)和线路最小曲线半径(可小于 80m)方面简化地铁线路设计,降低了基建投资成本。

广州地铁近年来致力于培养国内城市轨道交通专业人才,先后为深圳地铁、成都地铁、西安地铁等地铁公司培训控制中心行车调度员、车站值班员等岗位工作人员。

快速发展中的广州地铁正成为城市轨道交通行业的一颗璀璨的明珠,是广州市对外交流的一张名片。

复习思考

1. 城市轨道交通的内涵是什么?城市轨道交通如何分类?
2. 世界城市轨道交通的发展情况如何?
3. 我国城市轨道交通的发展历程、发展特点是什么?
4. 城市轨道交通有哪些技术经济特征?
5. 通过网络研究探索我国城市轨道交通具有哪些发展趋势,并互相交流讨论。

项目一　正常情况车站行车工作组织

一 案例导入

2010 年 9 月 25 日是广州地铁 2/8 线路拆分运营的首日，原 2 号线拆分成现 2 号线和 8 号线。如图 1-1～图 1-4 所示，昌岗站为新 2 号线和 8 号线的换乘站，在拆分运营首日因特大客流实施客流控制。早上 8 时 30 分左右，来自晓港－万胜围区间的原 2 号线的旅客汹涌而至，车站采取紧急措施，加强站台岗引导，行车间隔采用 3min，增加运输能力，但仍然满足不了运输需要。为保证列车运行安全和站台旅客乘降安全，车站 8 时 30 分起采取客流控制，在站厅下站台的扶梯处设置“铁马”，控制下站台客流人数，保证列车行车安全。

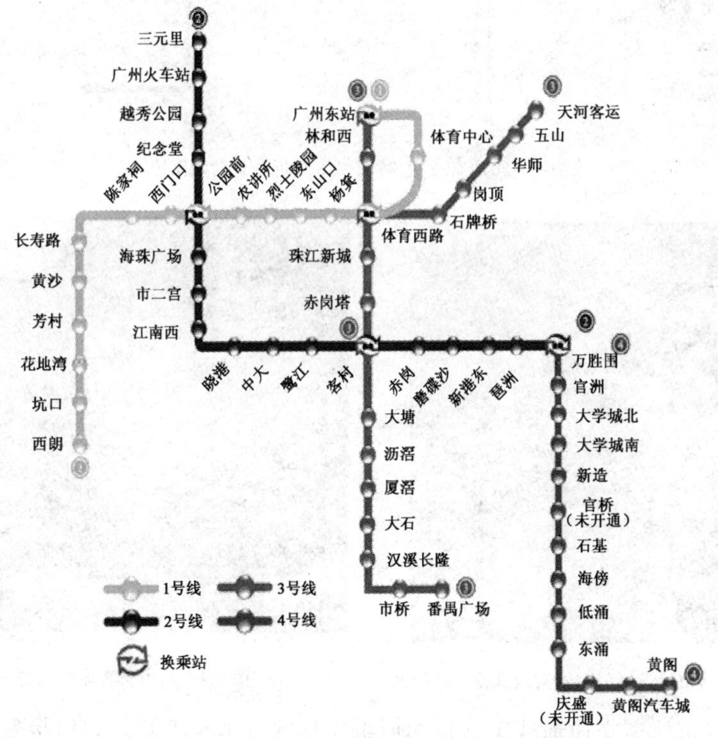

图 1-1　2010 年 9 月 24 日前广州地铁线路图

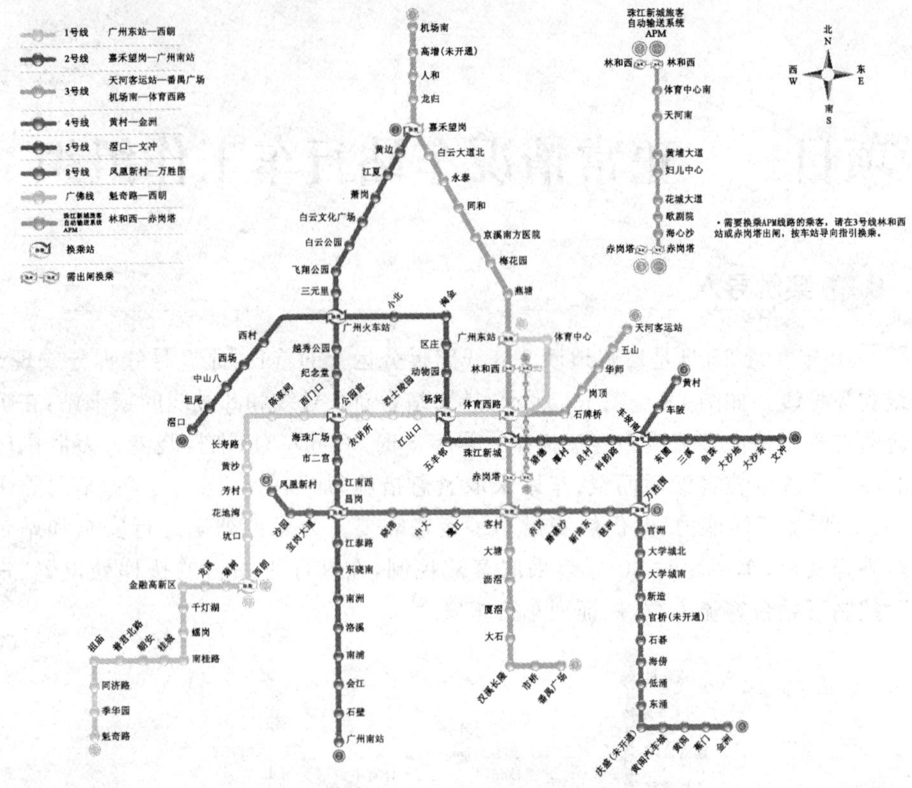

图 1-2　2010 年 9 月 25 日 2/8 线拆分运营线路图

图 1-3　昌岗站站厅设置“铁马”实施进行客流控制

图 1-4　昌岗站客流控制告示

那么城市轨道交通地铁车站是如何组织日常行车？车站是如何接发列车？列车在区间运行的安全又是如何得到保障的呢？

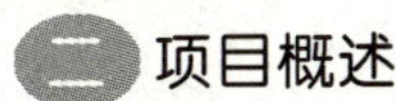

二 项目概述

城市轨道交通地铁或轻轨车站主要利用先进的通信信号设备组织列车自动进出站，保证列车进站、出站及在区间的运行安全，通过列车运行将旅客输送到目的地，完成旅客运输任务。在信号联锁故障等特殊情况下车站需进行接发列车作业。

三 学习目标

按照珠三角地铁车站值班员及站务员的职业技能鉴定标准和地铁站务岗位应知应会，参考铁路车站值班员、信号员、助理值班员、车站调度员四个工种国家职业标准的规定，明确本项目学习目标如下。

1.技能目标

(1)正常情况下行车组织：运营前、运营中、运营后各行车岗位的行车组织工作、接发列车(客车、工程车)作业。

(2)特殊情况行车组织：信号联锁故障人工排进路组织列车运行时，或列车开到区间因故障要退回车站等特殊情况下的接发列车作业。

2.知识目标

(1)调度指挥系统及行车指挥原则、列车运行基本概念(运营时刻表、行车间隔、停站时间、列车延误及晚点)、行车凭证、行车标准用语、行车原始记录种类及填记标准；

(2)列车运行组织及列车驾驶模式；

(3)主要行车岗位的运营前、运营中、运营后的行车组织内容；

(4)列车进出联络线的办理，车辆、信号设备调试的行车组织。

3.素质目标

树立城市轨道交通行车安全意识，确保列车运行安全，保证将旅客安全送达目的地。

四 职业技能鉴定相关规定

1.地铁职业技能鉴定标准相关规定

珠三角城市轨道交通系统地铁站务员和车站值班员职业技能鉴定标准规定：“掌握列车运行基本概念，包括运营时刻表、行车间隔、停站时间、列车延误及晚点”。

2.车站值班员国家职业标准相关规定

(1)基本要求

列车在车站技术作业过程和时间标准；相邻区间列车运行时分，本站列车到发时分及占用到发线程序。

(2)中级车站值班员

技能要求：能根据列车运行图、日(班)计划、阶段计划、调度命令和有关规定办理接发列车；能组织联劳部门和车站有关人员正点开行列车，稳妥处理作业中出现的问题。

相关知识：列车的概念、列车按运输性质的分类和等级顺序。

(3)高级车站值班员

技能要求：能采取措施组织晚点列车恢复正点运行。

相关知识：列车运行图种类、组成的基本要素和编制的基本要求。

(4)技师

技能要求：能在特殊情况下安全有序地接发列车；能解决接发列车作业中的疑难问题。

相关知识：行车有关规章制度；客运、货运、军运、特运、专运及危险品、剧毒品等有关运输办法；行车事故救援处理的有关知识及规定。

五 任务驱动

任务1　正常情况车站行车工作组织

【任务描述】

我国城市轨道交通地铁主要是20世纪90年代以后建设的，一般都采用先进的ATC系统，车站原则上不需要接发列车。正常情况下的车站行车组织主要为各行车岗位根据行车指挥执行层次，按照行车指挥原则，进行运营前准备、运营中以及运营后行车组织工作，同时需掌握列车运行组织及模式、列车进出联络线的办理、车辆及信号设备调试时的行车组织。

【职业实景】

图1-5～图1-8所示为地铁列车进出站过程。

【职业岗位】

地铁车站值班员、站务员、行车调度员岗位需要掌握本任务。

【任务分析】

正常情况下的车站行车组织主要包括车站值班员、站务员、行车调度员等行车岗位根据行车指挥原则，进行运营前准备、运营中以及运营后行车组织工作，掌握列车运行组织方式及列车驾驶模式，列车进出联络线的办理，车辆、信号设备调试时的行车组织工作。

图 1-5　列车即将进站 1

图 1-6　列车即将进站 2

图 1-7　列车进站停于车站站台进行旅客乘降

图 1-8　旅客乘降完毕，列车离开车站进入区间

【相关知识】

(一)行车指挥执行层次

我国城市轨道交通各地铁公司的行车指挥层次略有不同。一般包括地铁控制中心值班主任、行车调度员、环控调度员、电力调度员、其他部门调度员(包括维修调度员、车辆检修调度员等)，如图 1-9 所示。

由图 1-9 可知，地铁运营指挥分为一级、二级两个指挥层级，二级服从一级指挥。一级指挥为：环控调度员、行车调度员、电力调度员、值班主任助理。二级指挥为：车站值班站长、车厂调度员、检修调度员、部门调度员(其中，电力调度员兼任供电部部门调度员、环控调度员兼任机电部部门调度员)。各级指挥根据各自职责任务独立开展工作，并服从控制中心值班主任总体协调和指挥。

地铁运营控制中心(OCC)是地铁日常运营、设备维护、行车组织的指挥中心和运营信息收发中心。OCC代表运营总公司指挥运营工作,负责与外界协调联络地铁运营支援工作,行车工作由行车调度员统一指挥。地铁车站负责车站内的行车工作及车站内运营事件的处理、执行,落实控制中心一级调度的调度命令。

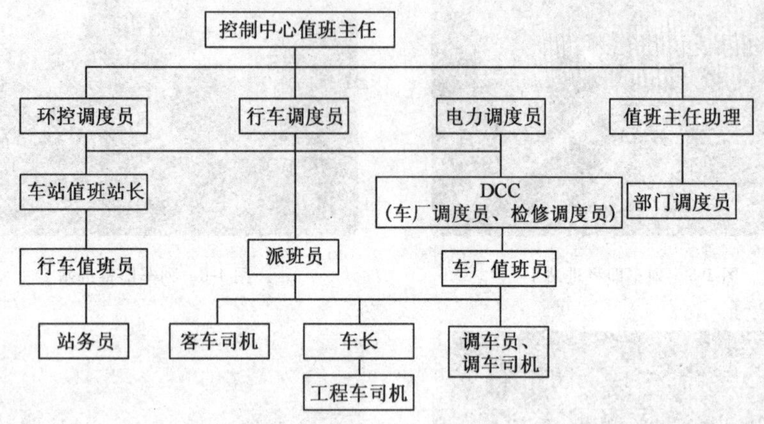

图1-9 某地铁公司的行车指挥层次

一般地,每一条地铁线路设置一个地铁车辆段,设有地铁车辆段控制中心(DCC)。DCC是车辆段运作管理、车辆维修的中心,设有车辆检修调度及轮值技术员、车辆段调度员,负责车辆段范围内的行车组织,维修施工管理,车辆日常检修、清洁、定修和临修工作控制,为地铁运营及设备维修施工提供质量良好和数量足够的客车和工程车。车辆段由车辆段调度员统一指挥。车辆段信号控制室集中控制车辆段内所有轨道线路的信号联锁设备,并与邻近的地铁车站共同组织列车进出车辆段。

列车在区间时,客车由司机负责指挥,工程车由车长负责指挥;列车在车站时,由车站值班站长负责指挥或由行车调度员用无线调度电话直接指挥列车司机。

(二)行车指挥原则

《运营时刻表》是城市轨道交通行车组织工作的基础,以运作命令或值班主任调度命令的形式发布执行。

行车有关人员必须服从行车调度员指挥,执行其命令,行车调度员应严格按《运营时刻表》指挥行车。指挥列车在正线运行的命令只能由行车调度员发布,列车司机必须严格遵照《运营时刻表》规定的时间,按信号显示行车,并接受行车调度员的指挥和命令。行车调度员发布命令时,在车辆段由派班员负责传达,在正线由车站值班站长(行车值班员)负责传达,传达给司机或其他有关人员的书面命令应盖有车站(车辆段)行车专用章。同时向几个受令单位或部门发布调度命令时,行车调度员应指定其中一人复诵，其他人核对，确保无误。书面命令须填写《调度命令登记簿》。行车调度员应掌握工程车的运行，了解装卸作业进度，检查工程车进出工程领域的情况，确保安全。

城市轨道交通行车时间以北京时间为准，从零时起计算，实行 24h 制。行车日期划分：以零时为界，零时以前办妥的行车手续，零时以后仍视为有效。

正线、辅助线、转换轨的行车组织由行车调度员负责。出/入车辆段线、转换轨属行车调度员管理范围；出/入车辆段信号机内方的线路为车辆段线，车辆段线的行车组织由车辆段调度负责。所有与正线相关或影响行车的作业，于开始前必须得到行车调度员批准。线路之间的联络线视为区间，规定由其中一条线路管理，按规定办理有关行车手续。空客车、调试列车、工程车和救援列车出入车辆段及联络线均按列车办理。

所有 DCC 交付使用的列车，操纵权属司机，所有与列车相关的操作必须得到司机同意或授权。客车在运行中司机应在前端驾驶，如推进运行时由一名具备引导员资格的员工在前端驾驶室引导和监控客车运行。在车辆段范围内指挥列车或调车的信号以地面信号和调车专用电台为主，手信号旗/灯为辅。调度电话、站车无线电话用于联系行车工作，须使用标准用语。

客车晚点统计方法：一般地，比照《运营时刻表》单程每列晚点 3min 以下为正点，3min 及以上统计为晚点；排队晚点时则按统计指标的相关要求进行统计。行车调度员应根据客车晚点情况及时采取措施，调整客车运行。

（三）列车运行组织方式

城市轨道交通由于行车密度高、间隔时间短、速度快、对安全运营要求高的特点，根据信号设备所能提供的运行条件，列车运行组织一般分为调度集中控制时的列车运行组织、调度监督下的自动运行控制和调度监督下的半自动运行控制三种方式。按照列车运行图规定的行车计划开行列车，进行列车运行组织。

1. 调度集中控制时的列车运行组织

在控制中心行车调度员的统一指挥下，利用行车设备对列车的到、发及折返等作业进行人工控制和调整。调度集中控制应实现以下功能：

（1）具有微机联锁或电气集中联锁设备，实现远程控制功能，并从设备方面提供列车运行安全保障。

（2）可通过控制屏或显示器监护全线列车运行状态、信号显示、道岔位置、区间及线路占用情况。

（3）利用微机联锁或电气集中联锁设备转换道岔、排列进路、开放信号，指挥和调整列车运行。

(4)自动或人工绘制列车实迹运行图。

目前国有铁路积极推广的分散自律调度集中系统(CTC)即属于这种类型。CTC是调度中心(调度员)对某一区段内的信号设备进行集中控制、对列车运行直接指挥、管理的技术设备。我国铁路现在秦沈客运专线(干线6个站,22个无人中继站,300多公里线路)、胶济线、青藏线(西宁—哈尔盖)、武广高速铁路等线路上采用了调度集中系统。

2.调度监督下的自动运行控制

大多数城市轨道交通系统都安装了ATC系统,列车自动控制是世界城市轨道交通列车运行组织的发展趋势及主流行车控制方式。许多早期建成城市轨道交通的城市,由于当时的条件限制,采用半自动和人工方式进行行车组织,近年来也逐步采用ATC系统。ATC系统利用计算机技术对列车运行实行自动指挥和自动运行监护,其子系统ATP系统可有效提高行车安全系数。调度监督下的自动运行控制可实现的功能有:

(1)利用计算机输入及储存多套列车运行图,按设定的列车运行图自动实行行车指挥功能。

(2)对正线运行列车实行自动跟踪,显示进路、道岔位置、信号机状态、区间及线路占用情况。

(3)自动或人工对列车运行进行调整,人工控制进路排列、信号开放、道岔转换。

(4)提供中央及车站两级运行控制模式,并根据需要进行控制权转换。

(5)ATP系统对列车运行设定防护区段,控制前后列车运行的安全间距。

(6)具有ATO系统,也可采用人工驾驶,自动运行时列车占用区间的行车凭证是列车收到的速度码。

(7)通过计算机系统自动绘制列车实迹运行图,并进行有关的运营数据统计。

3.调度监督下的半自动控制

在控制中心行车调度员的统一指挥下,由车站行车值班员操作车站微机联锁或电气集中联锁设备或临时信号设备控制列车运行。早期建成的城市轨道交通至今仍采用这种列车运行组织方式,一些新线由于信号系统尚未安装调试完毕,在过渡期采取这种方式进行行车组织。调度监督下的半自动控制可实现的功能有:

(1)利用车站信号控制系统具有的联锁功能,车站行车值班员对进路排列、道岔转换、信号开放实行人工操作。

(2)中央实时反映进路占用、信号及道岔等工作状态,对线路上的列车运行进行监护。

(3)中央储存信号开放时刻、道岔动作、列车运行等各类运行资料,并根据需要调用。

(4)车站根据中央指令对列车运行进行调整。

(5)计算机自动绘制或人工绘制列车实迹运行图。

(四)列车运行模式及列车驾驶模式

珠三角地铁普遍采用双线单方向右侧行车制。列车根据运作命令及《运营时刻表》的要求,在线路起点站、线路终点站间实行单一交路或大小交路套跑的运行模式组织行车。

一般地,地铁车辆的列车驾驶模式主要有以下五种:ATO 模式(列车自动驾驶模式)、AR 模式(列车自动折返模式)、SM 模式(ATP 监控的人工驾驶模式)、RM 模式(受限制的人工驾驶模式)、URM 模式(不受限制的人工驾驶模式)。各种车型的列车驾驶模式略有不同,视具体车型而定。

ATO 模式是最优先级的驾驶模式,通过 ATC 信号系统实现。该种模式下,列车自动起动、加速、维持惰行、减速、停车和自动开门,司机只负责启动 ATO 模式、监控列车运行和在车站按压关门按钮进行关门。

SM 模式是次优先级的驾驶模式,当 ATO 设备故障,但车载和轨旁的 ATP 设备良好时采用。该种模式下,列车的运行由司机通过主控制器控制,受 ATP 的监控和保护。ATP 提供推荐速度,此时如果列车的运行速度接近推荐速度 1km/h(以某种 ATC 设备为例,各种 ATC 系统会略有不同),系统就会报警;若列车的运行速度超过推荐速度 4km/h,车载 ATP 即触发列车产生紧急制动。SM 模式和 ATO 模式可随时转换。

RM 模式是较低级的驾驶模式,仅在轨旁 ATP 发生故障或列车产生紧急制动后或不满足 ATO 模式条件的线路(如车辆段范围内线路)使用。与 SM 模式一样,列车的运行由司机通过主控制器控制,受车载 ATP 的监控和保护,但限速 25km/h。RM 模式下运行的列车不响应车站控制室或站台紧急停车按钮触发的紧急停车制动指令。

AR 模式仅在某些具备自动折返条件的特殊轨道区段使用。可利用原轨道,也可利用折返轨实现无人自动折返。

URM 模式是故障级驾驶模式,只在车载 ATP 发生故障时使用。URM 模式下列车的运行由司机控制,司机完全负责列车的运行安全。列车运行速度受牵引控制单元的限制。我国部分地铁车辆采用 URM 模式,列车前进最高速度可达 80km/h,后退最高速度可达 10km/h。

一般地,列车经正线、折返线、出入段线及联络线按正方向运行及折返作业时,均以 ATO 模式为常用模式;当 ATO 设备故障或因某种原因需要时,可改为 ATP

监督下的SM模式。上述两种模式均为正常运营模式，而RM模式和URM模式均为非正常的运营模式。

1. 不同线路上的列车驾驶模式

(1)正线线路上的列车驾驶模式

①ATO模式。列车发车前，当列车进路已设置完毕、车门及屏蔽门已关闭的条件下，司机可操作列车进入ATO模式。车载ATO系统根据从线路上接受到的速度码，自动控制列车加速、巡航、惰行、制动，控制列车按要求停车，并自动控制车门、屏蔽门的开启。车门、屏蔽门的关闭是由司机按压关门按钮完成。司机主要监督车载ATP/ATO设备的状态显示，并注意列车运行所经过的线路状况(如道岔、信号机)，必要时可人工进行干预，以保证行车安全。列车在站台停车如果超出了停车区域，则车门和屏蔽门均不能打开。

②ATP监控的SM模式。当ATO设备故障，但车载和轨旁的ATP设备良好，列车发车前，列车进路已设置完毕、车门及屏蔽门已关闭的条件下，司机操作列车进入ATP监控的SM模式。列车由司机驾驶，运行速度受ATP系统的实时监督。当列车速度接近ATP限制速度时，系统对司机给出声、光报警信号，提醒司机注意；如果司机未采取措施，列车的运行速度超过了限制速度，并达到了列车"紧急制动曲线"确定的速度，ATP系统将对列车实施紧急制动。

一旦产生紧急制动，不能进行人工缓解，必须待列车停稳并经特殊操作后才能重新起动列车。到站停车时，与采用ATO模式的列车停站规定相同。

③RM模式。司机根据信号显示等要求，操作列车进入RM模式，一般设定的限制速度为25km/h，若列车运行速度超过ATP限制速度，则产生紧急制动。

在此模式下运行，司机对列车运行安全负责。此运营模式主要作为联锁设备故障情况下的降级运行模式及列车在车辆段内的运行模式。

④URM模式。在此模式下ATP系统将不起任何作用，列车运行的安全完全由行车调度员、车站值班员和司机人为保证。司机必须使用特殊的钥匙开关才能进入该模式。

(2)列车的折返

在线路终点站的折返线、中间站的存车线以及其他临时列车运行交路需要的折返线路上，会有列车折返作业。折返模式有以下3种。

①AR模式折返。如前所述，AR模式仅在某些特定区段使用。对于站前折返，列车进入到达线站台即完成了折返作业，最后由此发车；对于站后折返，列车以允许的速度从到达停车线自动驾驶进入和驶出折返线，最后进入发车股道。当列车进入折返线停车时，列车自动转换前后驾驶室的控制权，原列车后驾驶室控制列车前进。

②ATP监控的SM模式折返。处于ATP监控的SM模式折返时，对于站前

折返，列车进入到达线即完成折返作业，最后由此发车；对于站后折返，列车在司机驾驶下从到达股道进入和折出折返线，最后进入发车股道。当列车进入折返线停车时，列车自动转换前后驾驶室的控制权，原列车后驾驶室控制列车前进。

③人工折返。在某些站的存车线及其他临时列车运行交路需要的折返线路，可按非自动转换模式折返。根据行车组织要求，可在车上配备1～2名司机。

(3)车辆段内的驾驶模式

车辆段内的列车驾驶模式采用RM模式。

(4)联络线的驾驶模式

一般地，联络线上，当办理好列车进路后，列车以ATP监控SM模式在联络线上运行，并进入邻线。

2. 驾驶模式的相互转换

在地铁线上，司机可根据线路、信号设备状态及运营要求，以任何一种驾驶模式驾驶列车运行。一般是根据信号提供的条件确定列车的运行模式。

例如采用移动闭塞的地铁线路，当信号具备移动闭塞功能时，使用ATS系统控制列车运行，凭车载信号显示以AM/SM模式驾驶列车；当信号具备点式ATP功能时，采用进路行车法组织行车，凭地面信号显示及车载信号显示以SM-I/AM-I模式驾驶列车；当信号具备联锁功能但不具备点式ATP功能时，采用区段进路行车法组织行车，凭地面信号显示以URM模式人工驾驶列车。联锁故障区段，采用电话闭塞法组织行车，凭路票以URM模式人工驾驶列车。

3. ATC监控区的进入

列车可以在车辆段转换轨“登记”进入ATC监控区。出段列车驶入转换轨并在出段信号机前停下，经控制中心行车调度员确认后，ATS系统赋予列车相应的服务号，此列车便进入ATC监控区，然后驶往邻接站，进入正线运营。根据计划运行图，列车也可在折返线、存车线按上述方式登记进入ATC监控区。

以我国城市轨道交通某种车型为例，各种驾驶模式的特性和运用如表1-1所示。

各种驾驶模式的特性和运用 表1-1

模式	定　义	基本特性	运　用
ATO	列车自动驾驶模式	自动控制两站间的列车运行。司机负责监督ATP及ATO的显示，列车运行状态，通过的轨道、道岔和信号的状态，在必要时加以人工干预	地铁正线的正常运行方式
AR	列车自动折返模式	自动控制列车折返，司机可以不在列车上，不加干预进行列车折返作业。司机负责检查自动折返前乘客已经下车，车门已经关闭，操作自动折返按钮	在设有自动折返功能的折返站计划采用的方式

续上表

模式	定义	基本特性	运用
SM	ATP 监控的人工驾驶模式	列车运行由司机驾驶,列车的运行速度受 ATP 监控,如果列车的极限速度超过了 ATP 允许的速度,则列车产生紧急制动而停车。司机负责驾驶列车,监督 ATP 的显示	ATO 故障时(但车载和轨旁的 ATP 设备良好)降级运营采用的方式
RM	受限制的人工驾驶模式	列车运行由司机驾驶,列车的运行速度不能大于 25km/h,如果超过,则列车产生紧急制动而停车。司机负责列车运行安全	列车在车辆段范围内运行(试车线例外),或联锁、轨道电路、ATP 轨旁设备、ATP 列车天线发生故障及列车紧急制动后运行时采用的方式
URM	非限制的人工驾驶模式	用 ATP 钥匙开关后才起作用,使用时必须经过批准和登记。列车运行由司机控制,没有限制速度监督	车载 ATP 设备故障或联锁故障后采用降级行车组织办法时启用的方式

注:除 URM 模式外的其他模式有一个 5m 的退行限制,如果超过这个限制,ATP 将产生紧急制动。

【任务实践】

正常情况下城市轨道交通一个列车的运行周期为:根据当天的列车运行图,列车按照运行图规定的时间从车辆段存车线出来进入正线,按照 ATS 系统自动排列的进路投入运营服务,依据运行图规定的时刻到各站接送旅客,沿途安全、迅速、准点、优质地输送旅客,完成运输任务,直到运营结束列车退出服务回到车辆段进行整备,整备完毕再次从车辆段出来进入正线投入运营服务止。

在一个列车运行周期中,城市轨道交通的行车组织主要由行车调度员具体指挥,车辆段调度员、车辆段值班员、车站行车值班员、站台站务员及司机共同完成。

我国地铁运营时间一般为 18～20h,运营结束后主要进行施工作业。因此城市轨道交通行车组织阶段性比较强,主要分成运营前的准备、运营中的行车组织及运营结束后的作业三个阶段。同时运营期间根据客流量的大小,又可分为高峰期、次高峰期、中峰期及低峰期几个阶段,不同的峰期行车间隔不同,行车组织、客运组织的工作重点不同。表 1-2 所示为某城市轨道交通线路的行车间隔安排。

3 号线列车行车间隔

表 1-2

星期	峰期	时间段	间隔
周一～周五	超高	7:24～9:34	3min10s
	高	16:32～20:19	3min18s
	中	6:18～7:24、9:34～16:32、20:19～22:14	4min10s
	低	22:14～23:30	7min15s

续上表

星　期	峰期	时　间　段	间　隔
周六、周日	高	11:13～20:28	3min18s
	次高	9:02～11:13	3min45s
	中	8:18～9:02、20:28～22:13	4min10s
	低	6:18～8:18、22:13～23:30	7min15s

下面主要按运营前、运营中及运营结束后三个阶段，依据我国城市轨道交通企业的有关规定分别讲述在一个列车运行周期中行车调度员、车站及列车司机的作业。

(一)行车调度员

1.运营前的准备

每天运营前行车调度员根据《正线施工作业一览表》检查当晚的所有维修施工和调试作业是否完毕及销点，线路巡视工作是否完成，确认线路出清并符合行车条件后进行下列运营前的准备工作。

(1)试验道岔

在每天运营开始前规定时间(各地铁公司根据设备情况时间标准规定有所不同)，行车调度员通知各联锁站(一般指有道岔且有联锁设备的车站)的行车值班员试验道岔，值班主任、行车调度员查看ATC子系统ATS系统的人机接口MMI及行车调度员模拟屏的显示。联锁站试验完毕，行车调度员收回控制权。控制中心值班主任、行车调度员使用MMI试验进路、道岔的操作，使有关道岔处于正确位置。如果发现道岔不能正常使用，及时通知维修调度员，派人检查抢修。

(2)检查和准备

主要检查行车值班人员到岗情况。运营前约30min，行车调度员检查各车站和车辆段运营前的准备工作，主要包括：运营线路空闲、施工结束、线路出清、车站供电及环控系统正常；行车设备、备品齐全完好，道岔功能正常，站台无异物侵入限界，屏蔽门开关正常，当天使用客车、备用客车和司机配备情况。

行车调度员检查完毕后，于运营开始前规定时间(例如25min)通知电力调度员接通牵引供电，牵引供电接通后，开始运营时间。同时行车调度员需按车辆段调度提供的当日上线列车及备用车编辑无线调度台动态组以便调度。

(3)装入运营时刻表

由于城市地铁一般根据客流规律采用分号运行图，故在每天运营前规定时间(例如25min)值班主任在MMI上“装入”当天使用的运营时刻表，或按实际要求需要进行修改(增加或删除个别列车)。

(4)核对钟表时间

行车调度员、电力调度员在开始行车前与各站(含车辆段)、各变电所(站)核对日期和钟表时间(对表);行车调度员与车辆段派班员核对钟表时间、服务号和注意事项。

(5)调度首班车要求

开行首班车应特别注意开行时间,严格按照运营时刻表组织行车,按时开出,防止晚点,首班车司机应加强瞭望,注意线路情况。

2.运营期间的作业

运营期间行车调度员应充分使用各项调度指挥设备,组织指挥列车按照计划运行图安全、准点运行,尽量均衡在线列车的运行间隔。运营期间行车调度员主要进行以下几项作业。

(1)运用调度电话与车站值班员、车辆段调度员、派班员保持联系,发布调度命令,实现对列车运行的调度指挥。

(2)进行电力供应、环境控制、防灾救护及设备维修施工等的调度指挥工作。

(3)通过监视器监视各站的站厅、站台情况,对发现的异常情况进行录像分析并及时处理。

(4)通过行车调度员模拟显示屏,掌握调度区域范围内信号系统设备(轨道电路、信号机等)状况、列车占用线路情况、各次列车运行位置的动态显示。必要时,可使用中央广播(PA)向全线车站发布列车信息。

(5)在 ATS 系统故障时,行车调度员记录列车实际运行情况,并画出实迹运行图。当实迹运行图与计划运行图出现偏差时,应及时调整列车运行。

行车调度员调整列车运行的方法主要有以下两种。

①使用 ATR 自动调整列车运行。一般情况下,需要激活 ATR 功能,实现列车自动调整。

当客车发生早点时,行车调度员可通过扣车,使列车在下一站正点开出;当客车发生晚点时,行车调度员可组织司机充分利用线路允许速度赶点,压缩区间运行时分和停站时分,指示车站组织好乘客上、下车以压缩客车停站时分。联锁站及时取消运营停车点,折返站做好客车折返作业,压缩折返时间。

当遇到列车内乘客拥挤时,应通知前方站控制入闸人数,广播通知乘客乘搭下一趟列车,通过客运组织措施赶点。

因客车、供电及线路故障影响客车晚点的,除按上述办法组织外,还需按相关故障处理办法组织处理。

②使用 MTR 人工调整列车运行。如个别列车(如早点列车、专列)需要,行车调度员可以对该列车关闭 ATR 功能,改用 MTR 人工介入调整。

行车调度员可以在 MTR 功能菜单上减少或增加停站时间，缩短或延长区间运行时间，减少或增加折返停留时间，以实现必要的调整。值得注意的是，修改的区间运行时间、停站时间、折返停留时间不得超过系统极限值，否则系统将不接受指令。当列车达到调整的目的后，则关闭 MTR，恢复 ATR 控制。

(6)末班车组织：根据运营时刻表，组织末班车正点运行，结束客车服务，应特别注意禁止末班车早点开出。

3.运营结束后的作业

每天运营结束后，行车调度员要对当天的行车工作进行分析、总结。运营结束后行车调度员的作业主要有以下几方面。

(1)绘制当日计划、实迹运行图。

(2)编写运营情况报告，主要内容有：当天完成运送客运量、客车开行情况、兑现率及正点率和月度累计指标等；运用客车数及投入使用客车数；客车加开、停运及中途退出服务的情况；耗电量和温度、湿度情况；客车服务情况，包括事故、故障和列车运行延误及处理；有关工程列车、试验列车运行方面的信息。

(3)进行客车统计分析，包括：计划开行列数、实际开行列数、救援列次、清客列次、下线列次、晚点列数和正点率、运营里程(列公里)等。

(二)车站

正常情况下城市轨道交通车站的行车组织作业主要包括运营前的检查、首班车组织及末班车组织、运营期间的行车组织和车站报点几个方面。

1.运营前的检查

运营前 30min，各站须及时向行车调度员报告运营准备情况，检查确认运营线路(含辅助线)是否满足行车要求。

(1)行车值班员通过《施工登记表》、《当班情况登记表》确认所有影响行车的施工(简称 A 类施工)已经结束。施工销点时，车站须与施工负责人/责任人核实有关作业区的出清情况。在最后一项 A 类施工作业结束时(销点前)，负责撤除车站红闪灯防护的人员应携带灯具，通过落轨楼梯下到线路上确认站内线路出清情况。

(2)值班站长在运营前 60min，对本站站台区域的运营线路情况进行检查，确保线路出清；对屏蔽门进行开关门测试，确保屏蔽门开关门功能正常。

(3)确认接触网、照明及环控系统正常；观察确认站内线路接触网正常；观察确认站控室内用电设备运作和车站照明工作正常；检查确认防灾报警系统 BAS/车站机电设备监控系统 EMCS、防火报警系统 FAS 运作模式正确，各设备工作正常。

(4)联锁站值班人员接到行车调度员检查道岔功能的通知后，接收微机联锁区域工作站(简称 LOW)控制权并进行以下操作：

①对本联锁区内的每副道岔分别转动两个来回，连续操作不可过快，应在前次操作到位后再进行下次操作。

②分别排列正线上的正向进路和反向进路各一次，分别排列正线到辅助线和辅助线到正线以及联络线与相邻线路的进路各一次，确认进路排列正常。

③按《行车组织规则》规定将相关道岔单独锁定在相应位置，将相关信号机打开相应功能。

④检查完毕上交 LOW 控制权，检查过程中若发现任何异常现象必须及时处理和汇报。

2. 首班车组织

开行首班车前，车站各岗位工作人员要准时开门、开启电扶梯及照明、巡视车站等。值班站长在运营前规定时间按行车调度员命令试验道岔，检查站台和线路出清情况，向行车调度员汇报，并于首班客车发车前的规定时间开始向乘客广播第一列车的到达时间及注意事项。

3. 运营期间的行车组织

城市轨道交通系统与铁路不同。城市轨道交通系统由于采用了 ATC 系统，列车以规定速度进站，车站不显示接车信号，车站原则上不办理接发列车作业，值班站长/行车值班员根据列车所处状态，播放录音广播，做好乘客服务，监视站台乘客候车秩序，确保站台安全。遇特殊情况须接发列车时，车站接发列车人员应严格执行接发列车作业程序。

(1)信号系统实行中央级控制

以 ATO 模式运行时，各联锁站可通过 LOW 对本联锁区列车运行状态进行监控。值班站长/值班员通过 LOW、CCTV 监视列车运行、到发情况，ATC 不能自排进路时，值班站长/值班员通过 LOW 人工排列进路。

值班站长/值班员根据列车所处状态，播放广播，做好乘客服务，监视站台乘客候车秩序，确保站台安全。车站向行车调度员报点按《行车组织规则》有关规定执行，当工程车开行、调试列车开行、临时加开列车时车站须填写《行车日志》，并向前方站报开点。客车在车站的停站时分增晚一定时间(如 30s)以上时，车站要向行车调度员报告原因；当发生意外事件时向行车调度员报告，同时填写《行车日志》，并记录好相关情况。

车站要随时监控调度命令发布系统的状态，及时接收行车调度员发布的调度命令，并书面打印命令(书面命令保存三个月)；口头命令均需填写在《调度命令登记簿》上。其中口头命令由于没有命令号码，车站在填写口头命令时，统一在“号码”栏填写“口头命令”。

(2)信号系统实行车站级控制

车站在 LOW 上设置列车进路，监视列车在该联锁区的运行情况，发现问题及时报告行车调度员。行车值班人员应随时注意，必要时按行车调度员指示人工取消运营停车点，并随时注意运营停车点被自动提前取消的情况，做好相关记录。

车站在以下情况要进行站级控制：①操作安全相关命令；②行车调度员命令；③当车站发生危及行车安全必须用 LOW 才能处理时，需强行站控；④ATS 故障。按行车调度员要求车站须上交信号系统控制权。

运营期间，联锁站值班站长/行车值班员通过 LOW 监视列车运行情况。

站台岗应随时注意列车运行情况及站台乘客动态，当客车进站时原则上应在站台扶梯口靠近紧急停车按钮处站岗，防止乘客在列车关门时冲上车夹伤，同时负责维护站台秩序，监督司机按规范动作关门。

发车时，若站台岗/司机发现站台或屏蔽门异常，应通知司机/站台岗并及时处理。

当乘客上、下车完毕，确认车门关闭状态良好，列车具备了发车条件后，站台岗站务员方可向司机显示发车信号。

4. 车站报点

ATS 正常时，城市轨道交通各站不向行车调度员报客车到开点；ATS 不能正常显示时，部分联锁站向行车调度员报点（此时这些站称为报点站）；当联锁设备故障时，报点站须向行车调度员报点，并同时向前方报点站报开点；客车在车站的停站时分增晚规定时间（如 30s）以上时，车站要向行车调度员报告原因；工程车运行时，在始发站、终到站、出/入车辆段站及临时停车的车站均要向行车调度员报点，同时向前方站报开点。

5. 末班车组织

车站在末班车开出前规定时间开始广播，通知停止售票和进站检票工作，检查确认付费区内乘客均已上车，确认无异常情况才能向司机显示发车信号。

（三）列车司机

列车司机在一个列车运营周期的作业也分为运营前、运营期间及运营后三个阶段。运营前司机主要进行客车整备作业，具体整备作业内容按城市轨道交通企业《客车司机手册》进行。

一般地，车辆段内线路不具备自动驾驶条件，客车出车辆段时，司机凭信号采用 RM 模式驾驶客车运行到转换轨停车，待机车显示屏收到速度码，ATO 灯亮后，司机确认进路防护信号开放，以 ATO 模式（部分线路以 SM 模式）运行进入正线车站投入运营。

运营期间司机作业主要是正线运行作业、站台作业和折返作业。

(1)正线运行作业

正线运行时，司机必须严格执行《行车组织规则》等有关安全规章制度，听从行车调度员指挥，按照列车时刻表安全、正点地为乘客提供快捷、舒适的优质服务。

列车运行期间，司机要注意观察列车显示屏信息、各指示灯和仪表显示、自动开关状态，并坚持不间断地瞭望前方进路状态，发现线路、弓网故障及其他轨旁设备损坏或超限时，及时采取紧急措施，并报告行车调度员。列车接近进站时，密切观察站台乘客状况，遇危及列车运行或人身安全时，应立即采取紧急措施。列车运行中，对行车调度员发布的口头命令，受令司机必须认真逐句复诵，领会命令内容，并记录在《司机日记》上备查。

(2)站台作业

ATO模式下列车进站自动对标停车后，列车显示屏出现相应侧车门释放信息，车门自动打开。SM、RM、URM模式及折返对标停车后，列车显示屏无相应侧车门释放信息，需人工开时，必须严格执行相应的作业程序，特别注意防止开错门。

客车进站停车头部越过停车标时，根据越出站台的长度多少进行不同的处理。以我国部分城市轨道交通企业的规定为例，当驾驶室后第一个客室门对着站台时，按规定开门。当客车停车位置越出站台2个车门及以下时，司机切除该车门开关防止该车门打开，再打开其他车门供乘客上下车。司机发现未到位停车时，应手动对位停车。

客车在站台区内停车位置超出站台3个车门及以上时，必须报告行车调度员，经行车调度员同意，司机不开车门继续运行到前方站停车。此时行车调度员应通知前方站，车站及时对站台广播，维持秩序。

《运营时刻表》中没有规定通过车站或无行车调度员命令，司机不得驾驶客车通过车站。但当客车通过车站时，司机应及时广播通知乘客。

运营时间内，司机没有得到行车调度员批准时，禁止使用URM模式驾驶。当ATP车载设备故障只能用URM模式驾驶时，按规定程序及速度运行。

客车司机在运行中要掌握好各种速度。我国城市轨道交通企业部分车型的客车运行速度规定见表1-3。

客车运行速度　　表1-3

序号	项　　目	运行速度(km/h)				说　明
		ATO	SM	RM	URM	
1	正线运行	设定速度	低于设定速度5km/h	25	60	设定速度为65～80km/h(300m曲线半径为65km/h)
2	客车通过车站	40	40	25	40	客车头部离开头端墙的速度

续上表

序号	项目	运行速度(km/h)				说明
		ATO	SM	RM	URM	
3	客车进站停车	57.5	50	25	45	客车头部进入尾端墙的速度
4	客车推进运行	—	10	10	10	在SM模式运行时,救援列车在被救援列车尾部推进时为25km/h,在前端牵引运行时为45km/h
5	客车退行	—	—	—	10/35	因故在站间退回始发站时(推进/牵引)
6	引导信号	25	25	25	25	
7	客车进入终点站	设定速度	35/25	25	35/25	SM、URM模式操作时,进一些相关站为35km/h或25km/h
8	客车在辅助线上运行	—	15	15	15	经过渡线、存车线、折返线(部分站除外)
9	车厂内运行	—	—	25	25	停车库内10km/h

为节省能源及保障旅客候车的安全,我国广州、香港等地铁公司的正线线路站台两侧安装了屏蔽门,其列车运行方法略有不同。

在屏蔽门与车门联动功能不能使用的情况下,客车须配两名乘务员,一名任司机,负责驾驶客车和操作客车相关设备;另一名任屏蔽门操作员,负责操作屏蔽门的开关,协助司机瞭望进路,监督客车司机按规定速度运行。客车在投入客运服务前,须把开门状态开关打到手动位,客车在车站停稳后,屏蔽门操作员先打开屏蔽门,司机后打开客室门;当距开车时间规定时间(如15s)时,先关屏蔽门,后关客室门,确认无夹人夹物时,司机才能动车。

客车进站停车,当未到达停车标停车时,司机确认运行前方无异常后,可以RM模式动车对位;当越过停车标3个车门以下时,司机应先切除ATP然后后退对位,此时,屏蔽门操作员应立即对车厢广播,安抚乘客,并使用无线电话通知车站维持好站台秩序。列车在该站开出前应恢复ATP,随后应报告行车调度员。

如果客车进站停车超越屏蔽门3个车门及以上时,报告行车调度员或由车站转报行车调度员,按行车调度员的指示执行。车站应及时对站台广播,做好乘客服务。若客车不开门继续运行到前方站时,行车调度员应通知前方站。

我国安装了站台屏蔽门线路的部分车型客车运行速度规定见表1-4。

客车运行速度(安装了站台屏蔽门线路)　　表 1-4

序号	项　目	运 行 速 度				说　明
		ATO	SM	RM	URM	
1	正线运行	设定速度	低于设定速度 5km/h	25	65	
2	客车通过车站	60	55	25	40	客车头部离开头端墙的速度
3	客车进站停车	57.5	50	25	50	客车头部进入尾端墙的速度
4	客车推进运行	—	25	25	25	救援列车在被救援列车尾部推进时为 25km/h,在前端牵引运行时为 45km/h
5	客车退行	—	—	10/25	10/35	因故在站间退回发车站时(推进/牵引)
6	引导信号	—	25	25	25	
7	客车进入终点站	设定速度	35	25	35	URM 模式操作时,进入规定站为 35km/h
8	客车载客在辅助线上运行	—	25	25	25	经过存车线、折返线(不载客时为 30km/h,联络线为 25km/h)
9	车辆段内运行	—	—	25	25	停车库内 10km/h

(3)折返作业(以站后折返为例)

折返时的作业主要是到达司机与折返司机进行交接,并组织列车进行折返。列车在折返站进行折返有人工折返和自动折返两种方式。

运营列车结束服务到达终点站后,司机在确认乘客全部下车后,按站务人员给的关门信号关门。

运营结束,客车应进入车辆段进行整备以确保第二天的运行正常。入段时首先应确认进路防护信号开放,以 ATO 模式(SM 模式为后备模式)驾驶列车至转换轨(指车辆段与正线之间的分界点处)停车。司机联系车辆段信号值班员确认列车要进的股道,当入车辆段信号黄灯好后,以 RM 模式驾驶列车进入车辆段。列车停稳后,在《列车状态卡》上填写灭火器、列车备品及列车公里数,办理退勤手续。

每日运营结束、客车进车厂后,司机向车厂调度员汇报客车运行情况和技术状态,车厂调度员与检修调度进行交接。车辆段调度 DCC 应于次日运营前 50min,按《运营时刻表》的计划向车辆段调度及控制中心 OCC 提供当日合格上线运行的客车车组号(包括备用车)。

【拓展知识】

(一)行车闭塞法

我国轨道交通线路以车站为分界点划分为若干区间，采用区间作为列车运行的空间间隔。为了确保列车在区间内的运行安全，列车由车站向区间发车时，必须确认区间内没有列车，并需遵循一定的规律组织行车，以免发生列车正面冲突或追尾等事故。这种为保证列车按空间间隔运行的技术方法，称为行车闭塞法，简称闭塞。

1. 行车闭塞法概述

(1)闭塞区间的划分

在城市轨道交通线路上，采用的闭塞方式不同，闭塞区间的划分也不相同。

采用站间闭塞时，在单线上以两个车站的进站信号机机柱的中心线为车站与区间的分界线；在双线或多线上，分别以各线路的进站信号机机柱或站界标的中心线为车站与区间的分界线。两站间的线路区段称为站间区间。

采用大区间闭塞时，并非所有的车站都是闭塞区间的分界点，通常根据作业需要将某些大站(或重要车站)设置为闭塞区车站，两闭塞区车站之间的线路区段称为大区间。其他车站则为大区间内的闭塞分区分界点。

采用移动闭塞时，是以同方向保持最小运行间隔的前行列车尾部和追踪列车头部为活动闭塞区间的分界线的。

区间与站内的划分，是行车组织工作的一项重要内容，也是划定责任范围的依据。列车进入不同地段时必须取得相应的凭证或准许，在我国，列车占用区间的凭证通常为车站出站信号机的准许显示或目标点和速度码。

闭塞区间的划分如图 1-10～图 1-12 所示。

图 1-10　单线线路区间划分

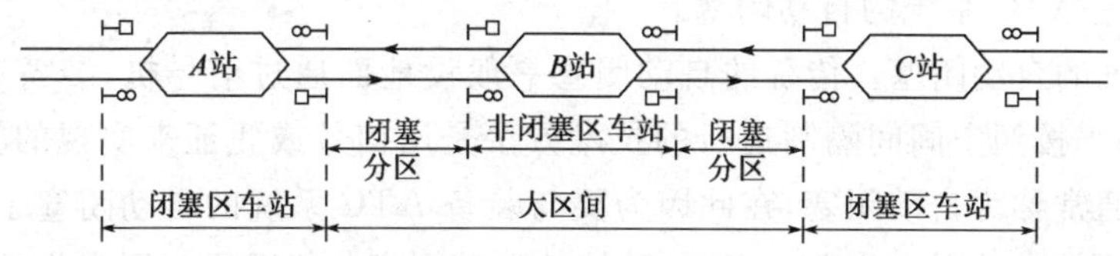

图 1-11　双线线路自动闭塞分区划分

(2)行车闭塞法的类型

区间行车组织的基本方法一般有以下两种。

时间间隔法是列车按照事先规定好的时间由车站发车，使前行列车和追踪列车之间必须保持一定时间间隔的行车方法。这种行车方法因追踪列车不能确切地得到前行列车的运行状况，所以不能确保列车在区间的运行安全，在我国已不再使用该种行车方法。

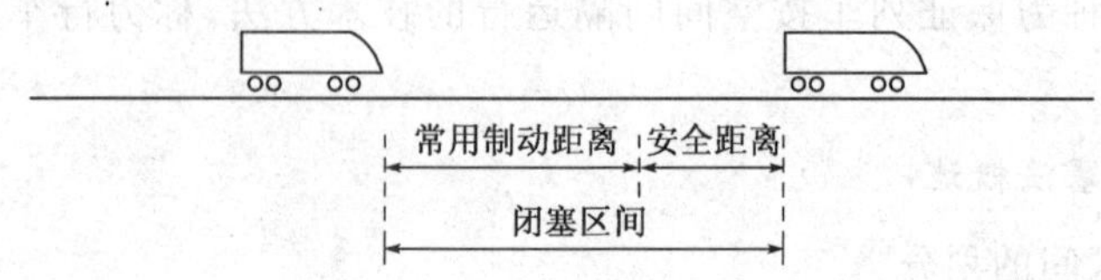

图1-12 移动闭塞线路闭塞分区

空间间隔法是把线路划分为若干个段落(区间或分区)，在每个段落内同时只准许一列列车运行，使前行列车和追踪列车之间必须保持一定距离的行车方法。这种行车方法能严格地把列车分隔在两个空间，可以有效地防止列车追尾和正面冲突事故的发生，确保列车运行安全。这是我国目前所采用的行车组织的基本方法，通常所说的闭塞就是指基于空间间隔的闭塞方法。

实现行车闭塞的基本方法:闭塞就是用信号或凭证，保证列车按照空间间隔制运行的技术方法。从各种不同的角度闭塞可以有各种不同的分类，总的说可分基本闭塞法和代用闭塞法两种类型。

在同一线路上同一时间内应采用同一类型的闭塞方式。

①基本闭塞法。城市轨道交通的基本闭塞法主要是自动闭塞。

自动闭塞是根据列车运行及有关闭塞分区的状态自动变换信号显示，而司机凭信号行车的闭塞方法。其特征为:把站间划分为若干闭塞分区，有分区占用检查设备，可以凭通过信号机的显示行车，也可凭机车信号或列车运行控制的车载信号行车;站间能够实现列车追踪;办理发车进路时自动办理闭塞手续，自动变换信号显示。

从保证列车运行而采取的技术手段来看，自动闭塞可分为两大类:传统的自动闭塞和装备ATC系统的自动闭塞。

a.传统的自动闭塞。传统的自动闭塞一般设地面通过信号机，装备有机车信号，保证列车按照空间间隔制运行的技术方法是用信号或凭证来实现的。传统的自动闭塞通常称为自动闭塞，在此因为要与装备ATC系统的自动闭塞予以区分，故冠以传统的自动闭塞之称。目前，传统的自动闭塞一般适用于国有大铁路，列车最高运行速度在160km/h及以下。传统的自动闭塞可分为三显示自动闭塞、四显示自动闭塞和多信息自动闭塞。

b.装备ATC系统的自动闭塞。ATC系统保证列车按照空间间隔制运行的技术方法是靠控制列车运行速度的方式来实现的，目前城市轨道交通广泛应用ATC系统。

运行列车间必须保持的空间间隔首先应满足制动距离的需要，当然还要考虑适当的安全余量和确认信号时间内的列车运行距离。所以根据ATC系统采取的不同控制模式会产生不同的闭塞制式。

从闭塞制式的角度来看，装备ATC系统的自动闭塞可分为两类：固定闭塞和移动闭塞。

ATC系统采取分级速度控制模式时，采用固定闭塞方式。运行列车间的空间间隔是若干个闭塞分区，闭塞分区数依划分的速度级别而定。一般情况下，闭塞分区是用轨道电路或计轴装置来划分的，它具有列车定位和占用轨道的检查功能。固定闭塞的追踪目标点为前行列车所占用闭塞分区的始端，后行列车从最高速开始制动的计算点为要求开始减速的闭塞分区的始端，这两个点都是固定的，空间间隔的长度也是固定的，所以称为固定闭塞。

移动闭塞方式的ATC系统也采取目标距离控制模式。移动闭塞的追踪目标点是前行列车的尾部，不需将线路划分成固定的闭塞区间，而是在前后两个列车之间自动地调整运行间隔，使之经常保持一定的距离。这种空间间隔的长度是不固定的，是由列车按前后两列车的运行速度及线路状况自动地调整的，所以称为移动闭塞。移动闭塞一般通过无线通信和无线定位技术来实现。

②代用闭塞法——电话闭塞。当基本闭塞设备发生故障或因其他原因不能使用时，为维持列车运行，应采用代用闭塞法，也称电话闭塞。电话闭塞是由闭塞区间两端车站值班员利用站间行车电话以发出电话记录号码的方式办理闭塞的一种方法。

2.传统自动闭塞

(1)传统自动闭塞的概念

传统自动闭塞是用信号机将线路划分为若干个固定的闭塞区间，列车以闭塞区间为间隔，按追踪方式运行。由于闭塞区间都设有轨道电路，信号机能够根据列车占用或离去自动变换信号显示，指示列车运行。它是由运行的列车自动完成闭塞作用的一种行车闭塞方法。该方法一般适用于大铁路，列车最高运行速度在160km/h及以下时采用。

自动闭塞是比较先进的行车闭塞方法，它使线路上的列车密度加大，提高了通过能力。由于区间线路设有轨道电路，当闭塞区间(分区)有车占用或钢轨折断时，都能使防护该闭塞区间(分区)的信号机自动地显示停车信号。这样，列车在区间的运行，就有了可靠的安全保障。

(2)传统自动闭塞的类型

按所采用的信号显示制度的不同，传统自动闭塞可分为三显示自动闭塞、四显示自动闭塞和多信息自动闭塞。

三显示自动闭塞就是通过信号机具有三种显示，能预告列车前方两个闭塞分区状态的自动闭塞。其特征为：通过信号机具有三种显示；能预告列车前方两个闭塞分区状态；分两个速度等级，一个闭塞分区的长度满足从规定速度到零的制动距离。

四显示自动闭塞就是通过信号机具有四种显示，能预告列车前方三个闭塞分区状态的自动闭塞。其特征为：通过信号机具有四种显示；能预告列车前方三个闭塞分区状态；分三个速度等级，两个闭塞分区的长度满足从规定速度到零的制动距离。

多信息自动闭塞也称多显示自动闭塞，是对四显示及以上自动闭塞的统称。多于四显示时，往往地面通过信号机不具备多显示的条件，而以机车信号显示为主。

(3)传统自动闭塞设备的使用

在采用传统自动闭塞方式时，车站进站信号机和出站信号机的开放，需车站值班员在控制台上操纵。

双线自动闭塞区段的车站发车时，车站值班员不需办理闭塞手续，在发车进路准备妥当后，从控制台上确认区间空闲，符合发车条件时，即可开放出站信号机发车。为使接车站做好接车准备，应向接车站通报列车车次、出发时刻及有关注意事项。

单线自动闭塞区段车站发车时，发车站得到行车调度员准许后，按下发车按钮，该列车运行方向的发车表示灯及接车站的接车表示灯亮灯，车站值班员即可开放出站信号机发车。列车到达后，接车站的接车表示灯和发车站的发车表示灯均熄灭，表示区间空闲。

(4)列车进入闭塞区间的行车凭证

采用传统自动闭塞方式，列车进入闭塞区间的行车凭证为信号机的准许信号显示。

在三显示区段，列车进入闭塞分区的凭证为出站或通过信号机的黄色灯光或绿色灯光。为确保客运列车的安全，对客运列车及跟随客运列车后面在车站通过的列车，只准在出站信号机显示绿色灯光的条件下，方准从车站出发或通过。

在四显示区段，列车进入闭塞分区的凭证为出站或通过信号机的黄色灯光、黄绿色灯光、绿色灯光；客运列车及跟随客运列车后面通过的列车，为出站信号机的黄绿色灯光或绿色灯光；特快旅客列车由车站通过时为出站信号机的绿色灯光。

3.移动闭塞

基于通信的移动闭塞技术，是全球铁路及轨道交通信号界公认的最先进的信号产品。国际上已有不少城市开始采用这种新技术对现有的城市轨道交通列车控制系统进行更新，我国武汉轨道交通1号线，广州地铁3号线、4号线、5号线等城市轨道交通线路均采用移动闭塞技术。该技术的应用，对保证行车安全、缩短列车运行间隔、提高线路通过能力起到了重要作用，也给运营部门带来了良好的经济和社会效益。因此采用移动闭塞方式是城市轨道交通发展的一种趋势。

(1)移动闭塞的概念

移动闭塞是基于区间固定闭塞原理发展起来的一种新型闭塞技术。它与固定闭塞相比，最显著的特点是取消了以通过信号机分隔的固定闭塞分区。列车间的最小运行间隔距离由列车在线路上的实际运行位置和运行状态确定，所以闭塞分区随着列车的行驶，不断地向前移动和调整，所以称为移动闭塞。

移动闭塞的线路取消了物理层次上的闭塞分区划分，而是将线路分成了若干个通过数据库预先定义的线路单元，每个单元长度为几米到几十米，移动闭塞分区即由一定数量的线路单元组成，单元的数目可随列车的速度和位置变化，分区的长度也是动态变化的。

(2)移动闭塞的基本要素

在移动闭塞技术中，闭塞分区仅仅是保证列车安全运行的逻辑间隔，与实际线路并无物理上的对应关系。因此，移动闭塞在设计和实现上与固定闭塞有比较大的区别。其中列车定位(Train Posting)、安全距离(Safety Distance)和目标点(Target Point)是移动闭塞技术中最重要的三个概念，可以称之为移动闭塞的三个基本要素。

①列车定位。列车定位是移动闭塞技术的基础。要实现闭塞分区的动态移动，首先必须实时、准确地掌握列车的位置信息，确定列车间的相对距离。系统不断地将该距离与所要求的运行间隔距离相比较，确定列车的安全运行速度。所以说，没有准确的列车定位，就没有移动闭塞。列车定位由地面设备和车载设备共同完成。

②安全距离。安全距离是后续追踪列车的命令停车点与其前方障碍物之间的一个固定距离。障碍物可以是确认了的前行列车尾部的位置或者无道岔表示(道岔故障)的道岔位置。该距离是基于列车安全制动模型计算得到的一个附加距离，保证追踪列车在最不利条件下能够安全地停止在前行列车的后方，不发生冲撞。所以，安全距离是移动闭塞系统中的关键，是整个系统设计的理论基础和安全依据。

由图 1-13 可以看出，安全距离是附加在列车常用制动距离上的一段安全富余量。列车行驶过程中，追踪列车和前行列车始终保持一个常用制动距离再加上一个安全距离的移动闭塞间隔，确保在最不利条件下追踪列车和前行列车不发生碰撞。安全距离与线路状况、列车性能等因素有关。在系统设计阶段，通常规定了系统能使用的最小安全距离，同时在满足运营时间间隔的前提下，采用比理论计算值大的安全距离，提高系统运行的安全性。

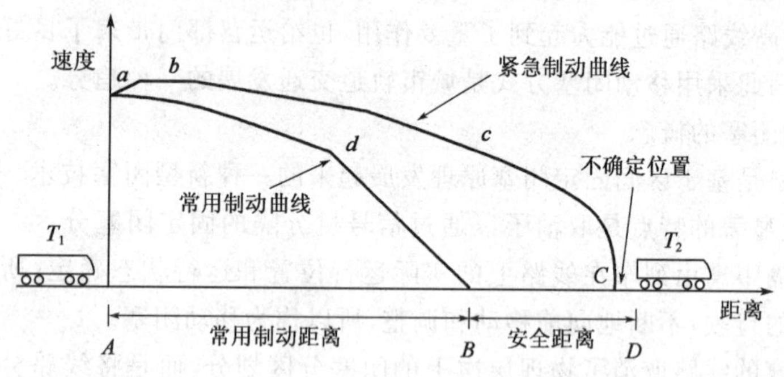

图 1-13　安全距离示意图

③目标点。目标点是列车运行的行车凭证，如同固定闭塞系统中的允许信号，列车只有获得了目标点，才能够向前移动。目标点通常是设在列车前方一定距离的某个位置，一旦设定，即表明列车可以安全运行至该点，但不能超过该点。移动闭塞系统正是通过不断前移列车的目标点，引导列车在线路上安全运行。

(3)移动闭塞系统的组成和特点

①移动闭塞系统的组成。移动闭塞系统主要包括无线数据通信网、车载设备、区域控制器和控制中心等。

无线数据通信是移动闭塞实现的基础。通过可靠的无线数据通信网，列车将位置、车次、列车长度、实际速度、制动潜能和运行状况等信息以无线的方式发送给区域控制器；区域控制器追踪列车并通过无线传输方式向列车发送移动授权。车载设备包括无线电台、车载计算机和其他设备(如传感器、查询器等)。列车将采集到的数据(如机车信息、车辆信息、现场状况和位置信息等)通过无线数据通信网发送给区域控制器，以协助完成运行决策；同时对接收到的命令进行确认并执行。

②移动闭塞系统的特点。

a. 线路没有固定划分的闭塞分区，列车间隔是动态的，并随前一列车的移动而移动。

b. 列车间隔是按后续列车在当前速度下所需的制动距离加上安全余量计算和控制的，确保不追尾。

c. 制动的起点和终点是动态的，轨旁设备的数量与列车运行间隔关系不大。

d. 可实现较小的列车运行间隔。

e. 采用地—车双向数据传输，信息量大，易于实现无人驾驶。

(4)移动闭塞系统的主要运行模式

我国轨道交通行业采用的主要有 SELTRAC MB 移动闭塞系统和西门子移动闭塞。SELTRAC MB 移动闭塞系统是一套集中控制的信号系统，主要包括以下几个部分：系统管理中心（SMC）、车辆控制中心（VCC）、车站控制器（STC）、车载控制器（VOBC）。它可以提供两种主要运行模式，即 ATC 模式和后退模式。

①ATC 模式。ATC 模式下，系统根据 SELTRAC MB 移动闭塞原理自动地控制列车，司机的干预最少。该模式是 ATC 系统和列车运营服务的常用工作模式。

正常运营条件下，列车的运行由 VCC 进行控制，列车在 ATC 系统控制下自动地在整个线路上运行，司机仅对运行进行监视。ATC 系统将在车场边界转换轨处进行列车自检，并在自检成功后使其自动投入到正线运营当中。退出运营的列车将自动返回到车场边界转换轨，车场的 ATS 系统将从这里控制列车进入车场。

a. 信息传输路径。ATC 模式下的信息传输路径如图 1-14 所示。

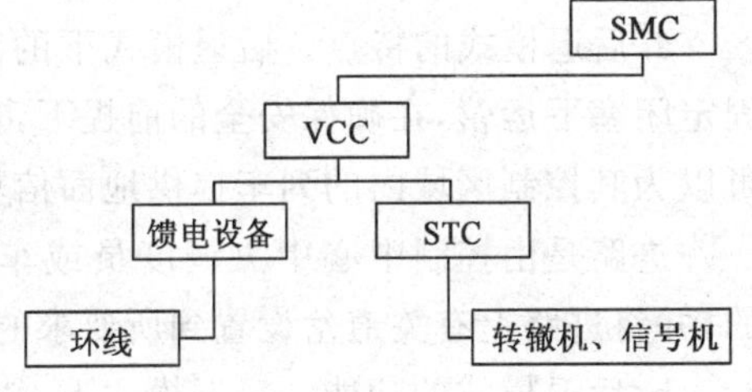

图 1-14　ATC 模式信息传输路径

b. 进路与道岔控制。ATC 模式下，VCC 负责列车的安全间隔和运行（安全运行还包括对道岔的操作）。VCC 按照 SMC 中执行的时刻表（或运行线）正确排列进路。

当列车按所分配的进路前进时，VCC 将在列车前方预留相应的轨道及道岔，并在允许列车通过之前命令 SRC 转换道岔到所需位置。当 VCC 确认列车已从相关轨道及道岔出清，预留将取消。

一旦控制中心中央调度员在中心控制室的 VCC 终端上设置了人工进路预留（MRR）或者调度员人工单独预留道岔命令，系统就不会自动转换道岔。

c. 信号显示与计轴状态。ATC 模式下，信号机显示蓝色以提醒司机信号机防护区域是“自动”区域，人工列车（限制人工或非限制人工）禁止通过。ATC 模式下，ATC 系统不会在信号机上显示其他灯光。

计轴器在 ATC 模式下仍在工作，但其检测的列车定位信息将不返回给 VCC，即计轴状态不参与 ATC 模式下的联锁逻辑。

d. 运行方式。列车可在 ATO 模式、人工驾驶模式以及无人驾驶模式下运行。

ATC 模式下，VCC 对站台紧急停车按钮以及中央紧急停车按钮的按下进行响应。

ATC 系统有能力使列车在线路的任何区域上双向运行。双向运行可以有效应对线路的任何部分由于特殊原因(如轨道阻塞)而采取的自动变更运行。与正向运营一样，反向运行时信号系统提供 ATP、ATO 及 ATS 的功能。

②后退模式。后退模式可以使列车人工驾驶(限制人工或非限制人工)运行，是考虑到 ATC 系统设备故障，或没有配备 ATC 设备的列车要在正线线路上运行而设计的。

当出现 VCC 严重故障、感应环线故障或者车载 VOBC 故障时，后退模式可以提供一种降级服务。此时，列车采用人工驾驶，按照轨旁信号机显示运行。

后退模式根据移动闭塞系统的故障影响分为全人工后退模式和局部后退模式。全人工模式下，单个或全部的 STC 将不受 VCC 控制，该 STC 控制下的所有正线区域均以自动闭塞运营；局部后退模式则是指 STC 控制的个别信号机防护的区段以自动闭塞方式运营，其余区域仍以移动闭塞方式运营。

a. 后退模式的特点。后退模式下的行车是单方向的，用于使无通信列车进入固定闭塞下运营，在确保安全的前提下，达到一定的运输能力，系统中的 STC 设备可以为其控制区域内的列车提供地面信号，以保证列车安全运行。

进路是由控制中心中央调度员或车站值班员采取设置人工进路的方式设置的，并将进路上有关道岔设置到所要求的位置。

b. 后退模式的功能。后退模式下，轨旁信号机平时点亮红灯，在人工办理了进路、联锁条件满足的情况下开放允许信号，在禁止信号红灯不能点亮的情况下不能开放任何允许信号。

在后退模式下，STC 根据区段占用状态和道岔位置等联锁条件来设置信号机的显示。因此，一旦调度员设置了人工进路，当列车占用了该进路计轴区段时，防护该进路的信号机将显示红灯。当列车出清该占用区段后，如果所有的道岔都处在“正常”进路所要求的正确位置，则该区段信号机自动开放，显示绿灯；如果所有的道岔都处在“变更”进路所要求的正确位置，则该区段信号机自动显示黄灯。必须指出的是，当道岔处于锁闭状态时，信号机才能显示开放的信号(绿灯或黄灯)。

STC 根据中心 SMC(或处于局部后退模式的 VCC)的指令或 SMC 本地工作站控制指令转动道岔，并依据联锁条件设置信号机的显示。假如接近计轴区段且道岔区段均空闲，则在 STC 将信号机成功设置为红灯后，命令道岔开始转动；当道岔转到规定位置并锁闭后，STC 检查所有的联锁条件，均符合时就将信号机设置为允许灯光显示。

如果STC收到道岔转换指令时接近计轴区段有车、但道岔区段空闲，则STC将信号机显示为红灯后开始60s计时；一旦时间计完，若道岔区段无车，则STC开始转动道岔，使其转到规定的位置。

c.后退模式的转换。后退模式与自动模式的相互转换时机取决于控制中心中央调度员，而时间长短主要取决于司机、调度员以及系统中正在运行的列车数量。

当VCC故障时，控制中心中央调度员开始干预，系统将在大约60s内从自动模式转入全人工后退模式。

只有所有的人工预留进路均已取消，所有线路上正在以人工模式运行的列车都重新进入自动模式，并且控制中心中央调度员进行干预，系统才能启用全自动运行模式，否则系统将维持原局部人工或全人工运行模式。

4.电话闭塞

(1)电话闭塞的使用时机

电话闭塞是当基本闭塞设备不能使用时，由区间两端站的车站值班员利用站间行车电话以发出电话记录号码的方式办理闭塞的一种方法。

电话闭塞不论单线或双线，均按站间区间办理。由于没有机械、电气设备控制，全凭制度约束来保证行车安全，因此办理手续必须严格。为保证同一区间在同一时间内不会用两种闭塞法，在停用基本闭塞法改用电话闭塞法或恢复基本闭塞法时，均须行车调度员下达调度命令后方准采用。遇行车调度电话不通时，行车闭塞法的变更或恢复，应由该区间两端站的车站值班员确认区间空闲后，直接以电话记录办理。

当遇有下列情况时，须改用电话闭塞法行车。

①基本闭塞设备发生故障时：

a.自动闭塞设备发生故障或停电，包括区间内两架及其以上信号机故障或灯光熄灭。

b.移动闭塞采用全人工后退模式。

②无双向闭塞设备的双线区间反方向发车或改按单线行车时，只能改按电话闭塞。

当无双向闭塞设备的双线区间的一条正线因施工或其他原因封锁，另一条正线改按单线行车时，虽然该正线正方向闭塞设备能使用，但由于该正线的反方向无闭塞设备，如果对该线路正方向与反方向运行的列车采用不同的闭塞方法，不但增加了行车调度员发布变更或恢复基本闭塞法命令的次数，而且车站办理时又容易发生错误。因此，双线改按单线行车时，上、下行运行的列车均须改用电话闭塞。

(2)占用区间的行车凭证

使用电话闭塞法行车时，列车占用区间的行车凭证，不论单线或双线均为路

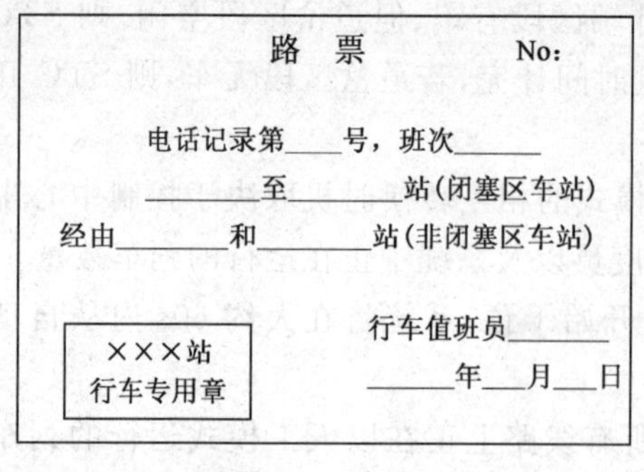
路　票　No:

电话记录第____号，班次______

____至______站(闭塞区车站)

经由______和______站(非闭塞区车站)

×××站
行车专用章

行车值班员______

____年__月__日

图 1-15　路票

票。路票的样式如图 1-15 所示。

(3)电话闭塞办理作业的程序和要求

①电话记录。电话记录是采用电话闭塞法行车时,区间两端站办理行车闭塞事项的记录。车站在发出电话记录的同时还要编写电话记录号码,以明确办理的事项和责任。承认闭塞、列车到达、取消闭塞等行车事项应发出电话记录。电话记录应登记在《行车日志》上,以防遗漏。

电话记录号码自每日 0:00 起至 24:00 止,按日循环编号,编号方法由运营部门规定。

②路票的填写。

a. 发车时发车站须查明区间空闲,并取得接车站承认,在发车进路准备妥当后,方可填写路票。

b. 路票应由车站值班员或值班站长亲自填写。填写后的路票,车站值班员应根据《行车日志》的记录进行认真检查。确认无误并加盖行车专用章后,方可送交司机。

c. 路票不得在未得到电话记录号码前预先填写,也不能在进路准备妥当之前填写。路票已交司机,因特殊原因停止发车时,应及时收回路票。填写的路票,字迹应清楚,不得涂改;当填写后发现错误时,应在路票上画"×"注销,重新填写。

③路票的交接。路票的交接地点为司机所在驾驶室旁的站台上,路票的交接必须由车站值班员指定的行车人员负责。

④车站报点。接车站在列车到达并由车站出发后,应向相邻车站和行车调度员通报发车车次和时分。

(二)ATC 系统

1. 地铁行车自动化系统及 ATC 系统构成

地铁行车自动化系统(Traffic Automation System in the Subway)是在地铁行车调度控制中,应用电子计算机通过信息传输通道实时地收集有关行车的各种信息,经计算机应用程序进行处理,最后向区间和车站的各列车及地面信号发出控制指令(包括安排列车进路,控制列车速度,监视定点停车和调整列车运行),并在调度控制室内同时显示行车实际情况,并自动记录行车实迹。

地铁行车自动化系统是随着电子技术的蓬勃发展于 20 世纪 60 年代开始出现的。前苏联于 1958 年首先研制成功了较低级的行车自动化系统,并在 1962 年试用于莫斯科地铁。接着,美国于 1960 年在纽约地铁试运行了列车自动运行系统。

20世纪70年代以后，世界各国的地铁都向着综合自动化方向发展。1971年7月，英国在维克多利亚线上实现了行车自动化。1972年，法国在巴黎地铁东西快车线上实行自动调度，利用列车自动操纵设备实现了自动驾驶，较全面地实现了列车行车指挥和列车运行自动化。

地铁运行自动化系统的功能包括低级阶段功能和高级阶段功能。低级阶段的基本功能是自动闭塞、自动停车、车站联锁和调度集中控制；高级阶段的基本功能则叠加了行车指挥自动化和列车运行自动化中的ATO系统以及若干自动检测设备。为了保证地铁行车安全，在行车自动化系统中还配置列车无线调度电话，使地铁行车调度员与司机之间可随时进行通话。

地铁的行车条件较地面铁道为优越，但运送的全是旅客，因此要求行车自动化系统有较高的安全可靠性。系统构成中最基本的是人工控制信号设备，在此基础上叠加自动控制信号设备，再叠加行车的全自动控制系统。这样在高级系统失灵时，低级系统可以运转。此外，在全自动化控制系统中都增加安全可靠措施，例如在应用计算机时尽可能增加多机冗余系统，将其功能分散、危险分散，提高系统的可靠性。

在地铁行车自动化系统中，OCC和列车间的信道方式较多，一般采用的有轨道电路传输、轨道程序电缆、漏泄电缆等。

20世纪70年代之后兴建的地铁，大多采用系统综合自动化的设计，即除行车指挥自动化和列车运行自动化之外，还包含售票检票、车辆检修、水位控制、通风控制、车辆段调车作业以及电力、卫生管理、后勤业务等自动化。

在确保安全的前提下，为了实现列车快速和高密度运行，要缩短列车运行间隔，将自动运行和运行管理有机地结合起来，进一步提高运输能力和服务质量，关键在于发展ATC技术。ATC技术将现代工业自动控制、计算机、信号、数据、通信、传感及信息传输等技术有机结合起来，应用于列车智能化控制。该系统是在机车信号和列车自动停车装置的基础上发展起来的，其基本原理是通过列车及其后续列车之间的距离和进路条件，在后续车站不间断地显示容许的速度(信号)，并利用该信号显示自动控制后续列车的运行。该系统由于取消了传统的地面信号，将机车信号提升为主体信号，指示和控制列车运行的速度，因此能可靠地防止因司机失误而冒进信号或追尾等事故。

ATC系统是列车自动运行全过程的控制系统，它由三个子系统——ATP系统、ATO系统及ATS系统组成。ATP系统的主要作用是根据故障－安全原则(故障导向安全)，通过列车ATP系统和地面ATP系统间的信息传输，来实现列车间安全间距的监控、速度控制、列车的超速防护、安全开关门的监督和进路的安全监控等功能，确保列车和乘客的安全；ATO系统主要通过车载ATO系统完成站间自动运行、列车速度调节和进站定点停车，并接受 OCC 的运行调度命令，实现列车的运行自动调整；ATS 系统的主要功能是监督列车状态、产生列车时刻表、自动调整列车运行时刻和保证列车按时刻表正点运行、生成运行报告和统计报告、向旅客向导系统提供信息等，采用软件方法实现联网、通信及列车运行管理自动化。ATP、ATO、ATS 三个子系统既相互独立又相互联系，组成完整的 ATC 系统，确保列车的安全、快速、短间隔时间和有序地运行。ATC 系统设备分布于 OCC、车站、轨旁及车上。ATC 系统框图如图 1-16 所示。

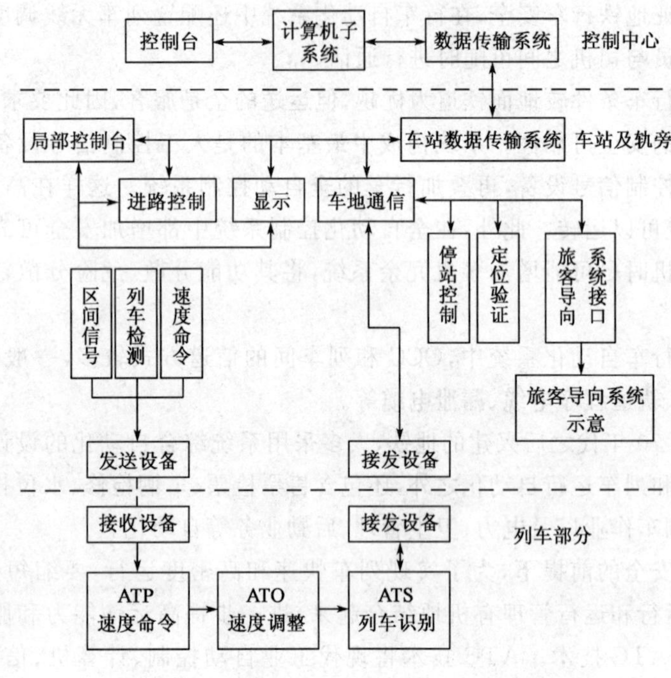

图 1-16　ATC 系统框图

在 OCC 内，装有分布式计算机系统、中心数据传输系统、信息管理系统等，OCC 内的硬件设备主要包括人机界面（MMI）、管理器（ADM）、通信器（COM）、打印服务器和打印机、维护操作控制台、过程耦合单元（PCU）、表示盘接口（PI）、模拟表示盘（MDP）、列车时刻表编辑器（TTE）、局域网（LAN）、不间断电源（UPS）及演示系统（DS）等。车站设备包括有车站数据传输系统、车—地通信系统（TWC）、列车发车时间表示器（DTI）、旅客信息显示系统（PIIS）以及列车识别系统（PTI）等，联锁车站一般还装有远程终端单元（RTU）。

2. ATP 子系统

ATP 是一种带速度控制的列车自动防护系统，是线路上信号设备的补充，它是由地面信号和车载设备共同组成的闭环高安全系统，是地面联锁向车载设备的延伸而实现的行车方式，以安全—故障原则作为最重要的技术条件。列车通过ATP设备接受运行该区段的最高速度，并保证列车不超过此速度运行，从而保证了后续列车与先行列车之间的安全间隔距离。

(1)工作原理

ATP系统在城市轨道交通中承担确保列车行车安全的重要职任，是ATC系统中最重要的一环。

在ATP计算机内，储存了必要的线路固定工程数据，如区间的线路布置、坡度、轨道电路长度、限速等。ATP计算机根据已有的数据和当时的线路运行状况，按照一定的算法计算列车的最大允许曲线，如图1-17所示。

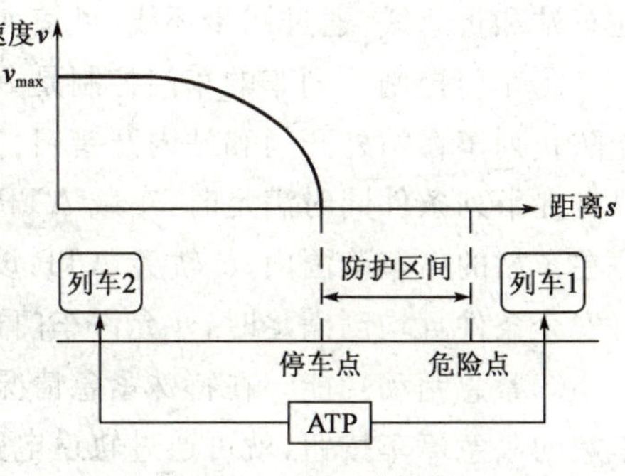

图1-17　ATP工作原理

前行列车1的位置或危险点经轨道电路传递给运行在线路区间的后续列车2(图1-17)，对列车2而言，列车1的位置就是危险点，由列车2计算出到危险点的最大允许速度。列车1向前运动，则列车2的安全停车点(车站停车点不属于安全停车点)也随之变化，列车2实时计算到停车点的速度—距离曲线，如果列车实际速度高于最大允许速度，则系统就先报警，若在规定时间内未将速度降到允许速度以下，则实施紧急制动。

(2)ATP系统功能

①安全性停车点防护。安全停车点是基于危险点定义的(图1-17)，危险点是丝毫不能超越的点，如果超越，就可能发生危险，如列车追尾。因此对危险点有必要定义一个防护区段。该防护区段的长度由区段的运行条件和前后列车性能所决定，必须保证后续列车最迟能够在防护区段的末段(危险点之前)停下来。图1-17中的停车点是防护区段的起始点，由ATP负责监督并计算出到安全性停车点的速度—距离曲线，以使列车在该点能够停下，在防护区内的停车可以保证前后列车的安全。

②速度监督和超速防护。ATP的速度限制分为两种：一种是固定速度限制，如取决于线路参数的区间最大允许速度、线路设计的停车点以及列车自身性能的最大允许速度；另一种是临时限制速度，如线路施工、维修时的临时限制速度和由运行环境或突发事件所造成的临时限速等。这两种限速值可由设备运行环境实时通过报文发送给车载ATP。ATP一直监督列车不得超越这些限制速度。ATP超速的触发点一般比ATP限速值高3km/h，例如某个区间ATP限速为30km/h，则其超速触发点为33km/h，一旦超速，列车会自动发出警告。如果在规定时间内列

车未将速度降到限制速度允许的速度以下，ATP便会实施紧急制动，并加以记录。

③测速与测距。为了保证列车能够准确地停在目标停车点处，ATP系统必须能够计算出从当前位置到目标距离点的最大安全容许速度。此外，通过连续地测定行驶距离，ATP系统能够随时准确地确定列车的位置。ATP系统利用装在轮轴上的测距脉冲发生器进行距离和速度测量。ATP系统根据轨道电路来和同步环线进行距离同步。列车每通过一个轨道电路的分界，距离测量值就被粗略同步，在车站和折返线，通过同步环线，可使列车的停车精度达到±0.5m。

④车门控制。列车的车门控制是ATP重要的安全措施之一。车载ATP设备能防止列车在站外开门和站内开错门。另外，它还能防止列车在开门状态下起动。只有在下列条件同时满足时，车载ATP才给出开门命令：a.列车是静止的；b.列车停在车站的停车范围内；c.轨旁ATP设备允许开门。只有在ATP系统检查了所有安全条件且均已满足时，才允许车门开启并发出指示命令。

⑤紧急制动功能。在特殊紧急情况下，如TWC出现异常或通信中断时，按压车站的紧急停车按钮，就可通过轨道电路将停车信息传递给在区间行驶的列车，启动紧急制动，使列车停止运行。一旦启用紧急制动，一定要在列车停稳后才能重新起动，不能中途释放制动，系统同时会将情况记录下来，以备事故分析和查验。

以上是ATP系统的主要功能，除此之外，它还具有一些其他功能，例如基本的通信功能、无人自动折返、向列车司机显示显示信息、向ATO系统传输数据、负责监督和操作列车自动折返并在此过程中保证安全等。

(3)车载ATP的功能实现

ATP功能是由车载ATP系统和轨旁ATP系统共同实现的。车载ATP子系统是确保列车运行安全的关键设施，它与地面ATP设备相配合，主要完成以下功能：速度码或距离码的接收和译码、超速防护、制动保证、零速度的检测和后退防护、车门控制等。ATP系统列车设备功能框图如图1-18所示。

①速度码或距离码。ATP系统有速度码系统和距离码系统两种。不论是速度码系统还是距离码系统，都利用轨道电路作为电路检测码和有关数据电码的双重信息通道。下面以较典型的频分制速度码系统——上海地铁1号线采用的美国GRS公司生产的速度码系统为例，简单剖析如下。

在没有列车经过时，轨道电路用于检测列车占用，用于检测的载频有4个，分别为f1、f2、f3、f4，此外，在轨道电路中传送的幅度调制信号所采用的调制频率有2个，分别是fs1、fs2，因此，对用于检测列车占用的轨道电路来讲，就有8种可能的频率组合。这8种频率组合对应8种不同的速度信息调制码，其中6种为限制速度命令信息，不同的调制频率对应不同的限制速度；其余2种分别用来作为打开左右车门的门控信号。

距离码系统是根据地面 ATP 传送给车载 ATP 的各种信息(如运行区间及前方区间的最大限速,区间线路的曲线、坡度,以及目标点的距离、目标点的允许速度等)和储存在车载 ATP 里的列车自身的固有数据(如列车长度、列车常用制动和紧急制动率等),由车载 ATP 实时计算出速度—距离允许曲线,并按此曲线对列车的实际速度进行实时监控。

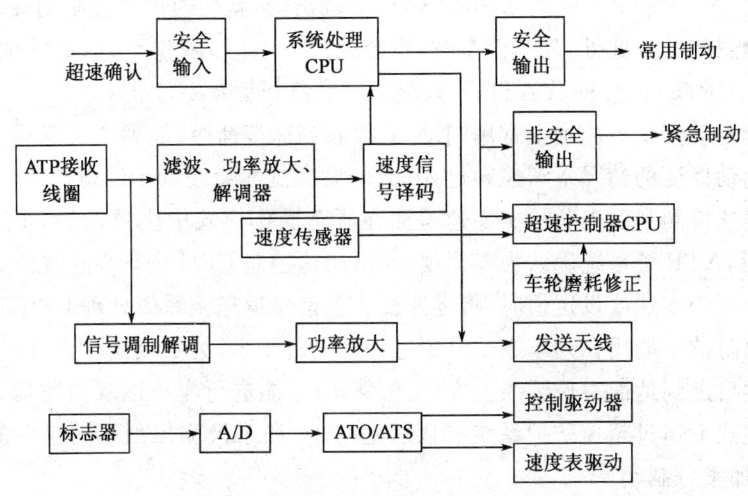

图 1-18　ATP 系统列车设备功能框图

②超速防护。超速防护保证列车不会超过限速命令所规定的速度,超速控制器 CPU 有两个输入,一个是来自系统处理 CPU 的速度限制信息,另一个为速度传感器中测得的实际列车速度信息。实际的列车速度信息来自一个双通道零速有源速度探测器,它的信息通过两个独立的软、硬件通道处理。

由于车轮在列车运行过程中存在着磨耗,列车新、旧车轮的直径不尽相同。而在相同的区间距离范围内,所采用的速度探测器脉冲的计数跟车轮的直径有直接的关系,因此,在计算实际车速时,必须考虑车轮磨耗带来的影响。

对于车轮磨耗可用加强补偿探测信号的方法来解决,一般运行列车的车轮直径在 770～840mm 的变化范围内,若以增量 5mm 为单位,可以有 15 个设定值对实测速度进行调整。测得的列车速度传送到调速 CPU,完成与限制速度的比较。如果列车实测速度超过 ATP 限速,则出现超速状态,在自动模式时列车自动调整速度,在人工模式时由司机采取措施调整。

③制动保证。在列车的驾驶室配备有主、副制动保证装置(Brake Assurance Unit,简称 BAU),并与主、副 ATP 设备配套,在 ATP 系统检出列车超速的 3～4s 内,列车至少以最小的减速率 0.715m/s^2 减速,若在规定时间里未达到最小制动率,制动保证装置将输出指令,即施加不可逆转的紧急制动,一旦采取紧急制动后,

一直要到列车停下，该制动才能缓解。

BAU包括一个机械摆和位置感知系统，加速和减速的惯性力推动机械摆移动，机械摆的移动由调整好的红外检测器监督，红外检测器允许光通过以产生一个所要求减速率达到的输出信号，并将其传送到ATP的系统处理CPU中。当ATP的系统处理CPU检测到超速状态时，它就检测BAU的输出，以此确定是否已施加全常用制动。若在3～4s内未测到BAU的输出，它就会通过紧急制动继电器失磁来施加紧急制动。此外，列车停车时，系统处理CPU如果收到BAU的输出，则会认为BAU故障，也会提示ATP子系统施加紧急制动。

列车制动停车后施加全常用制动，若未收到速度命令，而列车无意运动并在没有启动制动保证的情况下车速超过3km/h，则实施紧急制动予以防护。

④零速检测和后退防护。零速检测在所有操作模式中生效，当列车速度小于3km/h时，ATP子系统确认为零速度，并由超速控制CPU进行零速检测。当列车实际速度小于零速度设定值时，将零速度检测信号返送至系统处理CPU。

后退防护一般用在列车进站时超过停车点若干米，为了接受允许开车门信号，列车必须后退到地面对位天线上方(±0.25m)才能进行车—地双向通信。在自动和人工模式下通过超速防护系统提供后退防护，如果检测出列车向错误的方向运动，则施加紧急制动。

⑤车门控制。当列车到达定位停车点，列车对位天线检测到由站台对位环线发送的13200Hz频率，则证明列车已正确地在站台对位。ATO子系统将指令全常用制动并生成一个列车停稳信号给ATP子系统，ATP子系统接收到列车停稳信号后，施行全常用制动，并确认零速度。上述条件全满足时，ATP生成一个列车对位信号给ATO子系统，ATO子系统生成列车对位信号，通过车辆对位天线发送至地面。站台对位接收线圈接收并译出上述列车对位信号，使车站ATP系统发送打开车门的信号，打开左车门或右车门。车载ATP接收线圈收到地面发来的打开车门信号以后，使相应的门控继电器励磁，并点亮相应的开门表示灯，这时司机按压相应的门控按钮才可以将左车门或右车门打开。门控继电器的前接点与车辆门控电路的安全接点相一致，ATP子系统将指令车辆对位天线停发对位信号而改发打开站台屏蔽门信号。屏蔽门应与车辆门相对应，即根据车辆编组的不同而发送不同的屏蔽信号。地面站台对位接收器接收并译码，使相应打开屏蔽门继电器励磁，以打开相应数量的站台屏蔽门。

列车车门的控制有自动模式和人工模式两种。

在自动模式情况下，列车对位和开门均为自动完成。当停站时间到点时，车站ATP停止发送打开车门的信号，从而使车辆门控继电器失磁。当司机按压相应的车门关闭按钮以后，门控电路启动车门关闭。由于门控继电器的失磁，使车载

ATP 子系统中止发送屏蔽门信号，地面打开屏蔽门继电器失磁，启动车站屏蔽门关闭。这时地面 ATP 子系统向轨道电路发送速度命令，车载 ATP 系统译出速度命令并将此信息与车门关闭信息一起发送给 ATO 子系统。ATO 子系统收到上述信息时，使控制台上的 ATO 启动表示灯以 1Hz 频率闪光，通知司机按压 ATO 启动按钮，司机按压该按钮后列车按 ATO 方式起动运行。

在人工模式情况下，司机必须将列车以人控方式停于车站定位点，使列车对位按钮表示灯点亮，以证明列车正确对位。这时司机按压对位按钮，以启动车门操作，如果主控制器手柄置于常用全制动位，并检测到零速度，ATP 子系统将产生列车对位信号，这以后的动作与自动模式相同。而关车门列车的起动由司机人工控制实施。

⑥设备冗余考虑。考虑到系统的可用性和可靠性，系统由两个独立的车载 ATP 子系统构成。除输入接收线圈和车辆接口的输出继电器外，ATP 子系统完全是双套的，分别为主用 ATP 和备用 ATP 模块，分别简称 ATP1、ATP2。其输入是并联的，输出分别驱动输出继电器，分设 DC/DC/转换器、BAU 和双信道车轴脉冲发生器与其对应，工作模式以选择开关进行区分。正常情况下，ATP1 和 ATP2 平行工作，执行相同的任务，ATP1 和 ATP2 之间的转换不需要人工干涉。特殊情况下，系统也可以采用以下两种模式。

ATP1 模式：仅选择 ATP1 模块，ATP2 模块断电不工作，ATO/ATS 接收 ATP1 传来的数据，电源也由 ATP1 DC/DC 转换器供给。

ATP2 模式：仅选择 ATP2 模块，ATP1 模块断电不工作，ATO/ATS 接收 ATP2 的 DC/DC 转换器电源和数据。

3. ATO 子系统

(1) ATO 系统结构

ATO 作为 ATC 系统的一个重要子系统，利用车载固化信息和地面信息实现对列车牵引、制动的控制，使列车经常处于最佳运行状态，以提高乘客的舒适度和列车准点率，节约能源。ATO 是提高城市轨道交通列车运行水平（准点、舒适、节能）的重要技术，但它的功能是要依靠 ATC 各子系统协调工作共同完成的。ATO 并不是故障－安全系统，它的运行速度始终低于 ATP 的防护速度，并且它的运行任务是由 ATS 根据需求实时给出的。缺少 ATP 和 ATS 子系统，ATO 将无法正常工作。ATO 的系统结构图如图 1-19 所示。

如上所述，利用 ATO 可以提高列车运行的性能指标，具体如下。

①高效性。ATO 应能提高通过能力，即在采用一定的车辆类型、信号设备和行车组织方法下，提高轨道交通系统线路的各项固定设备在单位时间内所能通过的列车数。

②准时性。地铁系统是按照一定的时刻表运行的，每一列车都有其运行时分，若误点运行，将会打乱整个地铁系统的运行作业。这就要求ATO能自动快速地调整列车的运行时分，使整个系统有序地运行。

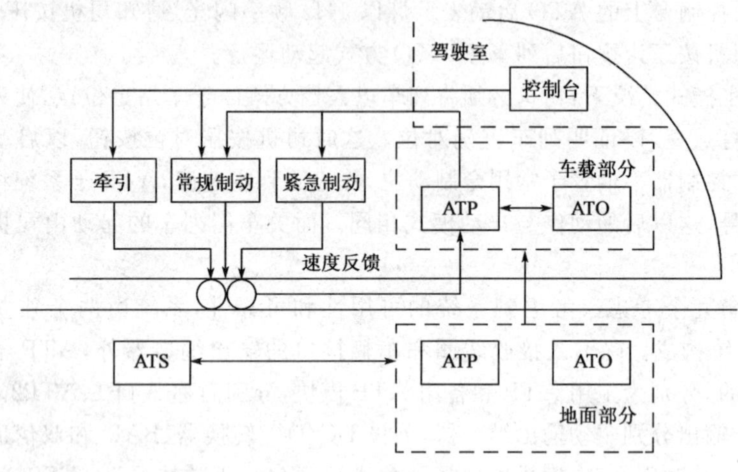

图 1-19 ATO 系统结构图

③停车精度。地铁站台长度固定，停车位置不准确将影响乘客的上下车，尤其是在带有屏蔽门的站台，这一问题更为明显。停车精度还有可能影响列车与地面的通信。这便要求ATO在停车前能快速精确地调整速度。

④舒适性。为了提高舒适性，列车加减速度的绝对值不能过大，加减速度的变化不能过分频繁。

⑤节能。要求列车以尽量合理的速度运行，并且尽量减少制动。

(2)ATO系统功能

①站间运行控制。这是ATO系统的最主要功能。它具备牵引速度调节功能，可生成制动控制信号，其模块调速器以渐进和恒定的速率加速列车到达限定的运行速度。列车到达限定速度后，ATO根据站间距离和站间运行时间自动计算出速度—距离曲线，通过连续比较实际速度和限速以控制列车的牵引和制动系统，应用闭环控制技术达到速度调节的目的。它控制列车速度到ATP速度命令、ATS运行等级或车站停车曲线所决定的最低参考速度，列车行驶速度一般被保持在上述参考速度0～5km/h的范围内。在高峰期间，按照最大允许速度驾驶列车；在低峰期间，按照最节能的方式驾驶列车。

②列车自动调整。列车运行期间，ATO列车自动调整通过对列车实际运行时分与计划时刻表内的运行时分的比较，用报文的形式把相应的信息(运行时分计算值)通过轨道电路传给列车车载ATO。与此同时，ATS通过控制运营停车点的释

放时间来控制列车的发车时刻，从而调整列车在站内的停留时间，使列车按照时刻表内的时间运行。列车自动调整的原则是列车按时刻表原则和最大可能地节能原则。

③定位停车控制。对运行的列车而言，最重要的作业之一便是在车站的定位停车。通常司机在制动时全凭直觉估计到停车点的距离，根据当时的速度来推算减速度，即完全按“记忆模式”来操作制动阀，要做到定位停车是相当困难的。所以必须研究列车自动定位停车，这对于设置站台屏蔽门的城市轨道交通来说尤为重要。

定位停车控制一般采用距离控制方式较多，所谓距离控制方式是根据制动开始点到定位停车点之间的距离以及列车速度、列车质量、天气情况、空走时间、线路条件算出制动模式，在定位停车点的附近进行阶段缓解，以不断修正停车位置的误差，来保证定点停车。

为了保证列车能在车站定位停车，一般应在车站内设置地面标志器(图 1-20)，当列车接近车站时，它首先检出距停车点 350m 的外方标志器(110kHz，140kHz)，从而启动车站制动曲线并点亮司机操作台上的程序停车表示灯。列车通过距停车点 150m 的中间标志器(120kHz，150kHz)以及距停车点 25m 的内方标志器(160kHz)时分别更新制动曲线，而当列车对位天线检出 8m 标志(14.4kHz)时，再次更新制动曲线。一旦车辆对位天线直接位于地面对位线圈，控制列车精确定位停车，这时地面向列车发送对位信息(13.2kHz)，当车辆检出此信号时，ATO 将设定全常用制动并启动开门程序，当车门打开，程序停车表示灯将熄灭。如果跳停生效，说明列车在该站不停，所以跳停表示灯点亮，程序停车表示灯不亮且标志器的输入不起作用，列车根据 ATP/ATS 速度命令运行。

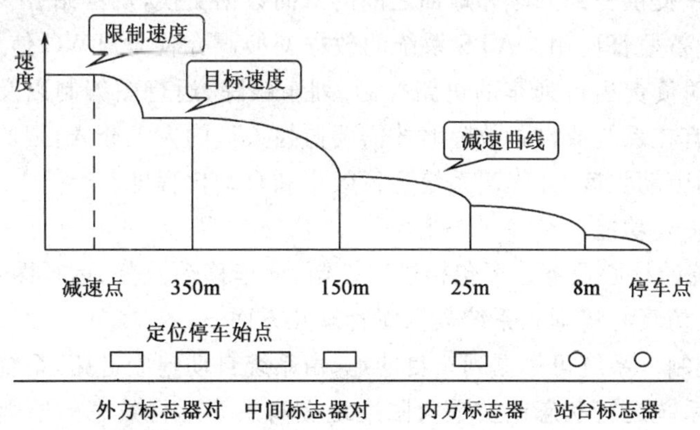

图 1-20　定位停车示意图

当程序停车正在作用时，车站停车功能还可以通过司机按下跳停按钮来取消，即在列车对位信号生成前，在任何时间都可以人工取消一次程序停车。跳停的输入，不论由 ATS 还是由人工输入，只能取消一个车站停车。

④车门控制及站台屏蔽门的开启。当列车停于定位停车的允许精度范围内时，列车的定位天线连向站台定位发送器和接收器，站台定位发送器向车辆定位接收器发送列车停站信号，ATO 子系统确认列车到达指定的定位区域后，将该信号传给 ATP 子系统，以保证列车制动。当 ATP 子系统检查完开门条件，允许车辆开门并给出命令后，ATO 自动打开车门。

有了车门打开信号后，车辆定位发送器改发屏蔽门信号。当站台定位接收器收到此信号后，通过调节屏蔽门继电器将与列车车门位置和数量都相对的屏蔽门打开。屏蔽门和车门的开门时间应在小于 1s 的时间内同步启动，关闭时间应大致相同。

⑤自动折返。列车自动折返可以由 ATO 控制并受 ATP 的监督。无人驾驶的列车自动地从站台线驶入折返线并停下，在换端之后列车转回车站进入另一站台线。

4. ATS 子系统

现代城市轨道交通系统是一个在高载客量、高密度下运行的自动控制系统，列车之间的运行间隔甚至已经缩短至 2min。对这样的系统已经完全无法采取人工方式进行调度和管理。ATS 系统正是为了满足这样的需求而开发的一种基于计算机网络的智能化自动控制系统。

ATS 系统是整个城市轨道交通系统的运营核心，在 ATP、ATO 系统的支持下完成对列车运行的自动监控，负责监视和控制线路中所有列车的运行状态。ATS 由一个位于 OCC 的远程监控系统以及每个车站的现地设备(现地 ATS)组成。通常情况下，地铁提供一列列车和地面之间的双向数据交换，供停站、出发、排列进路和中央控制设备监督使用。ATS 系统的数据交换媒介便是 TWC 信息交换系统。ATS 系统自动负责运行列车的进路控制、列车跟踪、运行图编制以及列车运行状态的调整，只有在系统或设备故障时才需要监控人员的人工介入，因此可极大地降低工作人员的劳动强度，并提高系统运行效率和自动化程度。

(1)系统主要功能

ATS 系统的核心业务主要包括进路控制、列车移动监督、运行图管理、运行调整、旅客向导、仿真与培训和系统数据库管理几方面。

①进路控制。系统可根据列车目的地，由系统自动建立进路，系统也可根据实际运营需求、系统运行状态以及最大限度地提高系统运行效率的原则采取不同的进路选择方式，既可由系统根据运行图、列车识别号或者列车接近条件自动设置，也可通过 OCC 或车站值班员手动设置。

a. 自动设置进路：分两种情况加以考虑，对于列车常规运行方向上的紧急渡线道岔入口，由联锁系统根据车辆的通过情况自动排列进路，ATS 系统无须给出进路设置指令；对于终端站、维修场和交叉点的道岔入口，必须由 ATS 系统根据列车识别号中包含的目的地代码生成进路控制指令，交由现地联锁系统执行。

b. 人工设置进路：当列车需通过常规运行方向的反向渡线时，必须由 ATS 系统通过人工设置进路。

对于一个高度自动化的 ATS 系统来说，当系统中的所有运营列车均依照事先编制好的实施运行图正点运行时，可按照运行图中规定的每辆列车在线路中通过的具体时间和运行方向自动设置道岔位置和信号灯状态。

通常情况下，系统按照列车的接近条件自动设置进路。系统通过由列车跟踪系统获得的列车识别信息和列车所处的轨道区段，自动生成前方道岔区段的进路控制指令。

②列车移动监督。列车移动监督实际上是用计算机再现列车的运行，系统通过跟踪列车对轨道区间的占用情况和区间内道岔的实际位置自动完成对控制区段内的列车身份确认，并对由现场传来的列车识别号进行校核。相应列车的识别号将显示在占用轨道旁的识别号显示窗口，以将所有运营列车的实际位置通知监控人员。列车的移动监督主要有以下几个步骤。

a. 列车初始化：系统在列车投入运营之前需对该列车进行身份确认和登记。处于发车转换轨中的列车通过 TWC 系统将该列车的有关数据发往 OCC，OCC 将运行时刻表中下一列列车的车次号赋予该列车。对于脱离正常运营线路进入车辆段或维修厂的列车将停止跟踪，并从运行时刻表中删除该车次号。

b. 列车号移动：列车在系统中的移动导致轨道电路占用状态的变化。ATS 系统采集轨道显示、道岔、进路、列车运行等数据，通过列车跟踪算法推算出列车的运动状态，列车识别号自动地跟随列车移动而移动。

c. 正确列车识别：PTI 功能可改善 ATS 系统的列车跟踪算法精度。当列车在车站停靠时，车载信息通过 TWC 系统发往 OCC。ATS 系统确认接收数据与系统跟踪的列车号数据的一致性，以确保对列车的正确跟踪。

③运行图管理。系统可根据当日的运营需求自动排出每日的运行计划。系统应具有 10 种以上基本运行图，通过调用这些基本运行图并在进行必要的参数设置以后，监控人员可很方便地获得当天的实施运行图。列车运行后获得的实迹运行图由机器实时记录保存，需要时可输出查看。所有基本运行图和实施运行图均可由监控人员进行离线修改和维护。运行图是系统运行的依据与核心。运行图管理主要包括以下子功能。

a. 基本数据和分部时刻表数据的显示：基本数据包括列车在区间的运行时分，

车站停车时间，列车折返运行时间及折返停站时间的最大值、最小值以及缺省值供调度人员选择；分部时刻表数据包括每天的运营开始车站及开始时间，每个运营间隔的开始、结束时间以及间隔时间，有关折返车站白天、晚上停放的列车数量。

b.运行图编辑和修改：系统提供编辑、修改基本运行图的实用工具，有关工作人员可以根据上述基本数据的输入，对运行图进行编辑，十分方便地生成每日的运营计划。对于已经存在的运行图，操作员可以进行复制、修改和存储，并可以增加或删减实迹运行图中已经存在的列车。

c.运行图记录、显示和打印：列车在每一车站的到发时刻均作为数据库的一条记录，并可在此基础上生成列车的实迹运行图，计划和实迹运行图均可在系统中联机显示并打印。

d.运行记录访问：管理人员可通过检索所有的运营记录数据，对系统的运营状况加以分析、比照，以指定更为合理有效的运行计划。

④运行调整。当列车运行偏离运行图时，系统可自动调整列车的停站时间。当偏离误差较大时，可由调度人员人工介入，指定列车的停站时间和区间走行时间，或对系统实施运行图进行调整。运行调整可手动或自动完成，具体调整策略包括：改变运行等级、改变停站时间、增减车次、时刻表偏移等。

列车自动运行调整可根据列车偏离时刻表的程度大小自动决定所采用的调整策略。由于车辆性能、线路条件和站停时间等约束，当这种误差较大时，往往不可能一次性调整到位。因此，系统需要采取弹性的调整策略，通过改变前后多辆列车的运行状态，逐步消除当前列车的运行偏差对系统总体的影响。

当调度人员人工介入时，可通过在车站设置扣车命令或设置列车跳停命令，使下一列列车以不停站通过等方式进行调整。当偏差较大时，调度人员甚至可以关闭列车的自动调整功能，在系统限定的最大值与最小值范围内，人工设置列车的区间运行和停站时分，或者使列车不停站通过任选的一些车站等。

⑤旅客向导。系统可根据现行时刻表设定的信息和运行中的列车交通状况，通过乘客信息系统向乘客提供自动、实时、可视及广播告示，例如在每个车站的旅客信息显示牌中显示相关列车的到发站时间和行驶目标，并根据需要显示特定的警告信息。

⑥仿真与培训。仿真系统通过提供仿真的列车控制环境，为列车模拟提供各种站场、列车基本数据以及一系列信号状态数据和列车移动数据，并针对操作人员对各种不同情况下的列车运行方式和系统运行状态进行的操作作出响应，也可对所编制的运行计划和控制算法进行测试。该系统可用于培训行车调度员的正常操作和事故演习，提高行车人员的实际操作技能，积累列车运行经验，提高其对列车运行分析和突发事件的应急处理能力。

⑦系统数据库管理。ATS系统数据库管理将ATP终端图形显示、逻辑计算和数据维护有机地结合在一起,形成一个完整的系统。它包含全部的站场数据、时刻表数据、全部车辆的信息和不断变化的列车信息、交通状况信息及信号点状态等数据。数据库管理可提供以下报告或记录:列车信息管理,车辆运行时间和运营里程,正点率统计,交通状态记录,操作人员操作记录,重大、突发事件记录,设备故障等。

(2)系统运行模式

ATS系统是城市轨道交通系统的指挥中枢,其系统的高可靠性和高可用性对保证整个交通系统的运营效率至关重要。当系统中的某些单元出现故障或运营过程中出现异常情况时,系统必须具备相应的应对策略。ATS系统通过采用高可靠性的软件和硬件及采取冗余手段来保证系统的可靠性,此外,系统还应具备从高级的自动进路设置调整模式到低级的完全人工模式降级运行的功能。即使在最恶劣的情况下,ATS系统也可通过人工来指挥运营。

通常,ATP系统可在以下几种不同的进路设置模式下运行。

①自动进路设置调整模式:这是自动化程度最高的模式,在此模式下,ATS系统控制、监视列车运行的整个过程,ATS系统将根据计划时刻表和车站进路表自动设置列车进路,ATS系统完成所有的自动进路和自动列车调整功能。

②降级模式下的进路设置模式:在此模式下,ATS系统仍将自动完成所有的自动进路和调度功能,但不具备自动运行调整能力。运营列车将一直使用预先设置的运行等级和站停时间运行。

③人工介入设置进路模式:在此模式下,ATS系统只负责执行部分自动进路设置功能,由调度人员人工介入设置进路对列车运行进行调整,由ATS车站完成自动进路或根据列车识别号进行自动信号控制,由车站人工进行进路控制,列车投入运行和退出系统都由操作员人工完成。

④完全人工模式:在此模式下,ATS系统不能执行自动功能,由调度人员负责进路设置、站停及运行控制等系统功能。系统运行不同模式间的切换由调度人员人工完成。在此模式下,调度人员需保证系统具备适当的运行条件。

在任何情况下,人工控制都具有最高的控制优先级,以保证在系统故障时调度人员可随时进行人工干预。

任务2　特殊情况下组织车站接发列车

【任务描述】

由于国内城市轨道交通信号系统普遍实现中央级控制,列车实行自动驾驶运行，列车以规定速度进站，车站不显示接车信号，因此，城市轨道交通车站原则上不办理接发列车作业。车站对列车运行情况进行监视，站台岗站务员按有关规定迎送列车。

只有在信号联锁故障需人工排列进路和列车开到区间因故障要退回车站等特殊情况下须办理接发列车作业。

【职业实景】

图 1-21 所示为人工排列进路后显示的道岔开通信号。图 1-22 所示为显示引导信号，引导列车进站。

图 1-21 道岔开通信号

图 1-22 引导信号

【职业岗位】

地铁车站值班员、站务员，铁路车站值班员、助理值班员岗位需要掌握本任务。

【任务分析】

遇特殊情况须接发列车时，车站接发列车人员首先应严格执行接发列车作业程序，按照办理闭塞、布置与准备进路、开闭信号、交接凭证、迎送列车、开通区间六个步骤进行接发列车，确保行车安全。具体接发列车作业程序与信号联锁设备及其状态有关。

【相关知识】

(一)城市轨道交通接发列车程序

1.办理闭塞

闭塞的实质是同一区间在同一时间内只允许一列列车占用。办理闭塞实际上就是使出发列车取得占用区间的许可权。

城市轨道交通系统一般都采用自动闭塞,故随着列车的运行,自动完成闭塞作用。新线在全线投入正式运营前采用半自动闭塞时,须由区间两端车站行车值班员通过按压闭塞按钮办理闭塞,当区间两站闭塞表示灯均亮绿灯时,即表示闭塞完成。

当基本闭塞设备故障须采用代用闭塞法——电话闭塞法时,办理闭塞主要由区间两端车站行车值班员通过行车电话发出电话记录号码来办理闭塞。

必须指出的是,因地铁正线线路较简单,中间站列车运行进路在运营期间内基本不变,故当闭塞设备故障时,一般规定只有与车辆段相衔接的车站和车辆段之间采用站间电话闭塞法,而正线上的中间站之间采用站间电话联系法,保证列车运行间隔的安全,与电话闭塞法有较大区别。

2.布置与准备进路

(1)接发列车进路的划分

进路是指列车运行或调车作业所走行的路径,前者称为列车进路,后者称为调车进路。列车进路可分为接车进路、发车进路和通过进路。

①接车进路:接入停车列车时,由进站信号机(或进站方向进路防护信号机)起,至接车线末端警冲标或出站信号机(或另一端进路防护信号机)止的一段线路,称为接车进路。

②发车进路:发出列车时,由列车前端至相对方向进站信号机(或进路防护信号机)止的一段线路,称为发车进路。

③通过进路:列车通过时,该列车通过车站两端进站信号机(或进路防护信号机)间的一段线路,称为通过进路。

(2)布置进路

轨道交通系统接发列车的关键是正确、及时地准备好列车进路。值班站长或行车值班员必须亲自布置和确认进路准备妥当。布置准备进路时,应讲清两个内容:一是车次,二是列车占用的线路。如果车站一端由两个及其以上列车运行方向或双线反方向行车时,还应讲清方向。

(3)准备进路

准备进路与联锁设备有关。电气集中联锁和微机联锁均是进路式集中联锁,准备进路时，顺序点击或按压进路始、终端按钮，道岔即自动转换并锁闭进路，进路一次性排列完毕，同时防护该进路的信号机自动开放。

城市轨道交通系统由于装备了 ATC 系统，其 ATS 子系统能根据列车运行图自动排列进路、开闭信号。当中央 ATS 系统故障时，可通过 LOW 工作站人工排列进路。

城市轨道交通系统只有在联锁全部故障或停电时，才需要人工手摇道岔准备进路。手摇道岔时，应去《车站行车工作细则》规定的地点取得钥匙，打开钥匙孔盖上的锁，使钥匙盖向下方转动，露出手摇把孔。将手摇把插入孔内，用力摇动一定的圈数，听到“咔嚓”的声音后，即表示道岔已手摇到位，尖轨被锁闭。经过手摇的道岔不能自动恢复集中操纵。道岔转辙机底壳内的安全接点是非自复式接点，抽出手摇把后安全接点也不能接通，电动转辙机还处于断电状态。即使恢复供电，该道岔的电动转辙机仍不能动作，使人工转换过的道岔不改变其开通方向，以保证进路正确。

当故障处理完毕或恢复供电后，须恢复使用正常联锁，停止手摇道岔。应由电务人员使用专用钥匙打开电动转辙机盖，经确认设备处于正常状态后，接通安全接点，将钥匙孔盖恢复原来的位置，覆盖手摇把孔，人工转换停止后，对电动转辙机及钥匙孔盖加锁。当道岔操纵电路恢复后，即纳入集中操纵。

3. 开闭信号

集中联锁站当接发列车进路准备好后，信号自动开放。由于轨道电路的作用，当机车或车辆第一轮对越过该信号机后即自动关闭。

引导信号(含人工引导信号)应在列车头部越过信号机后及时关闭(或收回)。

4. 交接凭证

这里所说的凭证，是指发车信号机显示的进行信号以外的“证件”，如路票、列车进入封锁区间的调度命令等。

交接凭证时要认真检查是否正确，注意安全，一般应停车交付。收回凭证后，要确认凭证是否正确，并及时注销保管。

5. 迎送列车

站台接发列车作业人员应在《车站行车工作细则》规定地点立岗迎送列车，注意列车运行状态，发现危及行车安全时，立即采取紧急措施。

6. 开通区间

与办理闭塞相对应，接发列车作业完毕后，半自动闭塞区间和电话闭塞区间须开通区间，使区间恢复空闲，保证不间断地接发列车。

半自动闭塞区间开通区间时，拉出闭塞按钮，区间两站的闭塞表示灯熄灭即表示区间开通。

(二)接发列车作业规定

以珠三角某地铁为例,正线遇特殊情况需接发列车的相关规定如下。

(1)接车时应按照《运营时刻表》及行车调度员命令,做好接车工作。

(2)车站行车值班员在 LOW 工作站上排列列车进路。

(3)特殊情况下接发列车时显示手信号的时机和地点如下:

①接车时,待看见列车头部灯后开始显示;显示地点为进站端墙。

②通过列车,待列车头部越过信号显示地点后方可收回;显示地点为站台尾端墙附近。

③停站列车,待列车停车后方可收回。

④发车信号(或"好了"信号),在司机鸣笛回示后方可收回;显示地点为列车前进方向第 2 个车门。

⑤引导手信号,待列车头部越过信号显示地点后方可收回;显示地点为来车方向端墙。

⑥道岔开通信号,待道岔位置正确后,向司机显示,在司机鸣笛回示后方可收回;显示地点为道岔现场旁边的安全地点。

【任务实践】

城市轨道交通系统接发列车标准目前我国尚未统一。铁路接发列车作业标准也经历了漫长的演变,目前铁路接发列车作业标准采用 TB/T 1500.1—2009~TB/T 1500.8—2009。下面以我国某大型地铁公司行车规章为例,说明城市轨道交通接发列车标准的基本内容。

(一)中央信号联锁故障、联锁站联锁设备良好的接发车作业程序

中央信号联锁故障,联锁站联锁设备良好,需人工在 LOW 工作站上排列进路,列车在 ATP 保护下以 ATO 或 SM 模式驾驶运行,此时联锁站需办理接发列车作业。

1.联锁站接车作业程序,见表 1-5。

接车作业程序　　　　表 1-5

作业程序	作业程序及用语			说明事项
	值班站长	LOW 操作员/行车值班员	站台站务员	
一、听取预告	1.根据《行车日志》和 LOW 工作站显示,确认接车线路空闲。 2.听取发车站预告"××次预告",并复诵			

续上表

作业程序	作业程序及用语			说明事项
	值班站长	LOW操作员/行车值班员	站台站务员	
二、准备进路、开放信号	4.确认接车进路防护信号开放正确后,复诵"进路防护信号好了"	3.听取值班站长"××次预告"后,在LOW工作站上排列列车进路,确认进路防护信号开放好后口呼"进路防护信号好了"		
	(办理发车作业程序)			(通过列车)
三、接车	5.听取发车站报点,复诵并填写《行车日志》			
	6.通知站台站务人员:"××次开过来,准备接车",并听取汇报		7.站台站务人员复诵"××次开过来,准备接车",并立岗接车	
	9.监视列车到达	10.监视列车到达(通过)	8.监视列车到达(通过)及注意站台乘客安全	
	11.向发车站报点:"××次,×点××分到(通过)",并填写《行车日志》			
	12.向行车调度员报点:"××次××点××分到(通过)"			

2.联锁站发车作业程序,见表1-6。

发车作业程序 表1-6

作业程序	作业程序及用语			说明事项
	值班站长	LOW操作员/行车值班员	站台站务员	
一、发车预告	1.根据《行车日志》和LOW显示,确认发车线路空闲,并向前一LOW工作站预告"××次预告" 2.填写《行车日志》			
二、准备进路、开放信号	3.听取前一发车站报点"××次××分开",并复诵,接到接车站准备好接车进路的通知,客车进站后排列发车进路	5.听取值班站长"排列××次发车进路"的命令后,排列发车进路。进路排列好后,口呼"进路防护信号好了"		
	4.通知LOW操作员:"排列××次发车进路"			
	6.确认发车进路好后,复诵"进路防护信号好了"			

续上表

作业程序	作业程序及用语			说明事项
	值班站长	LOW 操作员/行车值班员	站台站务员	
三、发车	7.通知站台站务人员:"××次发车进路好了"		8.确认后三节车门关闭好后,向司机显示"车门关闭好了"的手信号	
四、报点	11.监视列车运行	10.监视列车运行,直至列车出清联锁区	9.监视列车运行及注意站台乘客安全	
	12.向接车站报点:"××次,××点××分开"			
	13.填写《行车日志》			
	14.向行车调度员报点:"××次,××点××分开"			

(二)电话闭塞法的接发车作业程序

1.电话闭塞法的发车作业程序,见表1-7。

发车作业程序　　表1-7

作业程序	作业程序及用语	
	值班站长	值班员/站务员
一、办理闭塞	1.根据《行车日志》确认区间线路空闲	
	2.向接车站请求闭塞"××次闭塞"	
	3.复诵接车站发出的电话记录:"电话记录××号,××分同意××次闭塞"	
二、准备发车进路	4.布置值班员:"准备××次发车进路"	5.复诵"准备××次发车进路"
	6.听取汇报,复诵"××次×道发车进路好了"	7.将进路上的道岔及防护道岔开通正确位置并加锁。经确认正确后,向值班站长报告:"××次×道发车进路好"
三、填写路票	7.填写《行车日志》,对照《行车日志》填写路票	

续上表

作业程序	作业程序及用语	
	值班站长	值班员/站务员
四、列车出发	8.向值班员交付路票并共同核对	9.接受路票并检查核对
	10.指示值班员发车	
	12.列车出发后,向接车站行车调度员报点:"××次××分开"	11.征得值班站长指示发车的同意后,向司机递交路票,显示发车信号。监视列车运行并注意站台乘客安全
五、开通区间	13.复诵接车站列车到达时刻及号码"电话记录××号,××次××点××分到"	
	14.填写《行车日志》,确认区间开通	

2.电话闭塞法的接车作业程序,见表1-8。

接车作业程序　　表1-8

作业程序	作业程序及用语	
	值班站长/值班员	值班员/站务员
一、办理闭塞	1.听取发车站闭塞请求,复诵"××次闭塞"	
	2.根据《行车日志》和LOW确认区间空闲	
	3.承认闭塞"电话记录××号,××点××分同意××次闭塞"	
二、准备进路	4.布置值班员/站务员:"检查×道,准备××次×道接车进路"	5.检查线路空闲,将进路上的道岔及防护道岔开通正确位置并加锁。经确认正确,向值班站长报告:"××次×道接车进路好了"
	6.听取汇报后,复诵"××次×道接车进路好了"	
三、引导接车	7.听取发车站发车通知,填写《行车日志》	
	8.布置值班员:"××次开过来,引导接车"	9.复诵"××次开过来,引导接车"
		10.显示引导信号,监视列车进站停车,收回路票打"×"作废
四、开通区间	11.填写《行车日志》,报发车站"电话记录××号,××次××点××分到"并向行车调度员报点	12.向值班站长交回路票
	13.收回路票	

必须指出的是,采用电话闭塞法发车时,在发车进路准备好之后才能填写路票。

【拓展知识】

与铁路车站行车组织作业相比，地铁车站行车组织作业相对简单，但相关规定有所不同。我国城市轨道交通正线普遍采用 ATC 系统，正线地铁车站行车组织有其固有的特点，相应地规定了进路行车法、区段进路行车法、站间电话联系法和电话闭塞法几种行车法。

(一)进路行车法的相关规定

(1)进路划分：始端信号机至终端信号机之间为一条行车进路。

(2)列车运行以某一条进路进行空间分隔，一条进路内只允许一列列车运行。

(3)排列进路的方式：可以将信号机设置为自排、追踪或人工排列状态，根据行车需要设置相关行车进路。

(二)区段进路行车法的相关规定

(1)对正线、终点站的列车折返用进路始端信号机至进路终端信号机明确规定相应的区段进路划分。以某地铁线路为例，其线路信号平面布置如图 1-23 所示。

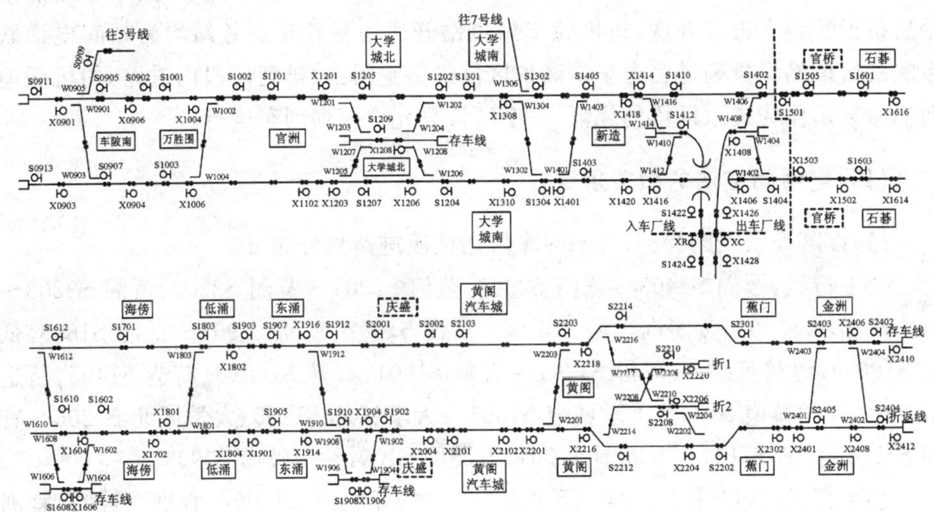

图 1-23 某地铁线路信号平面布置示意图

金洲～车陂南区段进路规定如下。

①上行线：金洲 S2403～蕉门 S2301、蕉门 S2301～黄阁 S2203、黄阁 S2203～黄阁汽车城 S2103、黄阁汽车城 S2103～东涌 S1907、东涌 S1907～低涌 S1803、低涌 S1803～海傍 S1701、海傍 S1701～石碁 S1601、石碁 S1601～S1402、S1402～新造 S1405、新造 S1405～大学城南 S1301、大学城南 S1301～大学城北 S1205、大学城北 S1205～官洲 S1101、官洲 S1101～万胜围 S1001、万胜围 S1001～车陂

南 S0905。

②下行线：车陂南 X0904～万胜围 X1006、万胜围 X1006～官洲 X1102、官洲 X1102～大学城北 X1206、大学城北 X1206～大学城南 X1310、大学城南 X1310～新造 X1420、新造 X1420～X1502、X1502～石碁 X1614、石碁 X1614～海傍 X1702、海傍 X1702～低涌 X1804、低涌 X1804～东涌 X1914、东涌 X1914～黄阁汽车城 X2102、黄阁汽车城 X2102～黄阁 X2216、黄阁 X2216～蕉门 X2302、蕉门 X2302～金洲 X2408(或 X2406)。

③金洲站后列车折返：金洲 X2408～X2412、金洲 S2404～S2403。

④车陂南站后列车折返：车陂南 S0905～S0911、车陂南 X0901～X0904。

⑤其他未列明的区段进路，以信号进路为区段进路。

(2)各车站均为区段站。车站确认区段进路空闲，排列区段内的进路，司机凭地面信号显示作为进入区段的凭证，一个区段内只准一列列车运行。

(三)站间电话联系法的相关规定

站间电话联系法的区段进路划分与区段进路行车法基本相同。列车在终点站站后折返按调车方式办理，司机凭车站道岔开通信号动车。各站均为站间电话联系法的区段站。排列进路由车站确认区段进路空闲，并排列区段内进路，司机凭地面信号显示作为进入区段的凭证，一个区段只允许一列列车运行。

(四)电话闭塞法的相关规定

(1)以某地铁线路为例，金洲～车陂南区段进路划分如下。

①上行线：金洲 S2403～蕉门 S2301、蕉门 S2301～黄阁 S2203、黄阁 S2203～黄阁汽车城 S2103、黄阁汽车城 S2103～东涌 S1907、东涌 S1907～低涌 S1803、低涌 S1803～海傍 S1701、海傍 S1701～石碁 S1601、石碁 S1601～新造 S1405、新造 S1405～大学城南 S1301、大学城南 S1301～大学城北 S1205、大学城北 S1205～官洲 S1101、官洲 S1101～万胜围 S1001、万胜围 S1001～车陂南 S0905。

②下行线：车陂南 X0904～万胜围 X1006、万胜围 X1006～官洲 X1102、官洲 X1102～大学城北 X1206、大学城北 X1206～大学城南 X1310、大学城南 X1310～新造 X1420、新造 X1420～石碁 X1614、石碁 X1614～海傍 X1702、海傍 X1702～低涌 X1804、低涌 X1804～东涌 X1914、东涌 X1914～黄阁汽车城 X2102、黄阁汽车城 X2102～黄阁 X2216、黄阁 X2216～蕉门 X2302、蕉门 X2302～金洲 X2408(或 X2406)。

③金洲、车陂南站后列车折返：按调车方式办理，司机凭车站道岔开通信号动车。

④入车厂闭塞区段划分为：新造 X1418（或 X1420）～XR 或石碁 S1601（或 S1603）～XC。出车厂闭塞区段划分为：S1424～新造 S1405（或 S1403）或 X1428～石碁 X1614（或 X1616）。

（2）各车站均为电话闭塞区段站。车站确认闭塞区段进路空闲，排列闭塞区段内的进路，司机凭路票作为进入闭塞区段的凭证，一个闭塞区段内只准一列列车运行。

六 技能拓展

1.列车进出联络线的办理

随着城市轨道交通的快速建设，地铁逐步形成线网进行运营。列车应能按规定从一条线路转入另一线路，能进出两条交叉线路之间的联络线。联络线属其中某一线行车调度员管理，其线路、信号设备情况和行车组织规定均在《行车组织规则》中规定。

组织列车过线前，两交叉线路的行车调度员需落实列车过线的行车计划，并提前把行车计划通知车站，保证行车顺畅、安全。

原则上由车站办理列车过线进路；当两线接口出现问题时，由两线的控制中心值班主任负责协调指挥。列车经联络线进入另一线路时，发车线行车值班员应联系发车手续，接车线行车值班员确认联络线具备运行条件后，联系本线行车调度员，按本线行车调度员的要求办理有关进路接车。司机在相关信号机前确认信号正确后进入联络线，并凭信号显示进入接车线上/下行正线，再按接车线行车调度员的指令行车。

列车过线运行必须经安全、技术、车辆、维修、车务部门共同确认，满足限界条件的车辆方可通过联锁线进入另一线路作业。需安排空客车或工程车过线运行时，施工牵头部门应提前申报施工计划。有关部门按施工计划做好各项准备工作。当运营末班客车出清车站折返线后，行车调度员方可组织过线列车过线。

2.车辆、信号设备调试的行车组织原则

车辆、信号设备调试包括两种情况：一是已由运营公司接管的车辆、信号设备，二是运营公司没有接管的车辆、信号设备。车辆、信号设备调试的具体组织办法由该设备的主管部门进行细化规定。

（1）已由运营公司接管的车辆、信号设备

已由运营公司接管的车辆、信号设备的调试必须严格按运营的有关规章手册的规定执行，按施工组织管理规定的要求进行组织。

调试作业原则上安排在非运营时间内进行，如确需在运营时间内进行的必须是不影响列车运行和乘客服务的项目，并按规定提前下达调试方案，明确安全预防、控制措施，按规定办理施工计划。

调试完毕后，必须对调试使用过的设备进行复原、功能检查和安全检查，在确定达到原有功能或新功能的全部要求后，方可办理施工销点。

(2)运营公司没有接管的车辆、信号设备

运营公司没有接管的车辆、信号设备原则上安排在车辆段试车线上进行调试，当达到对应的功能要求，方可申请到运营正线进行调试，但应尽量减小对正线运营的影响。

组织没有接管的车辆、信号设备到运营正线进行调试时，必须遵守以下原则：设备由经供货商培训合格的运营人员操作，供货商的技术人员在场全程监护；运营公司对应专业的技术人员负责按规定办理销点手续；按运营技术设备提供的条件进行调试工作，操作人员必须按运营的有关规章手册的规定进行操作；若调试设备功能上须超出运营规章手册的规定，须由调试组织部门编写调试方案、制订安全防范措施，得到审批后，提前发布调试方案，组织学习和实施；调试完毕后，必须对调试使用过的设备进行复原、功能检查和安全检查，在确定达到原有功能的全部要求后，方可办理施工销点。

组织没有接管的车辆过线运行时，原则上使用该车辆的自身牵引力和制动力运行；如该车辆不能靠自身牵引力和制动力运行，将该列车进行编组，确保列车编组后牵引力、制动力满足运行要求，必须派车辆专业技术人员跟车。

3.组织开行工程车

(1)工程车在正线牵引或推进运行，各站按列车办理。

(2)工程车编组的规定：工程车应按规定的编挂条件进行编组。工程列车尾部必须挂有标志灯。当工程列车按首尾机车编组时，应使用首端机车驾驶，当首端机车故障而使用尾端机车驾驶时，按推进运行办理。列车中的机车和车辆的制动机，应全部加入列车的制动系统。编入工程列车的车辆不准有关门车，如在运行途中因自动制动机发生故障，报告行车调度员并按其指示办理。

禁止编入列车的车辆包括车体倾斜超过规定限度的；曾经发生脱轨或冲撞事故，未经检查确认的；装载超出限界、长轨或集重货物时，不符合作业通用安全的；平板车装载货物违反装载和加固技术条件的；平板车未关闭侧板的；制动系统故障的；未按规定维护保养或清洁的。工程车车辆编挂条件由车长负责检查。

工程车在正线运行，原则上接触轨不需要停电；工程车在车辆段开行，装载的货物高度超过距轨面 3800mm 时，接触网必须停电。

工程车编挂有平板车时，因施工或装卸货物的需要，可以在中途站甩下作业，但要做好安全防护及防溜安全措施，返回时要挂走。平板车在区间原则上不准甩下作业。

(3)工程车正线运行的规定：工程车在正线运行，采用区段进路行车法组织行车，司机凭信号显示行车；联锁故障时采用电话闭塞法组织行车，司机凭路票行车。一个站间区间内同一线路只准有一列工程车运行，当前行工程车进入施工区域时，后行的工程车可按行车设备维修施工管理规定执行。在区间或非联锁站作业后折返时，凭调度命令行车。

工程车在车站始发或停车后再开时，司机要确认地面信号/路票，或按行车调度员的命令行车。车站原则上不用接发列车，工程车在运行中由司机、车长通过无线电话加强与车站的联系，掌握运行计划，确认运行进路。

工程车到达指定的施工作业区域后，行车调度员应及时发布书面命令封锁该作业区，并检查有关防护措施。待施工结束后，再开通有关线路，安排工程车回车厂或到前方存车线(折返线)停放。

(4)工程车出入车辆段的规定：工程车原则上从出车辆段线出入车辆段。工程车应在出车辆段线信号机前一度停车，确认信号机开放正确后方可动车。

工程车出段时，需待最末一班运营列车到相关线路《行车组织规则》的指定地点后，方可从出车辆段线或入车辆段线出段。

(5)行车调度员必须控制工程车在运行途中与前行客车保持两个区间及以上的距离。

(6)工程车需要经入车辆段线出段时，必须待全部客车回车辆段后，才能组织经入段线出车辆段。

(7)工程车必须在规定时间离开作业区返回车辆段。例如，某地铁线路规定在金洲～黄阁站间作业的工程车必须在3:00前离开作业区返回新造车辆段；在黄阁～石碁站间作业的工程车必须在3:30前离开作业区返回新造车辆段；在石碁～车陂南站间作业的工程车必须在4:00前离开作业区返回新造车辆段。

(8)工程车开行的速度规定：工程车运行最高运行速度见表1-9。

工程车最高运行速度 表1-9

序号	项　目	机　型	最高运行速度(km/h)	说　明
1	正线	JY600-6A型内燃机车	80	
2		JY400QG-8重型轨道车	80	
3		JY100轻型轨道车	64	
4		G431+G432型磨轨车	80	
5	车厂内运行		18	各种机型

(9)内燃机车、轨道车的牵引定数的规定：内燃机车、轨道车的牵引定数的规定见表1 10。

内燃机车、轨道车的牵引定数 表 1-10

序号	机型	坡度(‰)	牵引定数(t)					机车自重(t)	备 注
			5km/h	15km/h	24km/h	35km/h	40km/h		
1	JY600-6A	55	160	50	20	—	—	60	
		50	180	60	30	—	—		
		45	200	70	40	10	5.7		
		40	230	90	50	20	10		
		30	320	130	80	40	30		
		5	1300	680	480	290	240		
2	JY400QG-8	55	100	20	—	—	—	48	
		50	110	30	—	—	—		
		45	130	30	—	—	—		
		40	150	40	10	—	—		
		30	220	70	30	20	—		
		5	1240	550	310	270	170		
3	JY100		牵引定数(t)/挡位					10	
		坡度(‰)	11km/h	19km/h	29km/h	43km/h	64km/h		
			一挡	二挡	三挡	四挡	五挡		
		55	20	8	—	—	—		
		50	23	10	—	—	—		
		45	25	12	—	—	—		
		40	30	14	5	—	—		
		30	40	20	10	—	—		
		5	180	130	80	40	20		
4	G431+G432	坡度(‰)	牵引定数(t)/挡位					34+34	最大允许走行坡度为60‰
		60	分空挡及运行挡位						

七 复习思考

(1)什么是城市轨道交通行车组织指挥体系?

(2)城市轨道交通列车运行组织方式有哪几种?各种列车运行组织方式的特点是什么?

(3)城市轨道交通列车驾驶模式有哪几种？各种驾驶模式如何运用？

(4)在一个列车运行周期中，行车调度员的作业是什么？

(5)在一个列车运行周期中，车站如何组织行车？

(6)进路行车法应如何组织行车？

(7)区段进路行车法应如何组织行车？

(8)站间电话联系法应如何组织行车？

(9)电话闭塞行车法应如何组织行车？

(10)如何办理列车进出联络线？

(11)列车过线运行应如何组织？

(12)车辆、信号设备调试的行车组织原则是什么？

(13)开行工程列车有哪些规定？

八 实训演练

模拟城市轨道交通地铁车站当信号系统出现故障时，采用站间电话行车联系法进行接发列车。

九 交流与讨论

(1)考察一地铁车站的行车组织工作，谈谈该站的行车组织工作是怎样的，对其是否有好的建议，与同学交流、分享。

(2)当“五一”、“十一”、周末等节假日出现可预见性的大客流时，对车站的行车组织工作有何好的建议？

项目二　车辆段(车厂)行车组织

一　案例导入

××年××月××日,某城市轨道交通运营公司的信号设备出现故障,列车运行秩序发生紊乱,控制中心对列车运行进行了人工调整。在没有恢复自动列车运行调整功能的状态下,车辆段调度员没有和衔接站联系好,按原来的发车时刻,盲目指挥了运营客车从车辆段出发。客车在转换轨前没有接收到速度码,但车辆段调度员通知司机可以向正线运行,司机采用 RM 模式运行,结果造成挤岔事件,损坏了行车设备,严重影响了列车的正常运行。

在该次事故中,由于车辆段(车厂)调度员没有严格按照接发列车作业标准进行接发列车作业,在运行状态发生变化的情况下,依然按照当初制订的计划,并且在没有做好联系的情况下,盲目指挥列车进入正线运行,严重地违反了作业标准。

因此,车辆段(车厂)与衔接站间一定要按照行车工作标准做好列车的接发等行车组织工作,同时,在车辆段(车厂)内部也要做好行车组织工作。

二　项目概述

城市轨道交通的车辆段(车厂)担负着整个在线运行列车的整备和保养工作,只有状态完好的列车才能保质保量地完成运输任务。在高密度的行车条件下,列车的出入段(厂)工作对正线运行有较大的影响。为了保证列车运行秩序,首先应做好车辆段(车厂)与其衔接站的接发列车工作。而车辆段(车厂)为了保证按时发车和接车,又必须做好内部的行车工作。本项目就是阐述车辆段(车厂)与其衔接站的接发列车工作和车辆段(车厂)内部的列车运行组织工作,包括正常和非正常两种情况。

三　学习目标

按照珠三角地铁车站值班员职业技能鉴定标准,明确本项目学习目标如下。

1. 技能目标

(1)车辆段衔接站接发列车;

(2)车辆段行车组织;

(3)车辆段联锁故障时出入段站与车辆段间行车组织。

2. 知识目标

(1)车辆段衔接站接发列车程序;

(2)车辆段接发列车程序;

(3)车辆段联锁故障时出入段站与车辆段间电话闭塞行车组织。

3. 素质目标

树立行车组织安全意识,培养联锁设备故障等非正常情况下的应急处理能力。

四 职业技能鉴定相关规定

1. 地铁职业技能鉴定标准相关规定

珠三角城市轨道交通系统地铁站务员和车站值班员职业技能鉴定标准规定:“掌握车辆段联锁故障时出入段站与车辆段间行车组织”。

2. 车站值班员国家职业标准相关规定

同项目一。

五 任务驱动

任务1 车辆段衔接站接发列车

【任务描述】

本任务主要是为保证车辆段(车厂)与其衔接站之间的列车接发工作的正常进行所设,具体内容包括:

(1)车辆段(车厂)衔接站的接发列车工作;

(2)车辆段(车厂)的接发列车工作。

【职业实景】

图2-1所示为列车运营结束回车辆段。

【职业岗位】

地铁车站值班员、车辆段乘务值班员、行车调度员岗位需要掌握本任务。

图 2-1 列车运营结束回车辆段

【任务分析】

1. 列车出段(厂)

出段(厂)列车为行车指挥自动化控制系统确认的计划列车,有确定的列车出厂径路,以及进入运营系统的车站。列车经出段线(或入段线)出段(厂),司机凭出厂信号机显示的绿色灯光或黄色灯光开出车厂。列车在出段(厂)有码区按人工 ATP 方式运行,在无码区按限速人工驾驶方式限速(20km/h)运行,在进入有码区前一度停车,待设置好车次号及接收到速度码后,以 ATO(或 ATP)方式投入线路运营。遇特殊情况时,列车可以凭行车调度员下达命令投入运营。

在设备故障(咽喉道岔、道岔区段轨道电路、牵引供电)或检修施工(车厂线路、信联闭设备、接触网)时,列车可以由入段(厂)线出段,但应得到行车调度员的准许。

2. 列车入段(厂)

入段(厂)列车为行车指挥自动化控制系统所确认的计划回库列车,列车入段(厂)原则上由入段(厂)线开往车厂,图定或经由行车调度员准许的入段(厂)列车可由出段(厂)线运行至车厂。入段(厂)列车在有码区按人工 ATP 方式运行,在一度停车标至车厂的无码区按限速人工驾驶方式限速(20km/h)运行,司机凭入厂信号机显示的黄色灯光进入车厂内。

车辆段(车厂)接入站和车厂信号楼的行车值班员需相互办理行车日志的填报,其内容为车次、开车点、到达点及调度命令等,反向运行时还需注明径路[出段(厂)线或入段(厂)线]。

在中央控制故障改为站控时,车辆段(车厂)接入站和车厂信号楼的行车值班员需向行车调度员报出入厂列车的车次、到发点,车厂信号楼的行车值班员应按运行图的规定，组织好出入段(厂)列车的出入段(厂)工作。

【相关知识】

城市轨道交通车辆段与车厂统称为车辆基地。车辆段的作业包括车辆运用作业、车辆检修作业以及为完成车辆调移而进行的调车作业。车厂除不承担车辆检修作业外，其余作业内容与车辆段相同。在行车组织范畴内，车厂与车辆段相同，例如广州地铁 1 号线、2 号线的西朗车厂、赤沙车厂，3 号线的厦窖车辆段、4 号线的新造车辆段、5 号线的鱼珠车辆段都是车辆段的意思。

因为每天在运营之前和运营结束之后，列车都要回到车辆段(车厂)进行整备和检修，以便为次日的运营工作做好准备，所以每天列车必须往返于正线与车辆段(车厂)之间，这样就存在车辆段(车厂)与衔接站之间的接发列车工作，其接发列车的方式与正线运行的列车在车站之间的接发方式稍有不同。

【任务实践】

(1)当车辆段(车厂)微机联锁系统与衔接站的联锁系统工作站工作正常时，衔接站与车辆段(车厂)之间采用正常情况下的接发列车方式接发列车。

(2)当车辆段(车厂)的微机联锁系统故障，但衔接站的联锁系统工作站正常时，应采用电话闭塞法组织行车或按调度命令组织行车。

(3)当车辆段(车厂)的微机联锁系统正常，但衔接站的联锁系统故障时，应采用电话闭塞法组织行车或按调度命令组织行车。

(4)当车辆段(车厂)的微机联锁系统和衔接站的联锁系统同时故障时，应采用电话闭塞法组织行车或按调度命令组织行车。

正常情况下的接发列车工作如表 2-1、表 2-2 所示。

车辆段衔接站向车辆段(车厂)发车作业程序 表 2-1

项目	作业程序	
	车站值班员	车辆段(车厂)值班员
一、发车预告	1.根据《列车时刻表》、《施工行车通告》或行车调度员命令，确认发车线路空闲，向车辆段(车厂)预告“××次预告”，并听取复诵	1.听取衔接站开车预告并复诵“××次预告”
	2.填写《行车日志》	2.确认入段(厂)线空闲，征得车厂调度员同意，确定该列车接入×道，填写《行车日志》，并通知操作员
二、准备发车进路	3.准备发车进路	3.指示操作员开放信号：“××次入段(厂)线往×道停车，开放信号”，听取复诵无误后命令“执行”

续上表

项目	作业程序	
	车站值班员	车辆段(车厂)值班员
三、指示发车	4.通知司机:“××次信号好,开车”	4.监视显示屏复检,确认信号正确
	5.确认列车起动,通知车辆段(车厂):“××次××分开”	5.复诵“××次××分开”
	6.监视列车出站情况	
		6.监视列车进车厂情况
四、报点	7.向行车调度员报点	7.通过控制显示屏确认列车整列进入接车线后,口呼“××次到达”,并向衔接站报点
	8.复诵车辆段(车厂)报点“××次××分到达”	8.填写占线簿,在停放股道上输入车底号
	9.填写《行车日志》	9.填写《行车日志》

车辆段衔接站从车辆段(车厂)接车作业程序 表 2-2

项目	作业程序	
	车站值班员	车辆段(车厂)值班员
一、听取发车预告	1.听取车辆段(车厂)开车预告并复诵“××次预告”	1.根据《列车时刻表》、《施工行车通告》或行车调度员、车厂调度员命令,确认出段(厂)线空闲、入车厂箭头无显示。向接车站预告“××次预告”,并听取复诵
	2.确认入段(厂)线空闲,征得车厂调度员同意,确定该列车接入×道,填写《行车日志》,并通知操作员	2.填写《行车日志》
二、准备接车进路、开放信号		3.开放出段(厂)信号
	3.听取车辆段(车厂)开车报点并复诵“××次××分开”	4.通知司机:“××次×道信号好,开车”,并向衔接站报点
	4.填写《行车日志》	5.监视列车出段(厂)
三、接车	5.准备接车进路	
	6.监视列车进站情况	
四、列车到达	7.向车辆段(车厂)报点“××次××分到达”	6.复诵接车站报点“××次××分到达”
	8.填写《行车日志》	

【拓展知识】

车辆段技术设备由车库、站场、调机、供电、信号、通信、通风空调和给排水设备等组成,其中站场由咽喉区与线路两部分组成。与接发列车有关的主要是出入段(厂)线,所谓出入段(厂)线,是指连接正线与车辆段(车厂)的线路。尽端式车辆段采用双线,贯通式车辆段可在两端各设一条单线。出入段(厂)线与正线的接轨方式有平交和立交两种。

车库根据车辆段作业内容的不同,可分为停车库、列检库、定修库和架修库。

任务2　车辆段(车厂)行车工作组织

【任务描述】

由于车辆段(车厂)内的列车和车辆较多,且联锁设备相对正线简单,因而相互间的作业干扰经常发生,所以车辆段(车厂)内的行车组织工作就更为复杂,为保证出车、收车以及开行工程车和救援列车,必须做好车辆段(车厂)内的行车组织工作。

【职业实景】

图2-2所示为某城市轨道交通线路车辆段。

图2-2　某城市轨道交通线路车辆段

【职业岗位】

地铁车站值班员、车辆段乘务值班员、行车调度员岗位需要掌握本任务。

【任务分析】

车辆段(车厂)行车作业是城市轨道交通系统行车组织的主要组成部分之一,也是车辆段(车厂)内部作业的重要任务,是在上级运营管理部门的统一指挥下,按照由列车运行图制订的行车计划以及车辆检修、整备计划而进行的车辆运行工作。

【相关知识】

(一)车辆段(车厂)的行车工作流程

由于列车主要是在正线上运行,所以车辆段(车厂)的行车工作主要是出车和收车工作,具体如图2-3所示。

(二)编制发车计划

发车计划由运转值班员根据列车运行图、运营检修车安排、车场线路存车情况

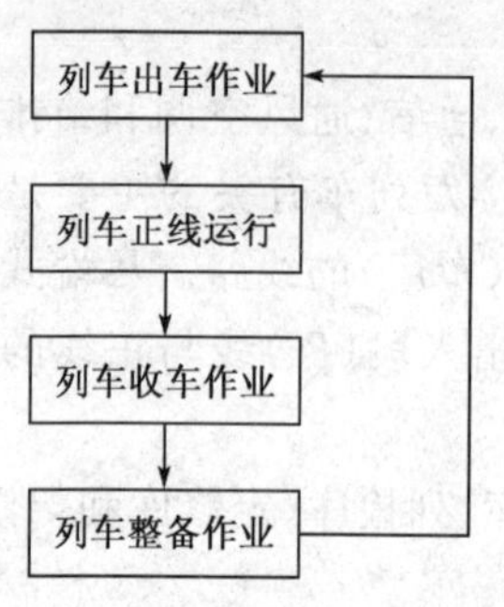

图 2-3 车辆段(车厂)的行车工作流程

等编制,内容包括列车车次、待发股道、运用车编号等。编制发车计划时,应注意避免交叉发车和保证列车出库顺序无误。发车计划编制完毕后,除应将计划下达给信号楼值班员外,运转值班员还应该将计划中列车车次、车号、有无备车、备车车号等内容上报给行车调度员。

(三)乘务员出乘

乘务员应在充分休息的情况下出勤,按规定时间、在规定地点办理出勤手续,领取相关物品。在办理出勤手续时,应检查编入列车的机车车辆技术状态,是否符合有关规定,经车辆检修调度员签认。此外,需仔细查看行车告示牌上的行车命令、指示和安全注意事项,以及本次列车出车股道,并认真回答运转值班员的询问、听取运转值班员传达的事项。

办妥出勤手续后,乘务员应对安排值乘的列车按"突出重点、兼顾一般"的原则进行出车前检查,检查合格后方能发车。检查时发现车辆故障不能担负列车任务的,应及时上报运转值班员并按其指示执行。运转值班员应立即通知检修故障列车,及时调整乘务员值班列车的出车次序,并向信号楼值班员传达变更出车计划。备用乘务员应与值乘乘务员同时出勤,完成备用列车检车程序后,备用乘务员应在车上待命,在发车工作结束后,方可回到乘务员休息室待命。

(四)车辆段(车厂)的行车工作内容

1.列车出库与出段

列车起动前应确认信号开放与库门开启正常,并注意平交道是否有人员、车辆穿越。当规定的出库时间已到而出库信号仍未开放时,乘务员应主动询问信号楼值班员,联系不上时可通过运转值班员询问。

正常情况下,列车经由出段线出段。列车出段凭防护信号机的显示,在出段线的有码区按人工 ATP 方式运行,在出段线的无码区按限速人工驾驶方式运行。在设备故障(咽喉道岔、道岔区轨道电路、牵引供电)或检修施工(车场线路、信联闭设备、接触网)时,列车可以由入段线出段,但应得到行车调度员准许。信号楼值班员在办理列车发车作业时,应确认区间空闲(出入段线视为区间),停止影响发车进路的调车作业。

2.列车收车

列车收车作业包括列车入段与入库、库内作业两部分。

(1)列车入段与入库

正常情况下,列车经由入段线入段。列车入段凭防护信号机的显示,在入段线的有码区按人工 ATP 方式运行,在入段线的无码区按限速人工驾驶方式运行。在设备故障或检修施工时,列车可以由出段线入段,但应得到行车调度员准许。信号楼值班员在办理列车接车作业时,应确认接车线路空闲,停止影响接车进路的调车作业。

列车入库按调车作业有关规定进行,进入车库前应在车门外一度停车。有人接车时按入库手信号进入车库;无人接车时,乘务员应下车确认库门开启正常、接触网送电,而后方能进入车库。

(2)库内作业

列车进入车库停稳后,乘务员应对列车进行检查,在确认列车无异常后携带列车钥匙、司机报单及其他相关物品办理退勤手续,然后向乘务组长汇报当日工作情况,并听取次日工作安排与注意事项。

在发现列车技术状态不良时,乘务员应向运转值班员报告并在有关报表中详细记录。在发生列车晚点、掉线、清客、行车事故与救援时,运转值班员应组织当事人及有关人员填写情况报告并及时上报有关部门处理。此外,运转值班员还应对当日列车故障与安全情况进行统计。

3.列车整备

列车整备作业包括列车清洗、列车检修和车辆验收三部分。

(1)列车清洗

列车清洗包括车辆内部的清扫、清洁和车身清洗等,根据清洗计划进行。列车清洗计划应下达给信号楼值班员、调车司机、调车员及其他相关人员。列车清洗时的动车按调车作业办理。

(2)列车检修

列车回库停稳、收车后,如无列车清洗等其他作业,运转值班员应及时与车辆检修部门办理车辆交接手续。未办理交接手续、未经运转值班员同意,检修部门不得擅自进行列检作业。正在进行列检作业的车辆,未经检修负责人同意,运转值班员不得擅自调动,无关人员不得擅自动车。

(3)车辆验收

运转值班室接到车辆检修部门移交的车辆后,应指派专人对车辆技术状态进行检查,确认车辆技术状态符合正线运行要求后方能接收、投入使用。

(五)试车作业组织

为确保车辆技术性能符合正线运行的要求,车辆在定期检修后应进行调试,包括车场内调试和正线上调试。车场内调试又分为试车线试车、股道试车和非进路试车三种情形。

1. 试车线试车

试车线试车是指由车辆检修部门向运转值班室提出试车申请，运转值班员通知信号楼值班员布置进路，列车按调车信号驶入试车线进行调试。

2. 股道试车

股道试车是指车辆在库内线路上进行小范围的动态调试。车辆检修部门向运转值班室提出试车申请，运转值班员派出司机配合试车。

在进行股道试车时，如需要越过线路前方的防护信号机，运转值班员在同意试车前应通知信号楼值班员办理进路。车辆头部越过信号机后，未得到信号楼值班员准许，司机不准擅自退行。

股道试车前应确认无关人员已撤离，止轮器、线路上无障碍物，且股道上已送电。股道试车时，车辆运行限速 5km/h。

3. 非进路试车

非进路试车是指车辆在车场线路上进行大范围的动态调试。车辆检修部门向运转值班室提出试车申请，运转值班员派出司机配合试车。

在进行非进路试车时，建立的非进路只能由库内线路通往车场牵出线，并且该非进路必须封闭。试车司机凭运转值班员填发的《非进路试车许可证》进入封闭进路试车。

司机在调试车辆进入封闭进路前应确认信号显示，进入封闭进路后，车辆可在指定范围内、按规定速度往返运行，进路上的信号机红色灯光均可越过。非进路试车完毕后，车辆应停于指定的股道内，由运转值班员收回《非进路试车许可证》并注销，然后通知信号楼值班员非进路试车结束。

信号楼值班员接到运转值班员的非进路试车通知后，在确认试车时间内无计划的接发列车作业、办妥试车进路后，方可同意进行非进路试车。遇有行车调度员临时下达的接发列车作业命令，信号楼值班员应立即停止非进路试车并指示调试车辆停于牵出线待命。

非进路试车前应确认无关人员已撤离，止轮器、线路上无障碍物，且股道上已送电，以确保试车安全。

【任务实践】

(一)列车出段(厂)凭证

(1)当车辆段(车厂)微机联锁系统及衔接站微机联锁系统工作正常时，列车出段(厂)的凭证为出段(厂)信号机的灯光显示。

(2)当车辆段(车厂)微机联锁系统故障,开放不了出段(厂)信号,但衔接站微机联锁工作正常时,车辆段(车厂)的值班员在得到行车调度员同意后,可以采用反排引导信号或单操道岔开通发车进路办法,与衔接站办理发车作业。列车在车辆段(车厂)动车的凭证为车辆段(车厂)值班员的允许或车辆段(车厂)调度员的发车信号。

(3)当衔接站微机联锁故障,但车辆段(车厂)的微机联锁系统正常时,采用电话闭塞法组织行车或按调度命令行车。

(二)列车入段(厂)凭证

车辆段(车厂)微机联锁系统正常时为入段(厂)信号机显示的灯光,微机联锁系统故障时为车辆段(车厂)信号机的引导信号或现场人工引导信号。

(三)车辆段(车厂)接发列车具体作业过程

(1)正常时的接车作业程序,如表 2-3 所示。

车辆段接车作业程序 表 2-3

项目	作业程序	
	后台乘务值班员	前台乘务值班员
一、听取发车预告	1.听取邻站开车预告并复诵"××次预告"	
	2.确认入段(厂)线空闲,征得车厂调度员同意,确定该列车接入×道,填写《行车日志》,并通知操作员	1.填写占线簿,在停放股道上输入车底号
二、准备接车进路、开放信号	3.听取邻站开车报点并复诵"××次××分开"	2.复诵"××次××分开"
	4.填写《行车日志》	
	5.指示操作员开放信号"××次入段(厂)线往×道停车,开放信号",听取复诵无误后命令"执行"	3.复诵"××次入段(厂)线往×道停车,开放信号",听到"执行"后操作
三、接车	6.监视显示屏复检,确认信号正确,回答"×道接车信号好"	4.开放进车厂信号时,手指、口呼"进车厂",点压进路终端信号机按钮。确认光带、信号显示正确后,报告"×道接车信号好"
		5.监视列车进车厂情况
	7.回答"好"	6.通过控制显示屏确认列车整列进入接车线后,口呼"××次到达"

续上表

<table>
<tr><td rowspan="2">项目</td><td colspan="2">作 业 程 序</td></tr>
<tr><td>后台乘务值班员</td><td>前台乘务值班员</td></tr>
<tr><td rowspan="3">四、列车到达</td><td>8. 向发车站发出“××次××分到达”</td><td rowspan="3"></td></tr>
<tr><td>9. 填写《行车日志》</td></tr>
<tr><td>10. 通知车厂调度员列车到达，向行车调度员报点</td></tr>
</table>

(2)正常时的发车作业程序，如表 2-4 所示。

车辆段发车作业程序

表 2-4

<table>
<tr><td rowspan="2">项目</td><td colspan="2">作 业 程 序</td></tr>
<tr><td>后台乘务值班员</td><td>前台乘务值班员</td></tr>
<tr><td rowspan="2">一、发车预告</td><td>1. 根据《列车时刻表》、《施工行车通告》或行车调度员、车厂调度员命令，确认出段(厂)线空闲、入车厂箭头无显示。向接车站预告“××次预告”，并听取复诵</td><td rowspan="2"></td></tr>
<tr><td>2. 填写《行车日志》</td></tr>
<tr><td rowspan="2">二、准备发车进路</td><td>3. 指示操作员：“××次×道出段(厂)线发车，开放信号”，听取复诵无误后命令“执行”</td><td>1. 复诵“××次×道出段(厂)线发车，开放信号”，听到“执行”后操作</td></tr>
<tr><td>4. 通过显示屏确认信号正确，回答“×道发车信号好”</td><td>2. 开放出段(厂)信号时，手指、口呼“出段(厂)”，按压进路终端信号机按钮。确认光带、信号显示正确后，报告“×道发车信号好”</td></tr>
<tr><td rowspan="4">三、指示发车</td><td>5. 通知司机“××次×道信号好，开车”</td><td></td></tr>
<tr><td>6. 确认列车起动，通知接车站“××次××分开”</td><td>3. 听取邻站开车报点并复诵“××次××分开”</td></tr>
<tr><td>7. 填写《行车日志》</td><td>4. 监视列车出段(厂)情况</td></tr>
<tr><td>8. 回答“好”</td><td>5. 通过控制显示屏确认列车整列出段(厂)后，口呼“××次出段(厂)”。注销占线簿和股道车底号</td></tr>
<tr><td rowspan="3">四、报点</td><td>9. 向行车调度员报点</td><td rowspan="3"></td></tr>
<tr><td>10. 复诵接车站报点“××次××分到达”</td></tr>
<tr><td>11. 填写《行车日志》</td></tr>
</table>

(3)在非正常情况下，采用电话闭塞接发列车作业程序。

如联锁设备发生故障，基本闭塞方式不能使用时，衔接站与车辆段(车厂)之间的接发列车工作就应采用替代闭塞方法组织，如电话闭塞法。

车辆段电话闭塞法的接发列车作业程序，如表2-5、表2-6所示。

车辆段电话闭塞法接车作业程序 表2-5

项　目	作业程序		
	车辆段（车厂）值班员	接车人员	引导员
一、听取衔接站闭塞预告	1.听取衔接站请求闭塞：“××站闭塞”		
	2.根据《行车日志》、各种行车表示牌确认出入段（厂）线空闲		
	3.根据《列车时刻表》、《施工行车通告》和临时调度指示，核对车次、时刻		
二、承认闭塞	4.发出电话记录“××号，××分同意××次闭塞”		
	5.听取复诵无误，填写《行车日志》		
	6.在微机上设置占用出入段（厂）信息		
三、准备接车进路	7.通知车辆段（车厂）调度员，确定接车线		
	8.布置接车人员检查线路：“××次从入（出）段（厂）线进段（厂），检查×道”	1.复诵“××次从入（出）段（厂）线进段（厂），检查×道”，填写占线簿	
	9.听取汇报后，回答“×道空闲”	2.现场检查，确认接车线进路空闲后向值班员汇报“×道空闲”	
	10.布置接车人员：“××次从入（出）段（厂）线进段（厂）×道停车，准备进路”，听取复诵无误后命令“执行”	3.复诵“××次从入（出）段（厂）线进段（厂）×道停车，准备进路”，听到命令“执行”后，现场准备进路	
		4.准备进路，确认进路正确，对向道岔加锁后，站在进路一端手指、口呼“入（出）段（厂）线×道开通”	
	11.听取汇报后回答“好”	5.向值班员报告“×道接车进路好”	

续上表

项目	作业程序		
	车辆段(车厂)值班员	接车人员	引导员
三、准备接车进路	12. 指示引导员:“检查入(出)段(厂)线往×道接车进路”,听取复诵无误后命令“执行”		1. 复诵“检查入(出)段(厂)线往×道接车进路”,现场确认
			2. 准备接车进路程序,再次确认接车进路正确
	13. 听取汇报后回答“好”		3. 向值班员报告“入(出)段(厂)线往×道接车进路确认好”
四、引导接车	14. 听取发车站开车通知,复诵“××次××分开”		
	15. 填写《行车日志》		
	16. 指示引导人员:“××次××分开过来,引导接车”		4. 复诵“××次××分开过来,引导接车”
	17. 通知接车人员:“××次开过来,×道接车”	6. 复诵“××次开过来,×道接车”	
		7. 再次确认接车线路空闲,站在规定地点立岗接车	5. 站在规定地点显示引导手信号
	18. 接到“××次到达”,回答“好”。向发车站发出“到达号××,××次××分到”	8. 列车进入停车线后,向值班员汇报“××次到达”	
五、列车到达开通区间	19. 填写《行车日志》	9. 列车停妥,向司机收回路票,并打“×”作废	
	20. 在微机上取消列车占用信息	10. 交回路票给车厂调度保管	
	21. 在微机上输入车底号	11. 将道岔解锁	
	22. 向行车调度员报点		

车辆段电话闭塞法发车作业程序 表 2-6

项目	作业程序		说明
	车辆段（车厂）值班员	发车人员	
一、预告闭塞	1.根据《行车日志》、各种行车表示牌确认出段（厂）线空闲。按调度命令或《运营时刻表》、《施工行车通告》确认开行车次		
	2.向接车站请求闭塞：“××次闭塞”		
	3.填写《行车日志》		
二、准备发车进路	4.向发车人员布置进路：“××次×道往出段（厂）线发车，准备进路”，听取复诵无误后命令“执行”	1.复诵“××次×道往出段（厂）线发车，准备进路”，听到“执行”命令后现场作业	值班员应核对时刻表或调度命令内容，确认列车出段（厂）方向再排列进路
		2.准备进路，确认进路正确、对向道岔加锁后，站在进路一端手指、口呼“入（出）段（厂）线×道开通”	准备进路时，通过对讲机与信号楼核对道岔位置，尖轨是否密贴，是否是对向道岔，是否需要现场加锁
	5.听取汇报后回答“好”	3.向值班员报告“×道往出段（厂）线发车进路好”	
	6.再次指示发车人员“确认×道往出段（厂）线发车进路”	4.复诵“确认×道往出段（厂）线发车进路”	
	7.听取汇报后回答“好”	5.按准备进路程序再次确认正确后，向值班员报告“×道往出段（厂）线发车进路好”	
三、办理路票	8.听取接车站承认闭塞的电话记录码，复诵“××号，××分同意××次闭塞”		
	9.填写《行车日志》，在微机上设置占用出段（厂）信息		
四、填发路票	10.通知发车人员，填写路票，与发车人员核对路票，确认无误	6.填写路票并核对	

续上表

项目	作业程序		说明
	车辆段(车厂)值班员	发车人员	
五、发车	11.指示发车“××次×道发车”	7.复诵“××次×道发车”	
	12.列车鸣笛,向接车站报告“××次××分开”,填写《行车日志》	8.向司机递交路票,显示发车信号	司机应通过电台与信号楼值班员核对路票内容是否完全正确,值班员应做好监督
	13.听取汇报后回答“好”	9.立岗监视列车出段(厂)并报告“××次出段(厂)”	
六、开通区间		10.将道岔解锁	
	14.听取邻站列车到达通知,复诵“××次××分到”		
	15.填写《行车日志》		

【拓展知识】

(一)车辆段(车厂)内的行车组织原则

车辆段(车厂)内的行车组织应认真贯彻安全生产的方针,坚持“高度集中,统一指挥”的原则,由车辆段(车厂)调度员集中领导,统一指挥,与行车有关部门主动配合,协同劳作,确保及时提供技术状态良好、数量足够的列车投入服务。

车辆段(车厂)内作业应以接发列车为优先,其他作业不能影响列车出入车厂。接发列车应灵活运用股道,做到不间断接车,正点发车,减少转线作业,备用车应停放在便于出车的股道上。

(二)车辆段(车厂)的日常工作

(1)负责所管辖的运行线路内的列车运行、检修、整备等任务。

(2)确保上线运营列车准时出(入)段(厂),能完成列车计划运行的调整。

(3)完成列车的保养、调试等工作。

(4)安排场内调车作业。

(5)开行施工列车。

(6)协助场内各工种在规定范围内和规定地点的施工作业。

(7)协助事故救援工作。

(8)编排列车运行计划,按图行车,配置列车及乘务人员。

(9)对车辆乘务人员及站场行车人员的各种管理。

 技能拓展

1.道岔防护信号机不能正常显示时的处理

(1)若发生主灯丝断丝报警,通过中央调度终端确认进路已排列正确,与司机确认列车车载信号显示正常,则说明现场信号灯丝故障。

(2)若列车司机或车站人员报告信号机显示不正确,且无主灯丝熔断报警,应立即通过中央调度终端确认进路是否已正确排列;与车站进行确认是否有相关报警出现;与司机确认列车车载信号显示是否正常。如进路排列及列车车载信号均正常,则为现场信号机故障。

(3)通知维修调度员和驻站维修信号人员,进行进一步的检查。若维修人员须下路轨进行检查时,应根据当时在线列车情况决定是否授权。

(4)与即将通过该联锁区的列车司机取得联系,通知其该信号机显示故障,当列车到达联锁区时与司机确认车载信号是否正常,并且通知其注意道岔位置;若机车信号正常且道岔位置正确,指示司机凭机车车载信号驾驶列车驶过该联锁区。

2.车辆段(车厂)联锁设备故障时的接车

(1)进路道岔区段轨道电路故障(红光带),开放引导信号接车。

①值班员报告行车调度员、车辆段调度员,通知信号工区,在“施工检修作业登记簿”内登记。

②值班员派有关人员到现场检查确认进路空闲,无危及行车安全情况。

③准备接车进路,开放引导信号:

单操道岔,同时按下道岔操纵按钮及道岔总定位或总反位按钮,将进路上的道岔单操至所需位置,并再次确认进路道岔位置正确。

将故障区段上的道岔实施单锁,按下设在单操道岔按钮下方的道岔单锁按钮,该道岔即被单独锁闭,其按钮表示灯亮红灯。

按压引导按钮,则非故障区段进路上点亮白光带,引导信号开放,防护信号复示器点亮白灯,此时非故障区的道岔处于引导进路锁闭状态。

④值班员确认引导信号开放好后,用无线电台呼叫司机:“××信号机引导信号开放好”。

⑤司机听取“××信号机引导信号开放好”并复诵,确认引导信号开放好后,按规定速度要求运行,越过该信号机,并随时做好停车准备。

⑥值班员确认列车整列到达接车线股道且停车妥后,解锁接车进路。

(2)进路道岔区段道岔表示失去表示,开放引导信号接车。

①不需现场手摇道岔时的工作步骤。

a. 值班员报告行车调度员、车辆段调度员(车厂调度员),通知信号工区,在“施工检修作业登记簿”内登记。

b. 值班员派有关人员到现场检查确认进路空闲,无危及行车安全情况,检查确认故障区道岔位置正确。

c. 准备接车进路,开放引导信号:

单操道岔,同时按下道岔操纵按钮及道岔总定位或总反位按钮,将进路上的道岔单操至所需位置,并再次确认进路道岔位置正确。

按压引导总锁闭按钮,将该咽喉区域的联锁道岔均锁于所处位置,然后再按压引导按钮,引导信号即开放,该信号复示器点亮白灯。

d. 值班员确认引导信号开放好后,用无线电台呼叫司机:“××信号机引导信号开放好”。

e. 司机听取“××信号机引导信号开放好”并复诵,确认引导信号开放好后,按规定速度要求运行,越过该信号机,并随时做好停车准备。

f. 值班员确认列车整列到达接车线股道停车妥后,解锁接车进路(将引导总锁闭按钮拉出,道岔即解锁)。

②需现场手摇道岔时的工作步骤。

a. 值班员报告行车调度员、车辆段调度员(车厂调度员),通知信号工区,在“施工检修作业登记簿”内登记。

b. 值班员派有关人员到现场检查确认进路空闲,无危及行车安全情况,检查确认故障区道岔位置正确。

c. 准备接车进路,开放引导信号:

控制台上非故障区道岔使用单操的方法转换道岔位置,即同时按下道岔操纵按钮及道岔总定位或总反位按钮,将进路上的道岔单操至所需位置,并再次确认进路道岔位置正确。

手摇道岔人员应严格按照值班员指令准备列车进路,认真执行手摇道岔作业制度,将故障区的道岔手摇到所需位置并用钩锁器加锁,之后再次确认进路道岔位置正确,向值班员汇报“进路准备好了”。

按压引导总锁闭按钮,即将该咽喉区域的联锁道岔均锁于所处位置,然后再按压引导按钮,引导信号即开放,该信号复示器点亮白灯。

d. 值班员确认引导信号开放好后,用无线电台呼叫司机:“××信号机引导信号开放好”。

e. 司机听取“××信号机引导信号开放好”并复诵,确认引导信号开放好后,按规定速度要求运行,越过该信号机,并随时做好停车准备。

f. 值班员确认列车整列到达接车线股道且停车妥后,解锁接车进路(将引导总锁闭按钮拉出,使用钩锁器的道岔将钩锁器撤出,道岔即解锁)。

七 复习思考

(1)简述正常情况下列车出入段(厂)的概况。

(2)简述非正常情况下列车出入段(厂)的有关规定。

(3)车辆段(车厂)的列车作业包括哪些内容?

(4)进路道岔区段轨道电路故障(红光带)时,如何开放引导信号接车?

(5)进路道岔区段道岔表示失去表示时,如何开放引导信号接车?

八 实训演练

1. 正常情况下的车辆段衔接站与车辆段之间的接发列车

(1)场地及工具准备:列车运行控制系统、车辆段(车厂)模拟沙盘、衔接站模型、列车模型、电话、接发列车所用的各种书面表簿等。

(2)人员安排:学生按车辆段(车厂)和车辆段衔接站分组,安排行车调度员 1 人,车站设值班员 1 人,助理值班员 1 人,车辆段(车厂)值班员 1 人,助理值班员 1 人。

(3)演练要求:按照衔接站接发列车的作业标准,由学生分别担当不同工种的工作人员,按作业标准进行接发列车实训。

2. 正常情况下的车辆段(车厂)接发列车

(1)场地及工具准备:实训场地、无线电话、信号旗(灯)、列车模型、车辆段(车厂)模拟沙盘、接发列车所用的各种书面表簿等。

(2)人员安排:学生按工种分组,每组安排行车调度员 1 人,车辆段信号楼值班员 1 人,车站行车值班员 1 人,助理值班员 1 人。

(3)演练要求:按照车辆段(车厂)接发列车的作业标准,由学生分别担当不同工种的工作人员,按作业标准进行接发列车实训。

九 交流与讨论

本项目主要参考珠三角某地铁公司车辆段行车组织规则。实地考察一地铁车辆段,分析该车辆段与其衔接的正线车站正常情况下的接发列车,分析与本项目的规定有何不同。

项目三　非正常情况行车组织及应急处理

一 案例导入

如图 3-1 所示，2006 年 8 月 12 日 20 时 02 分，地铁广州东站 W1611 道岔在 1322 次(07＋08)经过后出现红光带，导致该站上行站台进入折返线的进路不能解锁，列车需要以 RM 模式折返。行车调度员交出控制权，由车站强解进路后排列折返线 1 出下行站台的进路。

受此影响，1323 次在广州东站延误 254s 开出，随后故障反复出现。后查明故障原因系该岔区的信号系统出现故障。

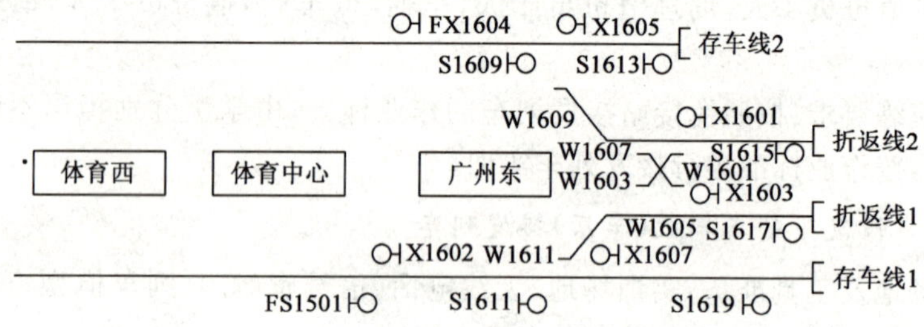

图 3-1　信号设备故障，车站接收控制权人工排列进路

城市轨道交通系统由于装备 ATC 系统，自动化程度高，正常情况下的行车组织工作内容比较简单。但是一旦出现信号设备故障等非正常情况，作业人员需要克服平时简单的自动化作业习惯，准确判断故障原因，并及时进行应急处理。日常列车进路由 ATS 子系统根据列车运行图自动排列，但当信号设备故障，如案例中的道岔出现红光带，导致进路无法解锁，只能由车站在确认进路空闲的情况下，强解进路，人工排列进路，组织列车运行。

因此，自动化程度高的城市轨道交通系统对于非正常情况下的行车组织及应急处理能力的职业技能要求更高，学习过程中需加强非正常情况行车组织及应急处理能力训练。

二 项目概述

城市轨道交通系统因装备ATC系统，自动化程度高，日常行车组织工作内容比较简化。地铁或轻轨车站主要利用通信信号等运输设备组织列车进出站，正常情况下列车以规定速度进站，车站不显示接车信号。车站原则上不办理接发列车作业，只有当信号联锁故障人工排进路组织列车运行或列车开到区间因故障要退回车站等特殊情况时进行接发列车。

本项目主要通过联锁故障行车组织、ATC设备故障行车组织、车门与屏蔽门联动故障或信号与屏蔽门接口故障时接发列车3个任务和相关的技能拓展完成学习。

三 学习目标

按照珠三角地铁车站值班员及站务员的职业技能鉴定标准，参考铁路车站值班员、信号员、车站调度员国家职业标准及车站值班员、车站调度员工种技师职业资格的规定，明确本项目学习目标如下。

1. 技能目标

(1)信号联锁故障行车组织；

(2)ATC设备故障行车组织；

(3)车门与屏蔽门联动故障或信号与屏蔽门接口故障时接发列车；

(4)发生事件或事故紧急扣车；

(5)客车故障被迫停车的处理；

(6)救援列车的开行。

2. 知识目标

(1)信号联锁故障接发列车；

(2)屏蔽门与信号联锁故障时的接发列车；

(3)特殊情况下的行车组织：反向运行、列车退行、列车推进运行、列车不停站通过等。

3. 素质目标

培养学生在设备故障时的行车组织能力及非正常情况的应急处理能力。

四 职业技能鉴定相关规定

1. 地铁职业技能鉴定标准相关规定

珠三角城市轨道交通系统地铁站务员和车站值班员职业技能鉴定标准规定

如下。

(1)站务员

①掌握各种非正常情况下的行车组织,包括屏蔽门故障时的接发列车办法,屏蔽门与信号联锁故障时的接发列车办法,屏蔽门、车门夹人夹物处理办法,信号故障行车组织办法,轨行区拾物处理办法。

②掌握突发公共事件应急处理。

(2)车站值班员

掌握非正常情况下的接发列车,包括道岔故障人工准备进路办法、信号联锁故障行车组织办法、车辆段联锁故障时出入段站与车辆段间行车组织办法、列车引导员工作。

2. 车站值班员国家职业标准相关规定

(1)中级车站值班员

技能要求:能在设备故障、天气不良时接发列车。

①能发现行车设备故障,按规定通知工务、电务、供电、水电等有关部门和人员,并及时采取措施;

②能按规定登记行车设备检查登记簿和签认;

③办理临时变更或恢复原行车闭塞法作业;

④遇有下列设备故障情况时,能安全办理接发列车:a. 信号设备临时故障;b. 道岔或轨道电路临时故障、联锁失效;c. 站内及区间停电;d. 接触网故障。

⑤能按规定填写各种簿册、凭证、命令;

⑥能根据调度命令和有关规定组织天气不良时的接发列车。

相关知识:

①行车设备检查处理的有关规定;

②设备临时故障的处理知识、一般故障的处理方法、应履行的程序及规定;

③列车进路准备及道岔加锁的作业办法;

④行车凭证的有关规定;

⑤取消闭塞及发车进路的作业方法;

⑥变更接车进路的作业方法;

⑦电话闭塞法行车的知识及规定;

⑧有关簿册、凭证、命令等填写的依据、方法和要求;

⑨使用加封按钮(标记)的规定;

⑩引导接车的规定;

⑪天气不良条件下的行车办法;

⑫汛期行车办法及行车安全措施。

(2)高级车站值班员

技能要求:能进行接发列车的应急处理。

①按照规定办理各种非正常接发列车;

②能处理行车作业中的突发问题。

相关知识:

①无联锁情况下接发列车的规定;

②双线反方向行车、双线改单线行车的办法及规定;

③自动闭塞区段改按站间掌握行车的规定;

④一切电话中断时的行车办法及规定;

⑤列车在区段被迫停车、分部运行及退行的有关规定。

(3)技师

技能要求:能解决接发列车的疑难问题。

①能在特殊情况下安全、有序地接发列车;

②能充分利用车站能力;

③能解决接发列车作业中的疑难问题。

相关知识:

①行车有关规章制度;

②客运、货运、军运、特运、专运、危险品、剧毒品等有关运输办法;

③行车事故救援处理的有关知识及规定。

五 任务驱动

任务1 联锁故障情况下的行车组织

【任务描述】

联锁故障包括正线联锁区联锁故障、正线联锁设备正常但车辆段联锁故障、正线联锁区联锁设备故障但车辆段联锁正常、正线联锁区和车辆段联锁两者同时故障四种情况。对联锁故障情况下的行车组织,分别按以上四种情况进行分析处理。

【职业实景】

图3-2所示为某地铁站微机联锁操作界面。

【职业岗位】

车站值班员、行车调度员岗位需要掌握本任务。

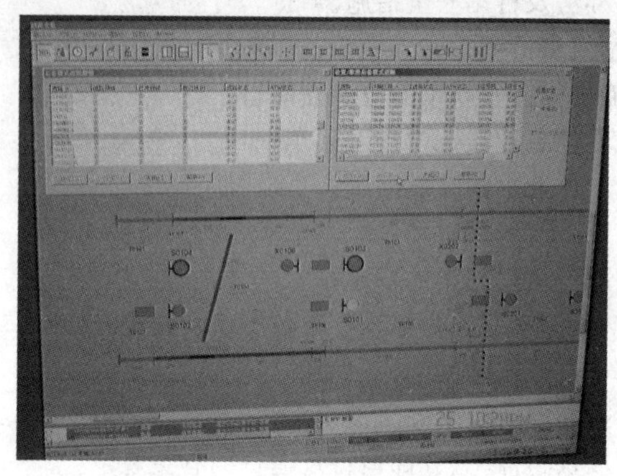

图 3-2　某地铁站微机联锁操作界面

【任务分析】

联锁故障时的行车组织关键是确定使用哪种行车法。目前城市轨道交通系统的行车法主要有进路行车法、区段进路行车法、站间电话联系法、电话闭塞法。根据联锁故障的不同情况确定使用不同的行车法。

【相关知识】

我国新建的城市轨道交通正线信号系统基本采用微机联锁自动闭塞或基于无线通信的移动闭塞信号系统，由 ATO、ATP、ATS 三个子系统组成，可由车站或 OCC 控制。

车站和 OCC 均配有 ATS 子系统，站级 ATS 子系统具有监督和控制列车运行的功能。站级 ATS 子系统包括 LOW、进路排列计算机（TRC）、时刻表处理器（TTP）。

LOW 为联锁计算机的人机接口，负责监督和控制联锁设备。TTP 可导入时刻表，处理列车时刻信息。TRC 负责自动排列列车进路。

在 OCC 配备 ATS 中央设备（含主机和监控设备）、中央联锁工作站（CLOW）和 TTP 及时刻表编辑器（FALKO-ONLINE）。

OCC 配有 ATS 的人机接口（HMI 或 MMI）。ATS 通过前后端处理器（FEP）实现与联锁站信号设备的联系。CLOW 具有与车站 LOW 相同的功能。FALKO-ONLINE 具有导出时刻表、在线调整及编辑时刻表功能。

以某地铁 4 号线为例，图 3-3 所示为该线线路信号平面布置示意图。4 号线分为石碁、新造 2 个联锁区，其中石碁联锁区管理金洲～石碁 8 个车站，新造联锁区管理新造～车陂南 6 个车站。在各个联锁站及联锁设备站分别设有 LOW，用于设置列车进路。其中设置有 LOW 的设备站有 10 个，分别为：金洲、黄阁、东涌、低涌、石碁、新造、大学城南、大学城北、万胜围、车陂南，这些设备站均可在 LOW 上设置列车进路。

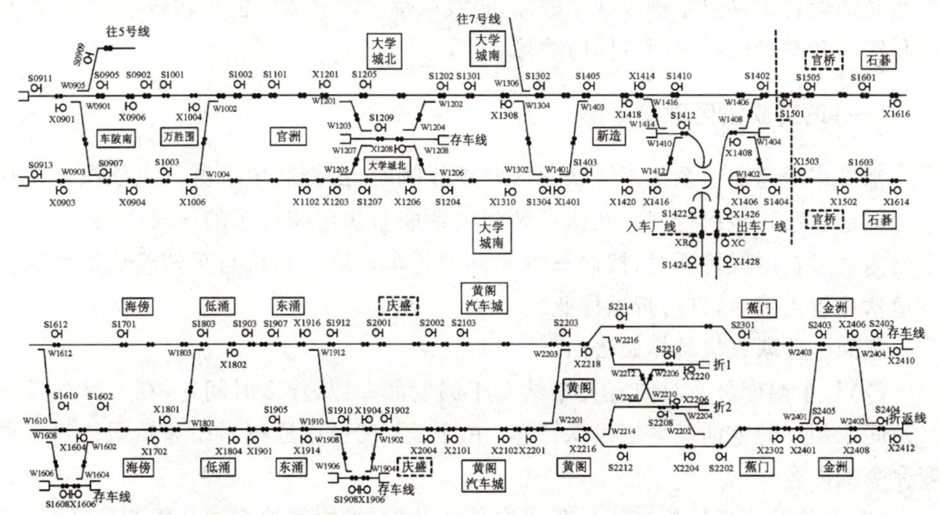

图 3-3　某地铁线路信号平面布置示意图

城市轨道交通系统正线有道岔并配有联锁计算机的车站为联锁站或设备站，一般均使用微机联锁设备。正线不设进、出站信号，只设进路防护信号机。微机联锁系统具有追踪进路功能，列车每出清一段轨道电路，进路自动逐段解锁。车辆段与正线连接站的信号接口，设有相互照查进路电路。4 号线、5 号线正线能与联络线互相交换联锁信息。

站控室设有 IBP 紧急控制盘，信号控制区域盘面上的上、下行线路分别有紧急停车、取消紧停、扣车、终止扣车、切断报警及灯泡试验按钮各一个。

车站每侧站台设有 2 个紧急停车按钮，紧急停车按钮的状态及屏蔽门(安全门)的状态将作为进路排列所必须检查的联锁条件之一，即按压紧急停车按钮或屏蔽门(安全门)未关闭时，排列到该站台的进站或出站进路将不能开放始端信号机。

城市轨道交通系统车辆段大部分使用微机联锁系统，轨道电路可采用计轴轨道电路，信号机和道岔由车辆段信号楼集中控制。车辆段派班室、信号楼配备有 ATS 系统的人机接口 HMI 各 1 套；通过 HMI 可以输入车组号，计算客车运行里程，监督列车运行情况。

轨旁 ATP 正常时，地面信号机处于灭灯状态，车载信号设备故障或没有车载信号的列车，采用 URM 或 SM、AM 模式驾驶运行时，列车接近地面信号机 800m 前，信号机进入亮灯状态。

【任务实践】

分四种情况进行联锁故障情况下的行车组织实践，包括正线联锁区联锁故障、正线联锁设备正常但车辆段联锁故障、正线联锁区联锁故障但车辆段联锁正常、正线联锁区和车辆段联锁两者同时故障。

(一)正线联锁区联锁故障

当城市轨道交通系统正线联锁区联锁故障时，由控制中心值班主任决定采用站间电话联系法组织行车。在执行站间电话联系法组织行车的区段内，列车若在本站内通过辅助线折返时，按调车方式办理行车手续。司机与车站确认线路安全及道岔位置正确后，进行折返作业。

站间电话联系法具体做法如下。

(1)行车调度员及时向有关车站发布调度命令：从什么时间起，在××站至××站间采用站间电话联系法组织行车；由行车调度员或通过车站通知司机口头调度命令的内容。

(2)有关站值班站长接到行车调度员命令后，采用就地级模式组织行车；在站台派值班员负责接发列车，并通知邻站采用站间电话联系法组织行车。每一站间区间(含前方站内线路)只允许一趟列车占用。

进路准备：故障联锁站正线上的道岔均要开通正线，并使用钩锁器锁定；两端站的折返道岔在确认位置正确后，使用钩锁器钩锁，但只挂不锁。

发车站和行车调度员共同确认第一趟发出的列车运行前方的区间和车站空闲后，再与前方站办理发车。从第二趟列车开始，接车站确认站内接车线路及与发车站间的区间线路空闲后，可以同意发车站的发车请求。发车站接到接车站同意发车请求的通知后，方可通知站台行车人员向司机显示发车指示信号。

第一趟列车从发车站发出—到达接车站—出清接车站后，没有其他物品侵入轨行区或影响行车，即可视为发车站(不包括站内线路)至接车站(含站内线路)的线路空闲，可以办理第二趟列车的行车(此处发车站与接车站是对某条正线固定来说的，且为相邻车站)。此后各趟列车进路空闲的确认方法可类推。

站台值班员或值班站长接到站控室同意发车的命令(要复诵)，并确认列车已开门上下乘客后，向司机显示发车指示信号，发车指示信号显示地点为靠列车前进方向第一个客室的第二个车门。司机接收到发车指示信号后，方可关门动车；动车前司机要鸣笛回示，然后车站收回发车指示信号。站控室要通过 CCTV 加强对站台作业的监控，防止错误办理发车手续。

列车出清站内线路后，发车站立即先向前方站再向后方站分别报线路出清时间点。

接车站接到发车站的列车开点（出清点）通知后，通知相应的站台注意接车；列车到达后，站控室及时命令站台显示发车指示信号。

后方站没有接收到前方站的列车出清点时，不得提出发车请求，但可及时询问列车是否到达或发出。后方站接到前方站的列车出清点后，方可向前方站请求发车；在前方站同意发车请求后，及时办理发车。当后方站停有列车或已有列车发来、后续车站已请求发车时，在接到前发列车已从前方站发出的通知时，须及时向前方站请求下趟列车发车（均指同一方向的列车）。

(3)列车在终点站的折返作业按照调车作业办理，凭办理折返进路人员的信号显示进行折返，此时车站不需在站台显示发车指示信号。

折返道岔办理好进路后，办理人员及时在安全地带向司机显示“好了”信号，待列车通过显示地点后方可收回；司机未收到现场人员办理好折返进路的“好了”信号时，严禁动车。司机与现场人员应加强信息沟通，确保行车安全和人身安全。

站台岗（非行车指挥人员）应加强对站台的巡视和秩序维持，按照立岗作业标准作业；原则上值班员负责确认立岗侧站内线路的空闲和列车接发。

(4)人工办理好现场的进路后，有关车站实施站间电话联系法接发车作业的简要程序。

①站间电话联系法发车作业程序（中间站），见表3-1。

站间电话联系法发车作业程序（中间站） 表3-1

程序	作业标准	
	站控室行车人员	站台行车人员
一、请求发车	1.根据《行车日志》、调度命令，确认前方区间线路空闲（第一趟列车与行车调度员共同确认线路空闲）	
	2.向前方站请求发车：“××站××次请求发车”，并听取前方站复诵	
二、准备发车	3.布置站台行车人员：“准备××次×道（上/下行线）发车”	4.复诵“准备××次×道（上/下行线）发车”
	6.听取汇报，复诵“××站××次×道（上/下行线）发车准备好了”	5.做好发车指示准备后，向值班站长报告“××次×道（上/下行线）发车准备好了”

续上表

程序	作业标准	
	站控室行车人员	站台行车人员
三、发出列车	7.前方站同意发车请求后，复诵“××站（接车站）同意××次发车”	10.复诵“××次×道（上/下行线）可以发车”
	8.填写《行车日志》	11.向司机显示发车指示信号
	9.通知站台行车人员：“××次×道（上/下行线）可以发车”	
四、列车出发	13.复诵“××次出发”，填写《行车日志》	12.列车出清站台区后，向站控室报“××次出发”
	14.列车出发后，先向前方站（行车调度员）报点，再向后方站报点“××次××分××秒开”	

②站间电话联系法接车作业程序（中间站），见表3-2。

站间电话联系法接车作业程序（中间站） 表3-2

程序	作业标准	
	站控室行车人员	站台行车人员
一、听取发车请求	1.听取后方站发车请求，复诵“××站××次请求发车”	
	2.根据《行车日志》，通过CCTV观察或询问站台行车人员等方式确认站内线路空闲	
二、接车准备	3.布置站台行车人员：“准备××次×道（上/下行线）接车”	4.复诵“准备××次×道（上/下行线）接车”
	6.听取汇报后，复诵“××次×道（上/下行线）接车进路好了”	5.确认站内×道接车线路空闲后，向站控室报告“××次×道（上/下行线）接车进路好了”
三、同意发车	7.通知发车站：“××站××点××分××秒同意××次发车”，填写《行车日志》，准备接车	
四、接车	8.听取发车站的发车通知，复诵“××次××分××秒开”，填写《行车日志》，并向前方站办理发车手续	
	9.布置站台行车人员：“××次开过来了，准备接车”	10.复诵“××次开过来了，准备接车”
		11.监视列车进站停车
	13.复诵“××次到达”，填写《行车日志》	12.列车对位停车后，向站控室行车人员报“××次到达”

③站间电话联系法折返作业程序(终点站),见表 3-3。

站间电话联系法折返作业程序(终点站)　　表 3-3

程序	作业标准		
	行车值班员/值班站长	站务员	司机
一、接折返车	1.确认折返线路空闲后,布置站务员:"准备××次×道(上/下行线)折返接车进路"	2.复诵:"准备××次×道(上/下行线)折返接车进路"	
	4.听取汇报,确认后复诵"××次×道(上/下行线)折返接车进路好了"	3.将进路上的折返道岔开通正确位置并挂锁,确认正确后,向行车值班员/值班站长报告"××次×道(上/下行线)折返接车进路好了"	
	5.出清线路,进入安全地带后,向折返列车司机显示"好了"信号	5.出清线路,与行车值班员/值班站长进入安全地带	5.确认"好了"信号、动车安全后,人工折返,并加强对道岔位置的确认
二、发折返车	6.列车进入折返线(站台)停稳后,口呼"××次列车折返线(站台)已停稳"	7.确认后,复诵"××次列车折返线(站台)已停稳"	7.列车在站台开门后,与接班司机进行交接;列车进入折返线时的安全由交班司机负责,出折返线的安全由接班司机负责
	8.设防护后,布置站务员:"准备××次折返发车进路"	9.复诵"准备××次折返发车进路"	
	11.确认正确后,复诵"××次折返发车进路好了"	10.将进路上的折返道岔开通正确位置并挂锁,确认正确后,向值班员报告"××次折返发车进路好了"	
	12.出清线路,进入安全地带后,向折返列车司机显示"好了"信号	12.出清线路,与行车值班员/值班站长进入安全地带	12.确认"好了"信号、动车安全后,人工折返,并加强对道岔位置的确认

(5)站间联系及报点《行车日志》的填写。

①车站在《行车日志》中记录(办理)列车的车次(同一列车)以第一个站记录(办理)的为准(第一个站应与司机联系确认),其后的车站在《行车日志》中记录或办理列车时均延续使用该车次。

②对各时间点以"××:××′××″"(即××时××分××秒,不同时的小时数第一次出现时必须记录,其后可不记录)的格式记录和通报;秒数四舍五入,取10 的倍数。

③当微机联锁 SICAS 故障时,执行站间电话联系法的起止站和报点站须向行车调度员报点(出清点),并同时向前方站报开点。

④实施站间电话联系法的车站,邻站之间需相互报点,并在《行车日志》上进行相应的记录。

到达列车(以某一方向的行车为例,下同):当本站站台线路空闲后,方可同意后方站的发车请求,并填写“同意后方站发车时分”;接到列车从后方站发出(出清站台)的通知后,本站相应地填写“后方站发出时分”;该列车到达本站后,填写“本站到达时分”。

出发列车:前方站同意本站的发车请求后,填写“前方站同意发车时分”;列车从本站发出(出清站台)后,填写“本站发出时分”,并立即通知前方站,再通知后方站;当接到该趟列车从前方站发出时分的通知后,填写“前方站发出时分”。

本站接到列车从前方站发出(即“前方站发出时分”)的通知后,方可向前方站请求发车。也就是说,本站没有收到列车从前方站发出的通知时,不得向前方站请求发车,防止列车没有出清前方站时又向前方站发出列车。同样,列车没有从本站发出时,不得同意后方站的发车请求。

⑤终点站《行车日志》的填写。

到达的列车(准备折返的列车):当列车出清站台、进行折返时,终点站填写“出发”栏的“本站发出时分”,同时通知后方站(后方站相应地填写“出发”栏的“前方站发出时分”),后方站才可以请求发下一趟列车(此时,对终到列车终点站不用填写“出发”栏的“前方站同意发车时分”)。

出发列车(折返后准备发出的列车):“到达”栏的“同意后方站发车时分”、“后方站发出时分”不用填写,当列车折返后进入站台停车时,直接记录“本站到达时分”,然后再根据情况向前方站办理发车。

(6)注意事项:

采用站间电话联系法组织行车,故障区段内信号显示无效,列车凭调度命令以 RM 模式运行,关门凭发车指示信号关门,动车凭发车信号发车。两端终点站联锁故障时,列车进出折返线,司机凭“好了”信号动车(在折返线内,用白色灯光显示)。

正线某联锁站 SICAS 故障,正在故障联锁区段运行的列车,产生紧急制动,若列车在站内,则确认进路安全,RM 动车对标停车开门后,报 OCC;若列车在区间产生紧急制动,则报行车调度员,经行车调度员同意后,确认进路安全 RM 动车。

行车调度员确认 SICAS 故障,采用站间电话组织行车时,向相关车站和司机发布站间电话行车法命令。司机接命令时复诵并记录在《司机日记》上;接到命令后,应注意确认列车在规定的区间运行时采用 RM 模式驾驶。

微机联锁 SICAS 故障时,不能自动报站,到达站名标时人工点击显示屏报站。

在站停车 2min,放“临时停车”广播,在区间限速 25km/h 运行时,司机进行“限速行车”广播;列车在运行中,司机应加强瞭望,严格控制速度,严禁超速,确认呼唤道岔位置,发现异常立即停车,并报告行车调度员;在同一区间发现前方有车(包括站内)时,司机应立即停车,报告行车调度员,按行车调度员的指示执行;列车在正常的区段站,司机恢复正常的行车。当故障修复,第一单程采用 SM 模式驾驶列车进站。

(二)正线联锁设备正常但车辆段联锁故障

(1)车辆段按调车方式组织列车出车辆段。列车运行至出段信号机前待令,司机凭出段信号的开放信号联系行车调度员,凭行车调度员命令进入出/入车辆段线前往正线。

(2)列车回车辆段时,在入段信号机前停车,与车辆段信号楼联系,由车辆段按调车方式组织列车进库。

(三)正线联锁区联锁故障但车辆段联锁正常或两者同时联锁故障

在正线联锁区联锁故障车辆段联锁正常或两者同时联锁故障的情况下,使用电话闭塞法组织行车。由行车调度员发布采用电话闭塞法组织行车的命令,车站与车辆段信号楼值班员共同确认第一趟发出的列车运行前方区段空闲后开始办理列车的发车手续。司机在闭塞区段以 URM 模式限速驾驶列车。具体规定如下。

(1)行车调度员向车站、车辆段发布执行电话闭塞法的口头命令。车站或车辆段通知司机调度命令的内容,由车站与车辆段信号楼值班员共同确认第一趟发出的列车运行前方区段空闲。

(2)每一闭塞区段内只允许一趟列车占用,列车占用闭塞区段的行车凭证为路票。列车在车站与车辆段闭塞区段以 RM 模式按规定的限速(如 25km/h)运行。

(3)进路准备:接车站(车辆段)在准备好接车进路后,同意发车请求,发车的车辆段(车站)准备发车进路。当道岔在控制终端上表示正常时,把道岔单操到正确位置并使用单独锁定。当道岔无表示或表示不正常时,须将进路上的有关道岔开通正确位置,使用钩锁器钩锁,挂锁只挂不锁。

(4)接车站(车辆段)确认闭塞区段内线路空闲后,才可以给发车车辆段(车站)发车承认闭塞号。发车车辆段(车站)接到接车站(车辆段)同意发车的承认闭塞号、填写路票并自检后交值班员,值班员逐字逐项复诵,核对无误后,复诵传达并交给司机。

值班员交接路票时必须核对的内容有:日期、车次、区间、闭塞号、行车专用章、签名等。接车值班员从司机处回收路票后须及时打“×”并上交。

(5)接发列车，发车站(车辆段)接到接车的车辆段(车站)承认闭塞号后，填发路票并交付司机，司机确认路票正确后凭车辆段(车站)发车指示信号开车。

(6)正线车站电话闭塞法组织行车时发车作业程序，见表3-4。

正线车站电话闭塞法发车作业程序 表3-4

程序	作业标准	
	值班站长	值班员/站务员
一、请求闭塞	1. 根据《行车日志》和LOW，确认区间线路空闲	
	2. 向车辆段请求闭塞："××次闭塞"	
二、准备发车进路	3. 布置值班员："准备××次发车进路"	4. 复诵"准备××次发车进路"
	6. 听取汇报，复诵"××次×道发车进路好了，线路出清"	5. 将进路上的道岔及防护道岔开通正确位置并加锁。经确认正确后，向值班站长报告"××次×道发车进路好了，线路出清"
三、办理闭塞	7. 复诵车辆段发出的电话记录"电话记录××号，××分同意××次闭塞"	
	8. 填写《行车日志》，对照《行车日志》，填写路票	
四、列车出发	9. 向值班员交付路票并共同核对	10. 接受路票并检查核对
	11. 指示值班员发车	
	13. 列车出发后，向车辆段报点"××次××分开"	12. 征得值班站长指示发车的同意后，向司机递交路票，显示发车信号
	14. 复诵车辆段列车到达时刻及号码"电话记录××号，××次××点××分到"，填写《行车日志》	
	15. 填写《行车日志》，确认区间开通	

(7)正线车站电话闭塞法组织行车时接车作业程序，见表3-5。

正线车站电话闭塞法接车作业程序 表3-5

程序	作业程序及用语	
	值班站长/值班员	值班员/站务员
一、听取闭塞预报	1. 听取车辆段闭塞请求，复诵"××次闭塞"，根据《列车时刻表》、《施工行车通告》和调度命令、指示，核对车次、时刻	
	2. 根据《行车日志》和LOW，确认区间(含站内接车进路)空闲	

续上表

程序	作业程序及用语	
	值班站长/值班员	值班员/站务员
二、检查及准备进路	3.布置值班员/站务员:"检查×道,准备××次接车进路"	4.检查线路空闲将进路上的道岔及防护道岔开通正确位置并加锁。经确认正确,向值班站长报告"××次×道发车进路好了,线路出清"
	5.听取汇报后,复诵"××次×道发车进路好了,线路出清"	
三、承认闭塞	6.承认闭塞:"电话记录××号,××点××分同意××次闭塞"	
	7.填写《行车日志》,准备接车	
四、引导接车	8.听取车辆段发车通知,填写《行车日志》	
	9.布置值班员:"××次开过来,引导接车"	10.复诵"××次开过来,引导接车"
		11.显示引导信号,监视列车进站停车,收回路票打"×"并作废
五、开通区间	12.填写《行车日志》,报车辆段"电话记录××号,××次××点××分到"。向行车调度员报点	13.向值班站长交回路票
	14.收回路票	

(8)注意事项:

①动车条件。回车辆段列车,在车站接到车站值班员或值班站长的路票并确认正确后,凭值班员或值班站长的发车信号开车。出段列车,在车辆段接到车辆段值班员或车辆段调度的路票并确认正确后,凭车辆段值班员或车辆段调度的发车信号开车。

②路票。路票是占用出/入车辆段线和转换轨的凭证,即司机出车辆段时凭路票只能到转换轨出段信号机前停车,入段时只能到转换轨入段信号机前停车。

③运行模式。采用电话闭塞法行车,一个闭塞区段只允许一列车占用,列车全程采用 RM 模式驾驶。

④进站或入段。出段列车在转换轨出段信号机前一度停车,凭该信号机的黄灯、绿灯或车站的人工引导信号进入车站。回段列车在转换轨入段信号机一度停车,凭该信号机的黄灯或引导信号进入车辆段。

任务2　ATC设备故障情况下的行车组织

【任务描述】

ATC系统是列车自动运行全过程的控制系统，由ATP系统、ATO系统及ATS系统组成。

ATP系统主要实现列车间安全间距的监控、速度控制、列车的超速防护、安全开关门的监督和进路的安全监控等功能；ATO系统主要通过车载ATO系统完成站间自动运行、列车速度调节和进站定点停车，并接受OCC的运行调度命令，实现列车的运行自动调整；ATS系统的主要功能是监督列车状态、排列进路、产生列车时刻表、自动调整列车运行和保证列车按时刻表正点运行、生成运行报告和统计报告、向旅客向导系统提供信息等，采用软件方法实现联网、通信及列车运行管理自动化。ATP、ATO、ATS三个子系统组成完整的ATC系统，确保列车的安全、快速、短间隔时间和有序地运行。ATC设备故障时，会导致一系列原自动化的作业需要人工进行。

【职业实景】

图3-4所示为地铁列车在正线上以ATO模式运行。

图3-4　地铁列车在正线上以ATO模式运行

【职业岗位】

地铁车站值班员、行车调度员岗位需要掌握本任务。

【任务分析】

由于ATC系统由ATP、ATS、ATO三个子系统组成，故ATC设备故障情况下的行车组织需要分别就ATP、ATS、ATO三个子系统故障进行讨论。本项目主要从车站与控制中心行车调度控制权交接、列车驾驶模式等方面分析和实践ATC设备故障情况下的行车组织。

【相关知识】

ATC系统是列车自动运行全过程的控制系统，其相关知识见项目一正常情况车站行车工作组织。

【任务实践】

(一)ATS设备故障(无显示)时的行车组织

ATS设备根据联锁表、计划运行图及列车位置，自动生成输出进路控制命令传送至车站联锁设备，排列列车进路、控制列车停站时分。当ATS设备故障(无显示)时，需要由车站接收联锁设备控制权，在LOW上排列进路。

(1)行车调度员授权给联锁站或设备站控制，至行车调度员收回控制权时止。

(2)联锁站值班员确认LOW上的降级模式是否激活，当"降级模式激活"时，保持原状态。若"降级模式未激活"时，各设备站在LOW上人工排列列车进路，在确认客车进站停稳后，人工在LOW上取消运营停车点。

(3)ATS设备故障时，行车调度员通知司机在显示屏上输入当前车次号，到换向运行时，输入新的目的地码和车次号，直至行车调度员通知停止输入为止。

(4)报点站向行车调度员报告各次列车的到开点。

(5)行车调度员以报点站为单位铺画客车运行图，至ATS设备恢复正常。

(6)当车站在LOW上取消不了运营停车点时，应立即报告行车调度员，由行车调度员转告司机，用URM模式驾驶客车出站或用RM模式驾驶客车出站，直至转换为SM或AM模式；当车站取消运营停车点而客车目标速度仍为零，且超过规定时间(例如30s)时，车站值班员应报告行车调度员，由行车调度员指示司机开车。司机在收到推荐速度时，应向行车调度员报告。

(7)当ATS的自动排路或联锁系统的追踪进路不能自动排列时，应由人工介入，在LOW/CLOW上人工排列进路。

(8)当ATS设备发生故障时，行车调度员应使用CLOW监督全线列车运行状态。

(9)正线ATS故障时司机经行车调度员授权在两端终点站人工输入当前车次、目的地码；输入后与行车调度员共同确认，严禁在运行中擅自修改车次及目的地码；列车以ATO出站运行，SM模式进站对标；应留意列车的报站情况，必要时人工报站；在站停车时间超过停站时间还没收到速度码的，应及时报行车调度员和车站，需RM模式动车时必须要先得到行车调度员的授权，并确认动车"五要素"后方可动车。

动车"五要素"为进路、信号、道岔、车门、制动。列车到达终点站进行人工折返，交接班司机应加强沟通确保安全。

（二）ATP设备故障时的行车组织

ATP系统的主要作用是根据故障导向安全原则，通过车载ATP系统和地面ATP系统间的信息传输，实现列车间安全间距的监控、速度控制、列车超速防护、安全开关门的监督和进路的安全监控等功能，是ATC系统的核心系统。

ATP设备故障时，会导致列车接收不到速度码、紧急制动等，需要行车调度员进行监控，指示司机以没有ATP保护下的各种驾驶模式运行至ATP正常区域，再凭车载信号运行。我国各地铁公司的规定略有不同，此处仅以某地铁线路为例。ATP设备故障时行车组织具体规定如下：

（1）客车在进站时发生紧急制动，若司机明确发生紧急制动原因时，在确认前方进路安全的情况下，先转换RM模式驾驶对标，再向行车调度员报告。

（2）客车在区间运行发生紧急制动，应立即向行车调度员报告，按行车调度员指示执行。

（3）当ATP轨旁设备发生故障时，行车调度员通知有关司机，司机以没有ATP保护下的各种驾驶模式（如AM/SM/RM/URM模式）凭地面信号显示运行，到达轨旁ATP正常区域，在达到CTC控制级别后，以SM/AM模式凭车载信号运行。

（4）ATP车载设备故障时的处理：

①行车调度员命令司机以URM模式（限速45km/h）驾驶列车至前方站。

②列车到达前方站（或在车站发生故障）还不能修复时，由行车调度员命令司机和车站，并由车站派出URM监控员上驾驶室添乘（员工车除外），沿途协助司机瞭望，行车调度员命令司机以URM模式（最高限速64km/h；原线路限速在64km/h以下的，按原限速运行）继续驾驶列车至前方终点站退出服务或按照行车调度员的指令执行。

③URM监控员须协助司机瞭望，监控速度表，列车按规定速度运行，不准超速；在有屏蔽门（安全门）的车站，须协助司机开关屏蔽门（安全门）。如遇超速，应提醒司机控制速度，必要时立即按压紧急停车按钮。

（5）URM监控员进驾驶室添乘监控的程序：

URM监控员接受行车调度员的命令后，携带手持无线调度电话，向司机报告“URM监控（并报命令号）”。司机确认其身份和命令号。URM监控员在列车到达前方终点站退出服务后，要向行车调度员汇报沿途运行情况再返回车站。

（6）行车调度员应随时注意ATP车载设备故障的列车运行情况，严格控制，确保列车与列车之间的最小间隔在一个区段进路及以上。遇到两列车进入同一个区段进路时，应采取紧急措施扣停后面的列车。

(7)列车在运行中因道岔显示故障造成紧急停车(停在岔区)时，车站报告行车调度员，通知信号检修。

(三)ATO设备故障时的行车组织

ATO设备故障时主要影响列车运行模式，故司机应报告行车调度员，并按行车调度员命令以SM模式驾驶。若屏蔽门与车门不能联动时，应派人添乘，协助司机开关屏蔽门。

任务3 车门与屏蔽门联动故障或信号与屏蔽门接口故障时接发列车

【任务描述】

ATO和ATP系统与车门和站台屏蔽门(安全门)的开关有关。车门释放由ATP授权。当列车停于定位停车的允许精度范围内时，ATO子系统确认列车到达指定的定位区域后，将列车停车信号传给ATP子系统，保证列车制动。当ATP子系统检查完开门条件，允许车辆开门并给出命令后，ATO选择合适一侧的车门并提供开门命令。

车门与屏蔽门联动故障，会导致车门与屏蔽门(安全门)不能自动打开。当信号与屏蔽门接口故障时，列车会收不到运行速度码。因此，车门与屏蔽门联动故障或信号与屏蔽门接口故障时需要进行相关的行车规定。

【职业实景】

图3-5所示为车站站台端墙外屏蔽门就地操作PSL盘。

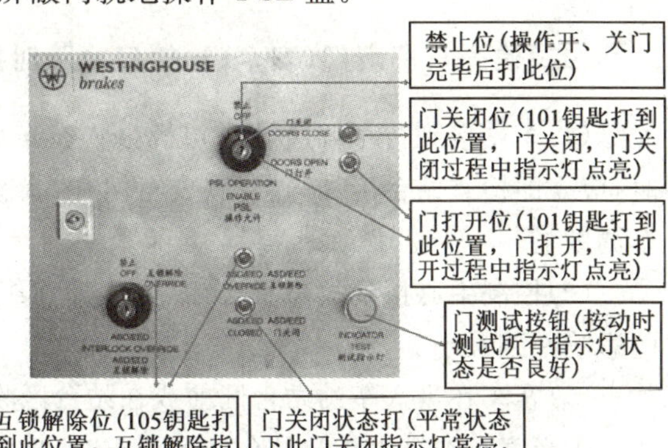

图3-5 车站站台端墙外屏蔽门就地操作PSL盘

【职业岗位】

地铁车站值班员、站务员、行车调度员岗位需要掌握本任务。

【任务分析】

若车门与屏蔽门联动故障，则车门与屏蔽门（安全门）不能自动开关，因此需要车站派员协助司机开关屏蔽门（安全门）。

当信号与屏蔽门接口故障时，列车会收不到运行速度码，车站应派员在 PSL 上打“屏蔽门（安全门）互锁解除”开关，使列车收到速度码。

【相关知识】

ATC 系统是列车自动运行全过程的控制系统，ATO 子系统和 ATP 子系统均与车门和站台屏蔽门（安全门）的开关有关。其相关知识见项目一正常情况车站行车组织。

【任务实践】

（一）车门与屏蔽门（安全门）不能联动时接发列车

若车载 ATP 故障，车门与屏蔽门（安全门）不能联动，当客车离前方终点站 5 站及以上时，行车调度员通知下一车站派站务人员（如客车有 2 名乘务员则车站不派人）上驾驶室，协助司机开关屏蔽门（安全门）。具体规定如下。

(1)客车配 1 名司机时，车站安排 1 名员工协助司机开关屏蔽门（安全门），协助司机瞭望进路，监督客车司机按规定速度运行。

(2)客车在投入客运服务前，须把开门状态开关打到手动位；客车在车站停稳后，应迅速打开驾驶室门，先由屏蔽门（安全门）操作员操作打开屏蔽门（安全门），后由司机打开客室门；上下乘客完毕后，先关闭屏蔽门（安全门），再关闭客室门，并确认无夹人夹物后动车。

（二）信号与屏蔽门（安全门）接口故障时接发列车

(1)车站接到行车调度员或司机报告在车站进站前或在站台区收不到速度码时，应立即检查站台区和屏蔽门（安全门）的状态，发现异常立即通知司机和报告行车调度员。

(2)控制中心接到故障报告后，应立即组织维修人员抢修，使设备故障对行车的影响降到最小。

(3)客车在进入车站站台区前或在站台区收不到速度码。

①当客车在进入车站站台区前停车时，报告车站及行车调度员，司机确认运行前方的站台区轨道空闲后，以 RM 模式（如 RM 模式产生紧急制动时，改用 URM 模式进站，对标后恢复 ATP）进站对标停车。若上下乘客完毕关好屏蔽门（安全

门)、车门后收不到速度码,车站派站务人员在 PSL 上打“屏蔽门(安全门)互锁解除”开关,收到速度码后以 AM/SM 模式动车,如收不到速度码按行车调度员的命令以 URM 或 RM 模式动车。车站派站务人员在下一趟客车到站前在 PSL 上打“屏蔽门(安全门)互锁解除”开关,直至客车出站。

②当客车在车站关好屏蔽门(安全门)、车门后,收不到速度码时,司机应立即报告车站及行车调度员,车站派站务人员在 PSL 上打“屏蔽门(安全门)互锁解除”开关,收到速度码后以 AM 模式动车,如收不到速度码按行车调度员的命令以 URM 或 RM 模式动车。

六 技能拓展

1.发生事件或事故紧急扣车

发生事件或事故需紧急扣车时,如信号系统具备扣车功能,当行车调度员需扣车时,必须在控制中心 HMI 上操作,并通知司机和车站,或由行车调度员通知车站在车控室 IBP 盘上操作。

如信号系统不具备扣车功能,当行车调度员需扣车时,必须通知司机或由车站转达司机执行。行车调度员应使用无线调度电话通知司机扣车待令,当行车调度员主呼时系统没有“紧急呼叫”功能,司机接到行车调度员呼叫时,原则上须迅速接听。行车调度员直接通知司机执行扣车时,必须同时通知车站。

行车调度员使用有线调度电话通知车站扣停列车时,车站使用无线电台、口头通知或显示紧急停车手信号等方式要求司机扣车。如车站扣车不成功,必须立即报告行车调度员。

当车站需要扣车时,如信号系统具备扣车功能,由车站在 IBP 盘上操作扣车按钮;如信号系统不具备扣车功能,车站使用无线电台、口头通知或显示紧急停车手信号等方式要求司机扣车,再报告行车调度员。

扣车后原则上是“谁扣谁放”。只有在 ATP 故障时,对原 HMI 扣停的列车,经行车调度员授权后可由相关车站放行。

2.客车故障被迫停车的处理

客车故障被迫停车,主要进行故障处理,若隧道停车超过一定时间需通知环控调度员送新风。

(1)客车在隧道内停车时,如果停车超过 2min,行车调度员口头通知环控调度员送风。

(2)客车故障情况下行车组织由 OCC 全权负责,故障的判断和处理由司机全面负责,检修调度员指导司机处理故障,行车调度员提出辅助处理意见。司机离开驾驶室处理故障前须报告行车调度员;行车调度员接到司机的车辆故障报告后,应及时通知车辆段检修调度。

(3)司机对客车的故障处理,原则上为3min,当司机确认无法处理或3min后还无法动车时,由司机向车辆检修人员提出技术支援的请求,同时仍可继续处理故障。

(4)客车的故障处理时间原则上为6min,如仍不能动车,由控制中心值班主任确定处理办法,当决定救援时,司机做好救援的防护连挂工作。请求救援客车需要疏散乘客时,由行车调度员发出口头命令,通知司机和有关车站值班站长做好乘客疏散及救援工作。司机除引导乘客下车外,还须做好客车的防护及协助救援工作。

3.救援列车的开行

(1)行车调度员接到司机(车长)的救援请求或行车调度员决定实施救援后,首先需向有关车站发布开行救援列车的调度命令。

(2)故障客车在区间时,不需发布站间线路封锁的命令,行车调度员组织就近客车担任救援。组织客车救援时,优先使用电客车担任,原则上不允许组织载客列车担任救援列车。

(3)故障工程车在区间时,需要发布封锁站间线路的命令,行车调度员组织就近工程车担任救援。

(4)已申请救援的列车不准动车,司机(车长)应打开被救援列车两端的标志灯作为防护信号,并注意与救援列车的连接。

(5)组织电客车救援列车时,应在距被救援列车15m外处停车,听从救援负责人(被救援列车司机)的指挥,在接近被连挂车辆1m处停车,然后再进行连挂。在连挂之前可继续排除故障,但不能起动列车,如故障排除则报告行车调度员取消救援。

(6)向封锁线路发出救援列车时,不办理行车闭塞手续,以行车调度员命令作为进入该封锁线路的许可。在未接到开通封锁线路的调度命令前,不得将救援列车以外的其他列车开往该线路。

(7)若使用工程车救援客车时,应采用双机重联的方式,并执行相关限速要求及规定。

(8)采用电话闭塞法行车时,开行救援列车的规定:

向故障车占用的闭塞区段线路发出救援列车时,凭行车调度员命令行车。救援列车连挂后,推进或牵引通过车站时,中途站不办理行车闭塞手续,以行车调度员命令作为进入闭塞区段线路的许可;进入救援终点站时,须在进入存车线前一度停车。行车调度员向救援列车司机发布允许列车通过车站的命令前,须与前方站共同确认区段线路空闲,之后方可发布。

故障列车位于转换轨，无后续列车救援推送回车辆段时，行车调度员发布命令，车辆段以调车方式将故障列车牵引回车辆段。

遇到人员伤亡、设备损坏时，应急处理和信息发布按生产安全事故（事件）调查处理规则、突发事件应急处理程序、应急信息报告程序、地铁外部人员伤亡事故管理、车务安全应急处理程序等有关规定执行。

4.特殊情况下的列车运行组织

特殊情况下的列车运行主要包括列车反向运行、列车退行、列车推进运行、列车不停站通过等。

(1)列车反向运行

在设有屏蔽门（安全门）的车站组织客车反方向运行时，行车调度员需通知屏蔽门（安全门）操作员到后端操作 PSL 开/关屏蔽门（安全门）。必要时，行车调度员提前通知有关车站派站务人员去操作 PSL 开/关屏蔽门（安全门）。

工程车在明确行车计划和进路排列好的情况下方可反方向运行。

(2)列车退行

列车因故在站间停车需要退行时，司机必须报告行车调度员，得到行车调度员的同意后方可退行。行车调度员应及时通知有关车站。

列车退行进入车站时，车站接车人员应于进站端墙处显示引导信号，列车在进站端墙外必须一度停车，确认引导信号正确后方可进站。

退行列车到达车站后，司机应及时通过车站向行车调度员报告，同时根据行车调度员的命令进行处理。

使用引导信号的时机为列车出发整列离开站台区，因故需退回车站时。车站在确认列车后退进路无其他列车占用时，先通知相关联锁站关闭该进路起始信号机的追踪自排，后通知司机后退，并在进站端墙显示引导手信号。

(3)列车推进运行

客车推进运行，必须得到行车调度员的调度命令。推进运行时，必须有一名具备引导员资格的员工在客车头部引导，无人引导时，禁止推进运行。当难以辨认信号时，禁止列车推进运行。在30‰及以上的下坡道推进运行时，禁止停车作业，并注意列车的运行安全。

(4)列车不停站通过

工程车在不具备联锁功能的区段内运行时，原则上凭路票行车，确需不停站通过时，以调度封锁命令组织行车。

除《运营时刻表》规定外，客车原则上不组织通过车站运行。需要组织客车不停站通过车站时，必须核对线路满足条件后，行车调度员与车站和司机布置起点站及终点站，以口头命令形式组织列车运行。

在广州亚运会期间，广州地铁为应对可预见性的特大客流，保证行车安全，多次组织列车不停站通过一些车站，此时行车调度员应与车站和司机布置起点站及终点站，以口头命令形式组织列车运行。

七 复习思考

(1)如何组织信号联锁故障行车组织？

(2)ATC 设备故障情况包括哪几种？各种 ATC 设备故障情况下应如何组织行车？

(3)车门与屏蔽门联动故障或信号与屏蔽门接口故障时如何接发列车？

(4)发生事件或事故时如何紧急扣车？

(5)客车故障被迫停车应如何处理？

(6)如何开行救援列车？

(7)如何组织列车反向运行？

(8)如何组织列车退行？

(9)如何组织列车推进运行？

(10)如何组织列车不停站通过？

(11)思考怎样提高设备故障时的行车组织能力及非正常情况下的应急处理能力。

八 实训演练

模拟实训城市轨道交通地铁车站信号系统故障，使用站间电话闭塞法接发列车。

九 交流与讨论

实地考察或网上搜索，分析地铁公司在诸如奥运会、世博会、亚运会、春运期间的行车组织，讨论地铁开行不停站通过列车的组织方法。

项目四　调车作业组织

一 案例导入

在正线上运行的列车种类繁多，等级不同，一般的列车是由机车(动车)、车辆和列车标志组成。列车中的每一车辆由于编组、作业、维修送达等目的不同，需要变动，因此需要将列车中的某些车辆摘下或将另一些车辆挂上，车辆也需要经常从一条线路移动到另一条线路上，或是从一个地点移动到另一个地点。简单地说，根据目的和需要，将车辆从车列中解钩摘下或将车辆挂上连接车列的工作，就叫调车。调车时使用的是专用的调车机车，由其作为动力将车辆移动，车辆如何摘解、如何连挂、作业如何分工等都有一套完整、严格的规程规范，只有按照一定的业务规程作业才能保证安全、高效地完成调车作业，使列车顺利开行，因此调车是列车正常顺利运行的基本保证。

调车作业是行车组织工作的一个重要内容，与接发列车、行车调度等工作有着密切的联系。线路、通信信号、机车车辆等行车设备必须与接发列车协调优化，才能充分发挥设备的使用能力，避免或减少作业冲突，维持良好运营秩序，保证线路畅通无阻。同时整个调车工作也有相对独立的工作规范与规章制度，有专职的调车组作业人员、专门的调车机车和司机以及相关工作标准，只有按照班工作计划完成调车作业任务，才能保证列车运行安全正点。

图 4-1 所示为本务机车与客车车列的连挂瞬间。连接员根据距离显示速度信号，司机凭手信号控制连挂速度，实现安全连挂。车钩连挂好后，作业人员还要连接制动软管和其他电路连线，确保机车和客车车列连接。

图 4-2 所示为专用调车机车。我国已生产多种型号，调车机车一般都是内燃机车，要求起动快，动力足，制动性能好，操作方便灵活，车内配备了与无线调车灯显设备的接口。

图 4-3 所示为一张调车计划通知单。有的车站使用调车计划管理系统，可由计算机根据车辆移动的目的自动编制调车计划通知单，有的车站由车站调度员手工编制。一张调车作业通知单就是一批调车作业计划，调车组根据调车计划完成调车工作。

图 4-1　火车站本务机连挂车列调车

图 4-2　地铁调车机及调车场

		甲班		
		-86432		
1	上2	+	34	4654289
2	6	-	1	空线
3	7	-	4	
4	6	-	1	
		代28		
5	7	+	4	
6	上2	-	32	连看1561156
		编好86432/49		
		-30139		
7	下6	+	37	全3115962
8	15	-	3	空线
9	13	-	1	
10	14	-	28	4918521
		代5		
11	15	+	2	
12	5	-	2	
13	3	-	5	4939211
14	牵1	=		
15	牵3			返岔
16	站1	+	16	全1570635
17	站2	+	16	全4204861/顶
18	牵1	=		
19	14	-	26	1610422/连看
		编好45053/68		
		代6		
20	15	-	6	4649800
21	6	+	2	全
22	8	+	30	4675519
23	站2	=		
24	站2	-	16	1450103
25	站1	-	16	4605139
26	牵3			返岔
27	牵1	=		
28	9			道待机
		确认信号		
		检查彻底		
		领车到位		

图 4-3　调车计划通知单

二 项目概述

我国城市轨道交通主要是新建线路，具有自动化程度高的特点。但城市轨道交通行车组织的工作流程保留了国有铁路很多传统的方法和工序，调车作业是行车组织的一个重要子系统，其作业环节复杂、环境分散、作业自动化程度低，以手工操作为主。因此，调车组织管理是调车作业安全及效率的保障。只有通过调车组织管理才能将机车车辆移动到指定目的地，根据列车编组要求将其快速、高效、安全地加工为符合要求的待发列车。本项目将系统地介绍调车组织管理、操作工序流程，使学生对调车作业有一个较为系统的认识。

由于调车的安全要求高、以手工操作为主、作业地点分散、作业环节多，调车组和调车司机在同步性、协调性方面的要求很高，调车作业用语和调车信号显示要求及时、准确无误，稍有疏忽都会造成差错甚至出现调车事故。调车组团队要在调车领导人和调车指挥人的指挥下团结协作，分工明确，各司其职，默契配合。从调车计划的制订到调车计划的传达和执行，整个调车作业过程都必须按有关规章和作业标准规范作业，以保证列车的开行和车辆的送达。

三 学习目标

按照地铁调车人员职业技能鉴定标准，铁路车站连接员、调车员国家职业标准的规定，明确本项目学习目标如下。

1. 技能目标

(1)识读和理解调车作业计划，判别调车作业重点注意事项，检查备品和试验无线对讲机，做好作业前的准备；

(2)按分线包工对线路设备、停留车、防溜、道岔等进行检查；

(3)接收和传达调车作业计划，布置作业要求，按有关规定变更作业计划；

(4)准确及时显示各种调车作业信号，确认停留车位置，控制速度，稳妥连挂；

(5)编制调车作业计划(技师)。

2. 知识目标

调车作业计划的含义、调车作业的条件限制、作业要求和规程(包括勾时勾分、信号显示等)。

3. 素质目标

树立安全正点的运输生产理念，做好效率和安全的平衡，加强团队协作精神，保持班组不同岗位工种的沟通，认真学习业务规章，掌握调车作业新设备新技术的应用。

四 职业技能鉴定相关规定

1. 地铁职业技能鉴定标准相关规定

珠三角城市轨道交通系统地铁调车人员职业技能鉴定标准规定:“服从调度指挥,负责车辆段内调车作业的现场指挥工作,正确、及时、安全地指挥机车车辆运行,确保调车作业、工程列车运行安全”。

2. 调车员国家职业标准相关规定

(1)基本要求

站场线路编号、有效长、容车数、线间距、坡度、线路用途;调车分工、调车速度、车辆防溜、调车手信号、影响接发列车和出站(跟踪)调车规定、特种车辆和装载特种货物车辆调动的限制和要求;人身安全知识规定。

(2)中级调车员

技能要求:能按规定对号交接班,试验无线电台各种信令,检查线路、停留车、道岔和防溜措施,理解和传达布置调车作业计划,判别重点注意事项,根据现场作业情况按规定组织变更作业计划、正确显示速度和距离信号、及时进行推进试拉,确保管线摘解连接完好,做好防溜措施。

相关知识:《技术管理规程》、《行车组织规程》、《车站行车工作细则》有关调车作业的规定;特种车辆和货物的符号标志及相关调车作业规定。

(3)高级调车员

技能要求:能计算线路有效长和容车数,编制调车作业计划,组织一般调车事故救援和对调车事故进行分析,提出整改措施。

相关知识:调车事故分析的基本方法;调车作业计划编制的有关规定;线路有效长及容车数的计算方法。

(4)调车员技师

技能要求:根据日班计划编制车站阶段计划,能对有关调车人员进行作业技术指导,解决调车作业中的疑难问题。

相关知识:日班计划和阶段计划的编制;到达列车的时间和编组内容;线路存车情况和调车机动态的掌握;运输指标分析。

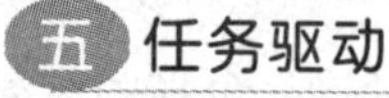

五 任务驱动

任务1 地铁车辆段调车

【任务描述】

图 4-4 所示为某地铁车辆段的部分线路平面图,调车作业计划见表 4-1。组织

车辆段调度员、运转值班员、信号员、调车员、司机等岗位，根据各自的业务规程和作业要求，完成调车任务。

地铁调车作业单　　表 4-1

编号：GDY/TJ-YY-002

机车（客车）号码__________　　班组__________　　第_____号

作业项目	作业时间	序号	股勾车道种数	安全事项及其他交代
		1	L35 调机出	制动系统是否正常 [□是，□否] 悬挂系统是否正常 [□是，□否] 接触网设备是否正常 [□是，□否] 线路、道岔是否正常 [□是，□否] 信号设备是否正常 [□是，□否] 特殊运行速度限制： km/h 以内 调试时驾驶模式： 存车情况：
		2	L29＋2	
		3	L24－1	
		4	L23＋2	
		5	L29－3	
		6	L25＋1	
		7	L22－1	
		8	牵出线待机	
		9		
		10		
		11		
		12		
		13		
		14		
		15		
		16		
		17		
		18		

车辆段调度员：李清　　2010 年 10 月 9 日

调车员/值班员：张维　　确认时间：10:10　　注销时间：

司机/信号员：刘东　　确认时间：10:10　　注销时间：

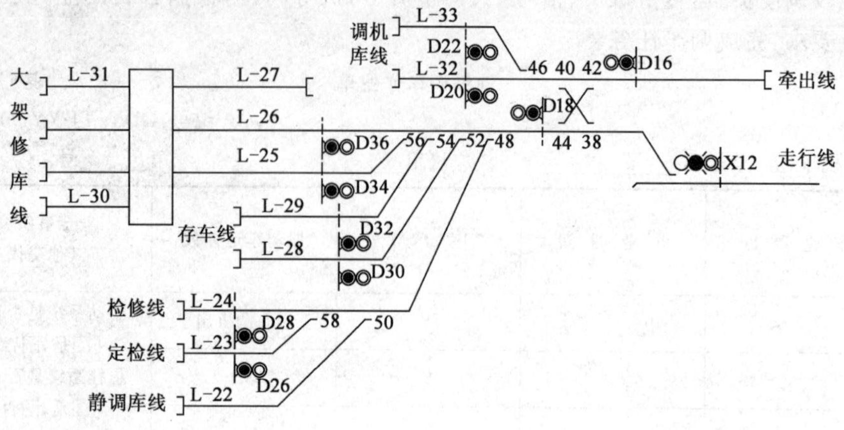

图 4-4　某地铁车辆段部分线路平面图

【职业实景】

图 4-4 所示为地铁车辆段车辆检修线平面示意图，表 4-1 所示为根据车辆检修要求编制的调车作业计划单。

【职业岗位】

车辆段调度员、值班员、调车员、信号员、调车司机岗位需要掌握本任务。

【任务分析】

(一)调车作业动车前

当调车作业计划编制好后，在调车作业前，调车领导人和调车指挥人必须亲自交接，核对现车，交换意见，指出一批调车作业中的重点注意事项，正确理解调车作业的过程和车辆移动的意图和目的。调车长应将调车作业计划、作业方法向调车司机及其他调车人员传达清楚。调车人员应对线路、车辆进行检查，在解体调车作业前，必须确认连接车辆的机械、电路与气路装置已处于拆开状态。调车人员须认真检查各种工具、备品是否足够齐全，携带安全用品，检测无线电台是否通信状态良好。

调车作业前，调车员应充分做好安全预想，核对调车作业计划、现场存车情况、机车车辆状态，确认调车电台(无线对讲机)状态良好，认真检查参与调车作业人员准备情况(是否按规定着装、佩戴防护用品；是否理解、清楚作业计划及安全措施)，并对作业人员进行分工，对线路进行检查，确认进路、车辆底下和上部无障碍物，对车辆进行检查，内容包括车辆防溜措施情况、是否进行技术作业、是否有侵限物搭靠、装载加固是否良好、是否插有防护红牌(红灯)。

(二)调车作业中

调车指挥人根据调车计划规定的出动时间,指挥司机动车执行调车作业。作业中要认真检查停留车的位置和状态,检查防溜措施,认真执行要道还道制度,调车长或调机司机向信号楼值班员要道,信号楼值班员在进路准备妥当后向调车长或调机司机还道。在非集中联锁设备或集中联锁设备因故不能使用时,要道还道制度尤为重要,是调车安全、防止车辆进错股道或发生挤岔事故的重要保障。

由于调车作业涉及因素多,作业中会发生需要变更计划的情况。实践表明,变更调车作业计划常常会因为未传达清楚,使参加调车作业的人员失去准确判断而产生差错,甚至造成事故。因此调车作业中变更计划时,必须按有关规定进行。作业中如出现现车与调车计划不一致时,应及时联系车辆段调度员,做好记录并及时调整调车作业计划。作业中要严格控制调车速度,防止挂重钩或撞坏车辆,调车员要正确及时显示调车信号,司机和调车人员要密切合作,加强与信号楼值班员的联系,减少干扰接发列车的调车。如遇调车与接发列车有冲突时,应及时提前中止调车作业。

(三)调车作业结束

调车作业结束后,调车组应使列车或车辆停于线路警冲标内方,对暂不移动的列车或车辆应按规定采取防溜措施。调车指挥人向调车领导人作汇报,核对现车存车。

【相关知识】

(一)调车工作的定义和分类

调车工作是行车的一项重要工作内容,城市轨道交通日常运输生产除列车运行外,为了列车转线、解体或编组以及取送车辆等需要,列车或车辆在线路上的调动,都属于调车。

城市轨道交通调车作业通常是在折返站和车辆段范围内进行。在折返站主要是利用站内正线、折返线等线路进行调车作业,在车辆段是利用牵出线和车库线、检修线等线路进行调车作业。调车作业的动力除专用的调车机车外,也可以使用轨道牵引车或动车组。城市轨道交通调车按作业目的不同,主要分为转线调车、取送调车、解体调车和编组调车 4 种。其中转线调车是折返站和车辆段常见的调车种类。

(二)调车工作的基本要求

地铁正线运行的列车能否按运行图规定的时间运行、线路通过能力能否充分利用、能否保证行车间隔，很大程度上取决于地铁车辆段调车的组织和调车作业效率。为此，调车工作应达到以下要求：

(1)及时完成调车任务，保证按列车运行图规定的时刻发车，不影响接发列车。

(2)充分运用各种调车设备，采用先进的工作方法，提高调车作业效率。

(3)保证调车作业安全。

为实现上述要求，调车工作必须遵守《技术管理规程》、《行车组织规则》、《车辆段运作手册》等规章中有关调车工作的规定，建立和健全各项必要的工作制度。

(三)调车作业的方法

调车作业由调车钩和调车程两个基本要素构成。

1.调车钩

调车钩是指连挂或摘解一组车辆的作业，是用以衡量调车工作量的一种基本单位。

2.调车程

调车程是指连挂或摘解车辆加减速一次的移动，是分析计算调车作业时间的最小单位。

城市轨道交通由于场地和线路条件限制，大多数是短距离调车，调车程较短。因此调车作业可根据线路设备的具体条件采用加速—制动型、加速—惰行型或是加速—惰行—制动型调车程。

地铁调车采用牵出线平面调车，分为推送调车法和溜放调车法两种。考虑安全和线路条件的限制，通常采用推送调车法，禁止使用溜放调车法。推送调车法是一种将车辆由一股道调移到另一股道，在调动过程中不摘车的调车方法。虽然作业效率较溜放调车法低，勾分较长，但调车作业安全有保障。

(四)调车作业的领导指挥、岗位设置和职责

各地铁公司对调车作业的领导指挥、岗位设置和职责略有不同。本项目以珠三角某地铁公司为例，分析实践调车作业组织和相关规定。

1.调车作业领导

车辆段调车工作由车辆段调度员统一领导，负责根据有关资料科学、合理地编制调车作业计划并监督执行。地铁车辆段调度员职责主要如下。

(1)负责监控车辆段内调车作业的进行情况和监督司机按章作业，确保安全。

(2)接到《车辆转轨申请单》后，与车辆检修调度员明确车辆的状态——制动系统状态、车辆悬挂装置状态、车辆是否已降弓、检修股道的线路是否侵限、是否放置

铁鞋(铁鞋放置的数量及位置)以及是否符合运行速度要求等。

(3)无《车辆转轨申请单》,或检修调度员提供的车辆状态不具备调车(动车)条件,严禁安排调车作业。

(4)在《调车作业单》上必须注明车辆制动系统、车辆悬挂装置状态,以及线路存车情况、放置铁鞋的位置及数量、运行最高速度等安全事项。

(5)向司机/调车员布置转线调车、调试计划时,必须当面传达,并强调安全注意事项。

(6)检修股道需设置或撤除铁鞋时,负责通知检修调度员派人设置或撤除。

(7)在调车作业前,监督落实《调车作业单》上注明要求检查的内容和司机/调车员的执行情况。

(8)调车作业完毕后,向司机/调车员确认车辆的状态:B05 是否切除、是否施加停车制动、是否放置铁鞋(铁鞋放置的位置及数量),并在车辆段线路模拟屏上做好标示。

2. 调车作业指挥

调车作业由调车员单一指挥。调车员根据调车作业计划单,正确及时地显示信号,指挥调机运行,并注意安全。

一般地,调车员是由持有地铁运营公司颁发的《工程车司机驾驶证》的司机担任(特殊情况下包括调度员、派班员、客车司机等),是车辆段内调车作业的现场指挥者,负责组织协调参与调车的作业人员及时完成调车作业,并监控调车作业按计划实施。

调车员/车长职责主要如下。

(1)服从调度指挥,负责车辆段内调车作业的现场指挥工作,正确、及时、安全地指挥机车车辆运行,确保调车作业、工程列车运行安全。

(2)负责作业中的行车安全及作业区域内动车前他人的人身安全。

(3)组织司机正确、准时地完成调车任务。

(4)做好停留车辆的防溜、防护工作。

(5)熟悉车辆段/正线线路、信号、道岔的状况,明确各股道用途及速度规定。

(6)及时向车辆段调度员汇报作业情况,做好相关的记录。

(7)开行工程列车运行中应不断监视运作及货物的装载状态,并负责列车防护、检查、线路出清等工作。

(8)根据行车调度员运输计划,配合司机确保行车安全工作。在正线区间担任运行指挥工作,并做好列车的安全防护。

(9)列车在区间被迫停车后,应迅速判明原因,及时与车站和行车调度员联系,并果断进行妥善处理。

(10)运行时加强与各岗位联系,发现危及行车安全时,及时命令司机停车,确保行车的安全。

(11)接到车辆段调度利用工程车调动电客车的转线调车计划时,主动询问客车的车辆状态:B05 是否切除、制动系统状态、车辆悬挂装置状态、车辆是否已降弓、检修股道的线路是否侵限、是否放置铁鞋(铁鞋放置的位置及数量)等,并听取车辆段调度员布置的相关安全注意事项。

(12)负责向协助作业的客车司机布置、强调安全注意事项,对所调动客车股道线路和车辆走行部进行检查确认。

(13)连挂前负责现场检查,确认已做好防溜措施。

(14)动车前,调车员按检车作业流程图,负责对车辆走行部及线路、限界状况进行彻底检查,并现场检查确认防溜措施已撤除。

(15)调动电客车出库时,调车员与乘务值班员联系并现场确认进路信号机已开放后,在地面指挥工程车司机以 3km/h 的牵引速度出库,并注意车辆运行状态。列车完全出库后,调车员指挥工程车司机停车,登乘前端工程车驾驶室后指令工程车司机继续进行调车作业。推进运行出库时,调车员登乘客车,在运行前端客车驾驶室负责确认进路状况,指挥工程车司机行车。如发现客车有异常(例如速度不受控制的情况),及时采取停车措施。

(16)调动电客车入库时,调车员指挥工程车司机在库门前一度停车,调车员下车检查库内的线路安全后,调车员在机车车辆运行前端步行引导,以限速 3km/h 入库,指挥工程车司机对位(指定位置)停车。

(17)调动电客车到规定的股道及位置停稳后,调车员检查确认客车对好位,做好防溜措施,然后解钩,并指挥工程车司机动车。

一般地,车辆段调车作业由 2 名司机担任,1 名任司机驾驶机车,1 名任调车员指挥调车作业。

3.其他调车作业相关岗位职责

(1)电客车调车班职责

电客车调车班由 1 名具备电客车司机二级以上资格的人员担任,负责车辆段内的电客车转线、调试、备用车的整备及救援列车的开行。

客车司机职责为:根据调车员的信号准确、平稳地操纵机车,时刻注意确认信号,不间断地进行瞭望,正确、及时地执行信号显示要求,负责调车作业安全。

①接到车辆段调度员配合工程车进行转线调车计划时,主动复核客车的状态:B05 是否切除、制动系统状态、车辆悬挂装置状态、检修股道的线路是否侵限、车辆是否已降弓、是否放置铁鞋(铁鞋放置的数量及位置)等,听取车辆段调度员布置的相关安全注意事项。同时,听取调车员的计划传达及相关要求。

②负责对所调动客车停放股道限界、车辆走行部和客车 B05 进行检查并进行停车制动试验。

③配合工程车连挂时，连挂前负责做好防溜措施：施加停车制动、恢复 B05；运用股道客车不能施加停车制动，如无铁鞋防溜时，通知调车员设置铁鞋进行防溜；检修股道客车不能施加停车制动时，提醒调车员确认车辆检修人员设置铁鞋防溜。

④工程车动车前，确认撤除防溜措施：缓解停车制动、切除所有 B05；运用股道客车设置铁鞋进行防溜时，提醒调车员撤除所有的防溜铁鞋；检修股道客车设置铁鞋防溜时，提醒调车员监督车辆检修人员撤除所有的防溜铁鞋，并确认相应线路的出清情况。

⑤牵引出库时，若在客车监控客车状态发现异常，应立即通知工程车司机停车。推进运行出库时，到前端客车驾驶室（运行方向）协助调车员瞭望进路情况，发现异常时立即通知调车员或工程车司机停车。

⑥客车在规定的股道停稳后，确认做好防溜措施。

⑦调车作业完毕后，报告车辆段调度客车的防溜措施情况。

(2)值班员/信号员职责

根据调车作业计划单和现场作业情况、机车车辆停放股道，正确及时地排列调车进路、开放调车信号，做到随时监控机车车辆运行，干一勾划一勾。

(五)调车作业计划的编制、交接、传达及变更

车辆段调度员应根据转轨计划亲自编制《调车计划单》，结合作业特点、车辆段内施工、停电等作业情况，有针对性地制订安全防范措施及注意事项。

1.编制调车作业计划依据

(1)车辆部检修调度提供的车辆检修、调试计划及签认的临时维修计划；

(2)开行工程车计划；

(3)设备主办部门的计划，车站到达车辆的预报；

(4)物资部的车辆装卸情况；

(5)维修调度员提供的维修工程部、承建商动车计划；

(6)车辆部设备车间扣修计划和工程车故障报活单；

(7)其他。

2.《调车作业单》符号含义

(1)勾种代号

挂车“+”、摘车“－”、本线拉前摘车“⊖”、转头“△”、待命“D”、交接“JJ”、加油“JY”、上水“SS”、充电“CD”、清洁“QJ”。

(2)股道代号

运用库股道，如L_1～L_{18}；

检修库、调车机库、材料库、工程车库股道，如L_{24}～L_{37}；

试车线，如试$_{38}$；

洗车线，如洗$_{39}$；

牵出线，如牵$_{40}$、牵$_{41}$、牵$_{44}$；

联络线，如联$_{42}$、联$_{43}$；

调机库线，如机$_1$、机$_2$；

试车线，如试$_3$；

架修/大修库线，如修$_4$～修$_8$；

静调库线，如静$_9$、静$_{10}$；

吹扫除尘线，如尘$_{11}$；

喷漆线，如漆$_{12}$；

走行线，如走$_{14}$、走$_{15}$、走$_{16}$；

工程车库线，如工$_{18}$～工$_{20}$；

材料总库线，如材$_{21}$；

三月检/定修库股道，如定$_{22}$～定$_{25}$；

六日检库线，如检$_{26}$～检$_{31}$；

不落轮镟修线，如镟$_{54}$；

其他代号，如铁鞋"⊿"、手闸"⊕"、木鞋"◢"。

3. 调车作业计划的交接、传达和变更

车辆段调度员应根据作业计划制订安全防范措施及其他注意事项，并亲自向司机/调车员交递和传达，同时向司机/调车员交递书面计划及《车辆转轨（试车）计划》/《调试、试验作业任务书》。司机和调车员应共同确认调车计划内容，确保无误。作业完毕后及时收回《车辆转轨（试车）计划》/《调试、试验作业任务书》。

车辆段调度员用书面（通过传真）或电话（口头计划）向乘务值班员、司机、调车员传达计划时，接受计划的人员须认真复诵，确保清楚无误地掌握计划。各接计划人员接完计划后，需准确向本班人员传达，以确保计划执行到位和充分发挥互控作用。

车辆段调度员编制《调车计划单》时，需考虑周全，避免作业执行过程中变更计划。一旦需变更计划，变更作业不超过三钩时，可以口头方式布置，但须停车传达；接受变更计划的有关人员应复诵，车辆段调度须确认其复诵无误。变更作业超过三钩时，须收回原计划，重新出具书面计划，以确保计划准确。

(六)调车信号显示

1.调车信号机

在车辆段范围内指挥列车或调车的信号以地面信号或手信号为主,对讲机通话为辅。车辆段信号控制室的信号值班员,负责排列车辆段内的调车作业和列车进出车辆段的运行进路。

车辆段内运用线、检修线和其他线均装设有调车信号机。调车信号指示调车车列能否进入该信号机的防护区段或线路进行调车作业。

调车信号机分长遮檐式调车信号机和短遮檐式调车信号机两种。长遮檐式调车信号机一般装设在库外岔群;短遮檐式调车信号机装设在六日检库线内。

高柱调车信号机,装设在牵出线上;半高柱信号机,装设在库检线上;矮柱调车信号机,设置于试车线尽头、运用库内尽头,为单红显示,禁止越过。

调车信号的显示方式如下:

(1)蓝灯/红灯——禁止越过该信号机调车。

(2)月白灯——准许越过该信号机调车。

广州地铁1号线进/出西朗车厂的调车信号显示,如表4-2、表4-3所示。

进入车厂高柱四显示信号方式 表4-2

序　号	信号灯显示	行车指示	备　注
1	黄灯	允许进车厂	
2	红灯	停止(禁止越过)	
3	黄/红灯	引导进车厂	黄、红灯位间设空灯位
4	月白灯	允许调车	只限于1号线西朗方向

出车厂矮柱三显示信号方式 表4-3

序　号	信号灯显示	行车指示	备　注
1	黄灯	允许出车厂	
2	红灯	停止(禁止越过)	
3	月白灯	允许调车	

2.调车手信号

地铁相关信号显示方式如表4-4~表4-8所示。其中音响信号,长声为2s,短声为0.5s,间隔为1s;重复鸣示时,须间隔5s以上。显示信号时,应严肃认真,做到位置适当,正确及时,横平竖直,灯正圈圆,角度准确,段落清晰。

手持信号旗的人员,应左手拿拢起的红旗,右手拿拢起的绿旗。

列车运行通用手信号 表 4-4

序号	手信号类别	显示方式	
		昼间	夜间
1	停车信号:要求列车停车	展开的红色信号旗,无红色信号旗时,两臂高举头上,向两侧急剧摇动	红色灯光,无红色灯光时,用白色灯光上下急剧摇动
2	紧急停车信号:要求司机紧急停车	展开的红旗下压数次,无信号旗时,两臂高举头上,向两侧急剧摇动	红色灯光下压数次,无红色灯光时,用白色灯上下急剧摇动
3	减速信号:要求列车降低速度运行	展开的黄色信号旗,无黄色信号旗时,用绿色信号旗下压数次	黄色信号灯光,无黄色灯光时,用白色或绿色灯光下压数次
4	发车(指示)信号:要求司机发车	展开的绿色信号旗上弧线向列车方面做圆形转动	绿色灯光上弧线向列车方面做圆形转动
5	通过手信号:准许列车由车站通过	展开的绿色信号旗	绿色灯光
6	引导信号:准许列车进入车站或车厂	展开的黄色信号旗高举头上左右摇动	黄色灯光高举头上左右摇动
7	降弓信号	左臂垂直高举,右臂前伸并左右水平重复摇动	白色灯光上下左右重复摇动
8	升弓信号	左臂垂直高举,右臂前伸并上下重复摇动	白色灯光做圆形转动
9	好了信号:进路开通、某项作业完成的显示	用拢起信号旗做圆形转动	白色灯光做圆形转动

调车专用手信号 表 4-5

序号	调车手信号类别	显示方式	
		昼间	夜间
1	停车信号	展开的红色信号旗,无红色信号旗时,两臂高举头上,向两侧急剧摇动	红色灯光,无红色灯光时,用白色灯光上下急剧摇动
2	减速信号	展开的绿色信号旗下压数次	绿色灯光下压数次
3	指挥列车或车辆向显示人方向来的信号	展开的绿色信号旗在下方左右摇动	绿色灯光在下方左右摇动
4	指挥列车或车辆向显示人反方向去的信号	展开的绿色信号旗上下摇动	绿色灯光上下摇动
5	指挥列车或车辆向显示人方向稍行移动的信号(包括连挂)	左手拢起红色信号旗直立平举,右手展开的绿色信号旗在下方左右小摆动	绿色灯光下压数次后,再左右小动

续上表

序号	调车手信号类别	显示方式	
		昼间	夜间
6	指挥列车或车辆向显示人反方向稍行移动的信号(包括连挂)	左手拢起红色信号旗直立平举,右手展开的绿色信号旗在下方上下小动	绿色灯光平举上下小动
7	三、二、一车距离信号	右手展开的绿色信号旗下压三、二、一次	绿色灯光平举下压三、二、一次
8	连挂作业	两臂高举头上,拢起的手信号旗杆成水平末端相接	红、绿色灯光(无绿色灯用白色灯光代替)交互显示数次
9	试拉信号(连挂好后试拉)	按本表第 5 或第 6 项的信号显示,当列车起动后立即显示停车信号	
10	取消信号:通知前发信号取消	拢起的手信号旗,两臂于前下方交叉后,左右摇动数次	红色灯光做圆形转动后,上下摇动

客车、车组、工程车、轨道车等的鸣示信号 表 4-6

序号	名称	鸣示方式	使用时机
1	起动注意信号	一长声 —	①调试列车在正线或工程车起动及机车车辆前进时。 ②客车接近没有屏蔽门的车站、工程车及调试列车接近车站时,工程车进出隧道口前、施工地点时,列车看到黄色手信号、引导手信号时,天气不良时。 ③客车在检修及整备中,准备降下或升起集电弓时
2	退行信号	二长声 — —	客车、机车车辆、单机开始退行时
3	召集信号	三长声 — — —	要求防护人员撤回时
4	警报信号	一长三短声 — ···	①发现线路有危及行车安全的不良处所时。 ②列车发生重大、大事故及其他需要救援情况时
5	试验自动制动机复示信号	一短声 ·	①试验制动机开始减压时。 ②接到试验制动结束的手信号,回答试风人员时。 ③调车作业中,表示已接受调车员所发出的信号时
6	缓解信号	二短声 ··	试验制动机缓解时
7	紧急停车信号	连续短声 ······	司机发现邻线发生障碍,向邻线上运行的列车发出紧急停车信号时(邻线列车司机听到后,应立即紧急停车)

口 笛 鸣 示 信 号 表 4-7

序号	工 作 项 目		鸣 示 方 式	
1	发车、指示机车向显示人反方向移动		一长声	—
2	指示机车向显示人方向移动		一短一长声	•—
3	指示发车		一长一短声	—•
4	制动机减压		一短声	•
5	制动机缓解		二短声	••
6	一道		一短声	•
7	二道		二短声	••
8	三道		三道声	•••
9	四道		四短声	••••
10	五道		五短声	•••••
11	六道		一长一短声	—•
12	取消		二长一短声	— —•
13	再显示		二长二短声	— —••
14	列车接近通报信号	上行	二长声	— —
		下行	一长声	—
15	停车信号		连续短声	••••••

徒 手 信 号 表 4-8

序号	徒手信号类别	显 示 方 式
1	紧急停车信号(含停车信号)	两手臂高举头上,向两侧急剧摇动
2	三、二、一车信号	单臂平伸后,小臂竖直向外压直,反复三次为三车、二次为二车、一次为一车
3	连挂信号	紧握两拳头高举头上,拳心向里,两拳相碰数次
4	试拉信号	如本表第 5 或第 6 项,当列车刚起动马上给停车信号(本表第 1 项)
5	向显示人方向稍行移动	左手高举直伸,右手平伸,小臂左右摇动
6	向显示人反方向稍行移动	左手高举直伸,右手向下斜伸,小臂上下摇动
7	发车(指示)信号(好了信号)	单臂向列车运行方向上弧圈做圆形转动

3.试验列车自动制动机手信号

(1)制动

昼间——用拢起的信号旗高举头上。

夜间——白色灯高举。

(2)缓解

昼间——用拢起的信号旗在下部左右摇动。

夜间——白色灯光在下部左右摇动。

(3)试验完了(或其他作业完成的显示)

昼间——用拢起的信号旗做圆形转动。

夜间——白色灯光做圆形转动。

(七)调车速度的控制

调车速度控制是安全、迅速、准确完成调车作业的关键,是调车安全的重点环节。调车司机必须严格按照有关规程限制速度,按调车指挥人的信号显示要求操纵机车,在任何情况下,不准超速作业。

调车指挥人除了注意观速、观距,正确及时地显示信号外,还要准确掌握速度,不准超过规定,当发现司机超速危及安全时,必须立即显示停车信号。

进行调车作业时,应根据不同种类调车作业的特点,准确掌握调车速度。遇瞭望困难或天气不良时,应适当降低速度;在尽头线上调车时,距车挡应有一定的安全距离;遇特殊情况必须进入安全距离内进行调车作业时,要严格控制速度,确保安全。有关调车速度限制见表4-9。

调车速度限制　表4-9

序号	项目	速度(km/h)	说明
1	空线牵引运行	25	
2	空线推进运行	15	
3	调动装载超限货物的车辆时	10	
4	在尽头线调车时	10	
5	在维修线调车时	10	
6	在运用库内停车线调车时	10	
7	货物线上对位时	3	
8	接近被连挂车辆三、二、一车时	8、5、3	
9	接近被连挂车辆或尽头线10m区时	3	

(八)调车电台的使用及标准用语

车辆段通信系统包括电话、无线电通信和有线广播、无线调车系统。无线调车系统除有对讲功能外,同时还具备信号显示和辅助语音提示功能。无线调车设备由机车控制器、调车员(车长)手控机、连接员手控机、调车区长台4部分组成。机车控制器具有信号显示和辅助语音功能,配属司机专用;调车员手控机具有对讲、控制信号显示功能(调车员或车长使用);连接员手控机具有对讲和紧急停车功能(车厂调度员及参与调车作业人员使用);调车区长台为无线调车设备主要部分,具有通信发射、接收及对讲功能(固定安装信号楼),由乘务值班员控制使用。

无线调车专用电台适用于车辆段内调车作业和正线工程车推进运行时的现场指挥,严禁其他与调车作业无关人员使用或挪作他用。正常情况下,使用无线调车专用电台指挥调车作业,该设备发生故障时,改用手信号指挥调车作业。

1. 无线调车电台的使用要求

(1)操作人员必须掌握无线调车专用电台性能和使用方法,严格按规定操作,必须妥善保管、爱护使用。发生设备故障或损坏时,应及时告知车厂调度员,办理更换签认。

(2)车厂调度员须按功能派发相应无线调车专用电台,即调车员领取调车员手控机,司机领取机车控制器,其他调车人员领取连接员手控机。

(3)无线调车专用电台由车厂调度员按《无线调车设备安装使用指南》有关操作规程保管及常规维护(调车区长台由乘务值班员保管)。

(4)使用无线调车专用电台对讲时,必须用普通话,做到吐字清晰,内容清楚,在双方明白对讲内容后方可中断通话。

(5)严禁用无线调车专用电台谈与工作无关的事。

2. 无线调车电台的操作

无线电台调车员指令、连接员无线电台指令、调车作业标准用语见表4-10~表4-12。

无线电台调车员指令 表4-10

项目	按键方式	显示方式	辅助语音	指令含义
1	红	红灯	停车、停车	停车信号;激活司机控制器
2	绿+绿	绿灯亮	推进、推进	起动、推进信号
3	绿	绿灯闪亮数次后熄灭	起动、起动	牵出、单机起动信号
4	绿+红	绿红灯交替闪亮后绿灯亮	连接、连接	连接信号
5	黄+黄	黄灯闪亮后绿灯亮	减速、减速	减速信号
6	黄(1.5s)	黄灯亮	三车、三车	三车信号
7	黄(0.5s)	黄灯亮	二车、二车	二车信号
8	黄(0.5s)	黄灯亮	一车、一车	一车信号
9	黄(0.5s)	黄灯亮	减速、减速	减速信号(紧接一车信号后)
10	黄+绿	黄灯长亮	二车、二车	直发二车信号
11	黄+红	黄灯长亮	一车、一车	直发一车信号
12	无测机车信号时,黄(1.5s)	无显示		呼叫信号楼
13	有测机车信号时,PTT+红	仍为原显示信号		呼叫信号楼

连接员无线电台指令

表 4-11

项目	按键方式	显示方式	辅助语音	指令含义
1	红(0.5s)	一个红灯亮	紧急停车	紧急停车信号
		两个红灯亮	报连接员号码	
2	黄(1s)	一个红灯亮(一个红灯灭)	报连接员号码及解锁	解锁信号

调车作业标准用语

表 4-12

项目	作业含义	标准用语	说明	项目	作业含义	标准用语	说明
1	呼叫调车作业人员	“××(姓名)”		12	牵出前须提钩	“提钩好”	同上
2	调车作业人员回答	“××有”		13	要求减速	“减速”	同上
3	确认调车进路开通	“×道开通”	司机鸣笛回示	14	要求鸣笛	“鸣笛”	同上
4	向有车线挂车推进	“×道开通连挂”	同上	15	要求试拉	“试拉”	然后按规定给信号
5	向空闲推进	“×道开通推进”	同上	16	转线快过岔报距离	“再走×车(m)”	同上
6	三车信号	“三车”	同上	17	连挂妥当 连接风管	“挂妥” “接管”	同上
7	二车信号	“二车”	同上	18	线路检查准备妥当	“×道可以挂车”	同上
8	一车信号	“一车”	同上	19	送车对位妥当	“对位好”	
9	停车信号	“停车”	同上	20	一度停车后挂车	“×m挂车”	给绿十红灯
10	牵出前无须提钩	“牵出”	同上	21	向乘务值班员请求原路折返作业	“信号楼×道折返作业”	由调车员负责请求
11	车列整列起动	“起动好”	同上	22	挂距土挡(车挡)不足10m的车组	“离土挡(车挡)×m”	司机鸣笛回示

【任务实践】

根据调车作业计划,完成车厂内调车作业组织。

(一)调车作业的工作过程

1.提交与实施调车计划

(1)调车计划提交

①所有需要开行电客车配合的施工/检修、培训、试车线调试作业等,均需以书面形式(即填写《电客车转轨计划单》或《工程机车、平板车转轨需求计划单》)由检修调度员或作业负责人向车厂调度员提报。提报的《电客车转轨计划单》或《工程机车、平板车转轨需求计划单》需真实、准确。

②已书面提报转轨计划的机车车辆,检修调度员或作业负责人需确认该机车车辆符合动车条件,同时转轨相关检修股道,检修调度员需组织确认具备转轨条件才能提报《电客车转轨计划单》或《工程机车、平板车转轨需求计划单》。

③转轨计划需尽可能提前提报车厂调度,具体需要做到:

a.计划性维修、调试、改造的调车作业至少提前4h。

b.临时维修的调车作业或调试至少提前2h。

c.故障抢修的调车转线作业或其他转线作业至少提前1h。

d.需工程车配合调动的车辆,调车转线作业计划至少提前3h。

e.因检修作业需增派司机配合的,检修调度员须做好书面计划,于计划实施前1d交车厂调度员,以避免派班员无法及时安排人员配合。

(2)调车计划实施

①车厂调度员接到转轨计划后,及时组织有关岗位人员在要求时间内完成作业。原则上凭自身动力的调车转线作业于车厂调度发出《调车作业单》60min内完成;需工程车配合调动客车的调车转线作业于车厂调度发出《调车作业单》90min内完成。

②由于特殊原因,不能及时编制或派出《调车作业单》,车厂调度员应知会相关调度并说明原因。

③车厂调度员应根据转轨计划亲自编制《调车计划单》,结合作业特点、车厂内施工、停电等作业情况,有针对性地制订安全防范措施及注意事项。

④车厂调度员向乘务值班员、司机、调车员传达计划时,接受计划的人员须认真复诵,确保清楚无误地掌握计划。

⑤各接受计划人员接完计划后,需准确向本班人员传达,以确保计划执行到位和充分发挥互控作用。

⑥车厂调度员编制《调车计划单》时，需考虑周全，避免作业执行过程中变更计划。一旦需要变更计划，变更作业不超过三钩时，可以口头方式布置，但须停车传达；接受变更计划的有关人员应复诵，车厂调度员须确认其复诵无误。变更作业超过三钩时，须收回原计划，重新出具书面计划，以确保计划准确。

2. 调车动车凭证

车站按照调车计划，通过 LOW 操作道岔并单独锁定后，向司机发出道岔开通位置及动车的指令；需现场手摇道岔人工办理进路时，向司机发出道岔“好了”手信号为动车指令。

3. 确认进路

单机或牵引运行时，前方进路由司机和调车员共同确认；推进运行时，由调车员确认。

4. 处理车辆

(1)摘车时，应执行一关(关折角塞门)、二摘(摘风管)、三提钩的作业程序。

(2)摘接风管、调整钩位、处理钩销时，应等待车辆、车列停妥，并向司机显示防护信号。

(3)调整钩位、处理钩销时，不要探身到两钩之间。

(4)使用折叠式手闸，须在停车时竖起闸杆，确认方套落下，月牙板关好，插销上好后方可使用，注意检查手闸链条良好。

5. 连挂车辆

(1)连挂车辆，调车员应显示连挂信号和距离信号三、二、一车(三车 66m，二车 44m，一车 22m)，没有显示连挂信号和距离信号不准挂车。

(2)机车、车组接近被连挂车辆不少于 1m 时一度停车，确认车钩位置正确后再连挂。

(3)单机连挂车辆不需显示距离信号，但在距存放车辆不少于 1m 时应一度停车，凭调车员手信号挂车。

6. 显示调车信号

调车员应在调车正面正确、及时地显示信号，司机应认真、不间断地确认信号，并鸣笛回示。没有调车员的起动信号禁止动车；没有鸣笛回示时，调车员应立即显示停车信号。信号显示错误或不清时，司机应立即停车。

7. 推进运行

调车作业推进运行或连续连挂超过 3 个车时，应进行试风。调动平板车，重车超过 2 辆或空车超过 4 辆时必须连接风管。

8. 镟轮作业调车

(1)客车进行镟轮线作业时，原则上只能利用工程车连挂调动转线，推进进入镟轮线对标停车。若客车自身有牵引动力，运行到镟轮线平交道前的"一度停车标"前停车，客车司机施加停车制动并降下受电弓，车厂调度员通知检修调度员，检修调度员接到通知后于10min内用镟轮牵引车将客车拉进库内停放。

(2)工程车调动客车作业过程中，进入镟轮线限速3km/h，对位停车后，工程车调车员在客车两端设置铁鞋，做好防溜措施后解钩，工程车按调车计划离开镟轮线，交由车辆人员进行镟轮作业。

(3)往镟轮线取客车时，客车必须在库内对标停放，检修调度员应提前对镟轮线的客车进行检查，确保客车恢复至正常的状态，恢复所有车的B07，施加停车制动(在停车制动不能施加时设置铁鞋防溜)，并在《电客车转轨计划单》中注明。

(4)工程车进入镟轮线进行连挂客车前，调车员应对客车的状态进行检查，确认列车做好防溜措施且无异物侵入限界，工程车连挂客车后，调车员撤除防溜措施即可指挥司机动车。

(5)工程车连挂客车进出镟轮线时，必须调至走行线进行换端，将客车调动至相应的股道后方可离钩。

(6)车厂调度员在取、送客车作业过程中，需到现场监控司机作业，发现异常或设备故障时应立即制止动车，落实安全措施后再布置动车计划。

9. 超高、超限机车车辆作业

超高、超限机车车辆需要进行作业时，由主办部门制订方案并报技术部、安全稽查部审批，具体按实施方案执行。超高机车车辆运行进路的接触网需根据超高程度办理停电，按相关安全措施做好安全防护。

10. 在尽头线上调车

在尽头线上调车时，进入尽头线车挡前25m应限速3km/h。距线路终端应有10m安全距离，遇特殊情况调车员与司机应在接近10m时加强联系，严格控制速度，做好随时停车准备。

11. 调车通过平交道口

调车车列在车厂内通过平交道前，应一度停车，瞭望平交道是否有障碍物或行人，确认安全后方可继续通过平交道。

12. 调动无动力客车

调动无动力客车时，应确认气制动和停车制动全部缓解，运行中保持车辆主风缸风压不低于4.5×10^5Pa，客车司机与调车员加强联系，共同确认车辆制动状态。

13.越出厂界调车

越出车厂界限调车时，应得到行车调度员同意，相邻站承认后方可办理，司机凭书面行车调度员命令越过厂界信号机。无行车调度员命令时禁止越出厂界调车。出/入车厂线坡度为35‰的下坡道时，禁止办理越出厂界调车。

(二)工程车调动有电有气的电客车作业流程

1.连挂前

按照计划，客车司机、工程车司机分别按照相关程序整备好列车。客车司机激活驾驶台，施加客车停车制动、保留连挂端车辆的气制动(其他车辆的 B05 均切除)；把连挂端客车的 W03、W05 关闭，并确保连挂端自动车钩状态良好，等待工程车的到来。

2.连挂

(1)工程车按要求驾驶列车到达客车 2m 前一度停车。

(2)调车员联系客车司机确认客车防溜措施情况，并确认客车驾驶室“停车制动施加”灯和“气制动施加”灯亮。

(3)调车员确认工程车已关闭主风管折角塞门，得到客车司机的连挂允许后，指挥工程车司机以限速 3km/h 进行连挂。

(4)连挂后，调车员、客车司机共同确认车钩显示器显示正常，调车员指挥工程车司机进行试拉，并确认良好。

3.调动

(1)客车司机缓解停车制动，切除连挂端车辆的 B05，并确认所有防溜措施已撤除，通知调车员。

(2)客车司机确认客车驾驶室“停车制动缓解”灯和“气制动缓解”灯亮，确认列车所有防溜措施撤除。

(3)客车司机留守在客车驾驶室，调车员指挥工程车推进或牵引运行(推进运行时调车员在运行前端客车驾驶室，牵引运行时调车员在工程车上协助瞭望)。

(4)按规定速度运行，把客车调至指定的股道。

4.解钩

(1)工程车把电客车调动到指定的股道和指定位置停稳。

(2)客车司机施加停车制动，恢复连挂端车辆的 B05，并通知调车员。

(3)调车员确认客车驾驶室“停车制动施加”灯和“气制动施加”灯亮，通知客车司机解钩。

(4)客车司机按压“解钩”按钮或人工操作拉环解钩，并确认车钩显示器显示解钩状态，通知调车员。

(5)调车员确认已解钩(车钩显示器显示解钩状态)，通知工程车离钩。

(6)工程车离钩后确认车钩状态良好，并按计划调回指定股道。客车司机恢复客车的所有 B05。

(三)工程车调动无电有气或有电无气或无电无气的电客车作业流程

1. 连挂前

按照计划，客车司机、工程车司机分别按照相关程序整备好列车。客车司机施加客车停车制动、保留连挂端车辆的气制动(其他车辆的 B05 均切除)，或确认设置铁鞋防溜；把连挂端客车的 W03、W05 关闭，并确保连挂端自动车钩状态良好，等待工程车的到来。

2. 连挂

(1)工程车按要求驾驶列车到达客车 2m 前一度停车。

(2)调车员联系客车司机确认客车防溜措施情况，并确认客车轮对上的叠式闸瓦已施加(现场用手拉闸瓦拖把，紧固为施加)，或确认铁鞋已设置。

(3)调车员确认工程车已关闭主风管折角塞门，得到客车司机的连挂允许后，指挥工程车司机以限速 3km/h 进行连挂。

(4)连挂后，调车员、客车司机共同确认车钩显示器显示正常，调车员指挥工程车司机进行试拉，并确认良好。

3. 调动

(1)客车司机切除连挂端车辆的 B05，手动缓解客车所有停车制动，并确认所有防溜措施已撤除(设置铁鞋时通知调车员撤除铁鞋)，通知调车员。

(2)调车员确认列车所有防溜措施已撤除(现场每个轮对确认，用手拉闸瓦拖把，松动为缓解)，设置铁鞋时撤除铁鞋(检修股道确认车辆人员撤除)。

(3)客车司机留守在客车驾驶室，调车员指挥工程车推进或牵引运行(推进运行时调车员在运行前端客车驾驶室，牵引运行时调车员在工程车上协助瞭望)。

(4)按规定速度运行，把客车调至指定的股道。

4. 解钩

(1)用工程车把电客车调动到指定的股道和指定位置停稳。

(2)调车员设置铁鞋防溜(检修股道确认车辆人员设置)，并通知客车司机和工程车司机。

(3)客车司机确认防溜措施已设置，通知调车员可以解钩。

(4)客车司机人工操作拉环解钩，并确认车钩显示器显示解钩状态，通知调车员。

(5)调车员确认已解钩(车钩显示器显示解钩状态)，通知工程车离钩。

(6)工程车离钩后确认车钩状态良好，并按计划调回指定股道。客车司机恢复客车的所有 B05。

(四)无调车专用电台的情况下，工程车调动电客车的作业流程

无调车专用电台或故障时，原则上工程车不调动电客车。特殊情况下需要调动电客车时，可按以下执行。

(1)无调车专用电台或故障时严禁调动大列编组的客车。

(2)调动小编组客车时，采用手信号调车，必须使用对讲机联系作为辅助信号。调车组(包括工程车司机)必须有 3 人，由 1 名调车员、1 名中转连接员(由客车司机或车厂调度员担当)组成。调车员站在靠近司机侧，直接向司机显示信号。

(3)工程车司机按照调车员的手信号，负责正确、及时地操作机车，准确行车，发现异常时及时采取措施停车，确保调车作业安全。

(4)调车员负责指挥工程车司机驾驶作业，协调、组织连接员作业，是调车作业现场的单一指挥者。作为安全最后把关者，调车员必须严格按照本标准和调车作业单正确、及时地显示手信号指挥工程车动车，确保调车作业行车、人身安全。

(5)连接员负责检查线路的状态(包括是否有其他设备侵入限界)、车辆的防溜措施(铁鞋的取放)，以及向调车员发出正确的指令(包括显示信号)。

(6)连接员负责客车气制动的缓解和施加，确认车辆的技术状态是否良好，以及在工程车推进运行时负责及时、正确地向调车员发出手信号。

(五)工程车调动客车的作业流程

1.电客车有电有气(蓄电池电压≥85V，主风压力≥5×10^5Pa)

(1)连挂动车前(图 4-5)

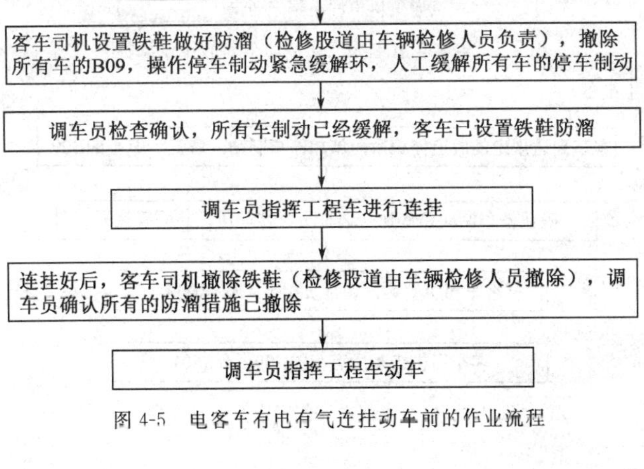

按《配合工程车调动客车检查流程》检查列车

↓

客车司机设置铁鞋做好防溜（检修股道由车辆检修人员负责），撤除所有车的B09，操作停车制动紧急缓解环，人工缓解所有车的停车制动

↓

调车员检查确认，所有车制动已经缓解，客车已设置铁鞋防溜

↓

调车员指挥工程车进行连挂

↓

连挂好后，客车司机撤除铁鞋（检修股道由车辆检修人员撤除），调车员确认所有的防溜措施已撤除

↓

调车员指挥工程车动车

图 4-5　电客车有电有气连挂动车前的作业流程

(2)解钩(图 4-6)

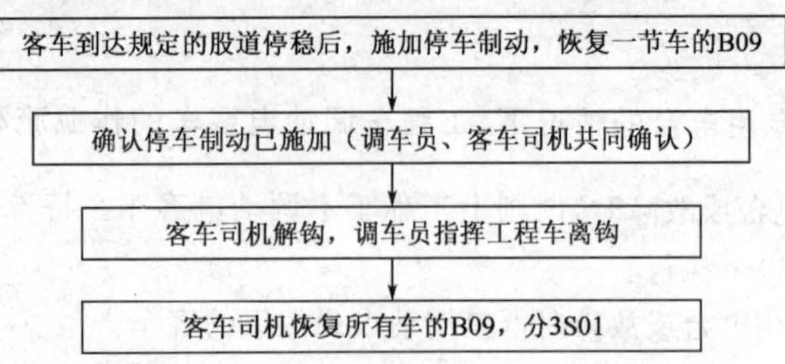
客车到达规定的股道停稳后，施加停车制动，恢复一节车的B09

确认停车制动已施加（调车员、客车司机共同确认）

客车司机解钩，调车员指挥工程车离钩

客车司机恢复所有车的B09，分3S01

图 4-6 电客车有电有气解钩的作业流程

2.电客车有电无气(蓄电池电压≥85V,主风压力<5×10^5Pa)

(1)连挂动车前(图 4-7)

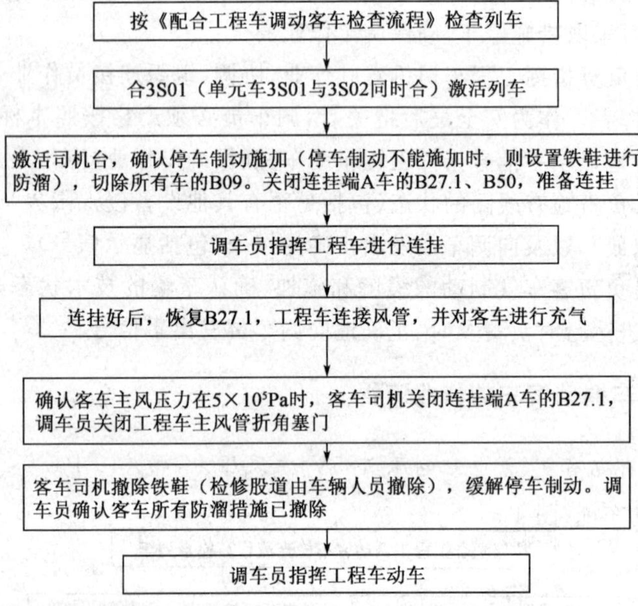
按《配合工程车调动客车检查流程》检查列车

合3S01（单元车3S01与3S02同时合）激活列车

激活司机台，确认停车制动施加（停车制动不能施加时，则设置铁鞋进行防溜），切除所有车的B09。关闭连挂端A车的B27.1、B50，准备连挂

调车员指挥工程车进行连挂

连挂好后，恢复B27.1，工程车连接风管，并对客车进行充气

确认客车主风压力在5×10^5Pa时，客车司机关闭连挂端A车的B27.1，调车员关闭工程车主风管折角塞门

客车司机撤除铁鞋（检修股道由车辆人员撤除），缓解停车制动。调车员确认客车所有防溜措施已撤除

调车员指挥工程车动车

图 4-7 电客车有电无气连挂动车前的作业流程

(2)解钩(图 4-8)

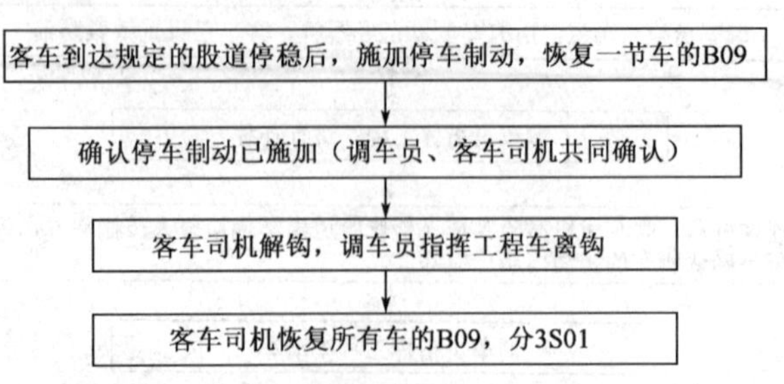
客车到达规定的股道停稳后，施加停车制动，恢复一节车的B09

确认停车制动已施加（调车员、客车司机共同确认）

客车司机解钩，调车员指挥工程车离钩

客车司机恢复所有车的B09，分3S01

图 4-8 电客车有电无气解钩的作业流程

3. 电客车无电有气或无电无气(蓄电池电压≤85V,主风压力≥或≤4.5×10^5 Pa)

(1)连挂动车前(图 4-9)

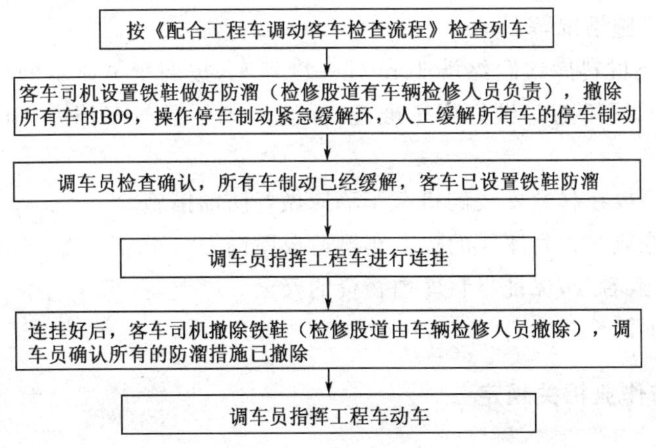

图 4-9 电客车无电有气或无电无气连挂动车前的作业流程

(2)解钩(图 4-10)

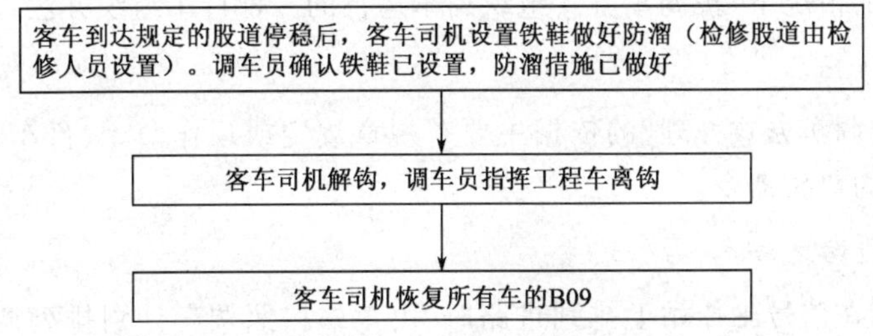

图 4-10 电客车无电有气或无电无气解钩的作业流程

(六)机车进出库线作业流程

(1)车厂调度员应根据计划及时出清进出库线进路的机车车辆,并通知材料库相关人员对材料库线进行检查(包括开启材料库线大门并加固状态,检查线路情况,及时清走侵限物品),确保具备行车条件。

(2)进出材料库线在两个库门前均需要一度停车,调车员下车确认工程车库南端库门及材料库库门的开启及加固状态,并确认两库门之间的平交道口是否有障碍物或行人通过,并站在两库门之间显示信号指挥司机动车,以限速 3km/h 进出。

(3)调车员负责检查库内线路状态、货物及设备堆放状况，通知有关人员停止影响调车作业的工作和撤销防护标志。

(4)在材料库取送机车车辆时检查车辆装载货物的加固状态、车门及侧板是否关闭好、防溜措施情况等。

(5)运行至材料库线距终端10m处一度停车，按调车员显示的信号进行对位(限速1km/h)，司机随时做好停车准备，保证停车位置与车挡有3m以上的安全距离。

(6)需要停放在材料库线的机车车辆应做好防溜措施。

(7)如果停放在材料库线的机车车辆造成库门无法正常关闭，应及时通知材料库相关人员派人看守，保证材料库内物资的安全。

【拓展知识】

(一)调车作业相关规定

1.正线"按调车方式办理"行车

"按调车方式办理"是指列车在行车调度员管辖的线路上运行，列车有目的地由一条线路转到另一条线路时，车站(车厂)在不能直接向接车的车站(厂)办理行车闭塞手续的情况下，按调车方式组织列车运行的一种行车组织办法。

2.办理依据

正线"按调车方式办理"的依据主要有规章规定或运作命令、行车补充方案及行车调度员的口头命令。

3.办理进路方法

(1)当能在信号工作站上排列进路时，由车站按照调车计划排列调车进路，司机凭地面信号和车站指令动车。

(2)当不能在信号工作站上排列进路，但道岔可以在信号工作站上操作"转换道岔"命令，并对进路上的道岔钩锁时，办理站确认进路上的所有道岔位置正确后，向司机发出进路准备好及动车的指令。

(3)当只能人工现场准备进路时，车站按照调车计划，人工办理进路并钩锁道岔，办理人员确认进路上的所有道岔位置正确后，向司机发出道岔开通手信号的动车指令。

(4)车厂信号联锁故障时，车厂以调车方式办理列车进出车厂。

4.进出车厂信号机显示不正常时按调车作业办理的规定

(1)进车厂信号机黄灯没显示

确认接车线空闲后，开放调车信号锁闭接车进路，用无线调度电台通知司机凭地面调车信号进车厂;如果调车信号没显示(或没有调车信号),应接通光带确认进路道岔位置正确,并逐个锁闭进路上的所有道岔,开放引导信号接车;如果引导信号开放不了,则派人到现场人工引导接车。

(2)出车厂信号机黄灯没显示

联锁设备、控制台上监督器作用良好时,确认进路空闲后,开放调车信号锁闭发车进路,用无线调度电台通知司机凭调车信号出厂。

5.站后折返按调车作业办理的规定

当AR模式失效或没有自动折返设备站后折返时,按调车方式办理,司机凭车站道岔开通信号动车,司机与车站确认线路安全及道岔位置正确后,进行折返作业。

6.两列客车或机车在同一线路上同时作业的规定

组织两列客车或机车在同一股道作业时,应通知一列客车或机车在指定位置停机(客车降弓)待令,向另一列客车或机车司机布置安全注意事项及存车位置情况后,再开放防护信号机放行该客车或机车到指定位置停止作业。

7.调车信号机故障时作业的规定

调车信号机故障不能开放,应越过关闭的信号机时,调车员得到乘务值班员通知,确认进路开通后方可领车越过该信号机。如果信号机开放后熄灭(或瞬间熄灭)、信号显示错误或不清,要立即停车向乘务值班员汇报,待重新开放信号正常后或者等信号楼单独锁定进路上的道岔,按越过关闭的信号机执行。

8.取消调车信号的规定

调车信号机开放后,需要取消时,乘务值班员应通知司机及调车员,并得到应答确认列车停车或未动车后,方可关闭信号机。

9.车辆停留、防溜及止轮器存放的规定

(1)联络线、牵出线、洗车线(接发列车时除外)、试车线、咽喉道岔区,禁止停放机车车辆,其他线路存放车辆时,应经车厂调度员同意方可占用。机车车辆应停在线路两端信号机内方。

(2)工程机车车辆、轨道车停放在带电区时,应在上车顶扶梯处挂"高压电,禁止爬上"标志牌。

(3)平板车及机车停放在线路上不再调车时,应连挂在一起,并须拧紧两端手闸,放置铁鞋。因装卸设备需要不能连挂在一起时,应分组做好防溜,中间车组拧紧手闸,两端放置铁鞋。

(4)客车在停车库停留时,应施加停车制动(在停车制动不能施加时设置铁鞋防溜)。

(5)调车作业，应做到摘车时先做好防溜(电客车应施加停车制动，工程车拧紧手闸，必要时放置铁鞋)再摘车；连挂时，挂妥后再撤除防溜。

(6)铁鞋应统一放置于调车正面(规定线路西侧为调车正面)的车轮下。

(7)在运用库安放 3 个铁鞋箱，每个铁鞋箱放置 10 只铁鞋，各类型机车上各放置 2 只铁鞋。

(8)撤除防溜后，铁鞋应及时放归原位。

(9)铁鞋使用情况及存放地点铁鞋数量应在交接班时交接清楚。

10.机车车辆移动中禁止的行为

在平板车的侧板或端板、支架上坐立；站在车梯上探身过远；在装载易于移动货物的车辆间和货物空隙间站立或坐卧；骑坐车帮，跨越车辆；进入线路内摘管或调整钩位；在机车前后端坐立；作业中吸烟，班前饮酒。

11.一度停车

一度停车是为了保证机车车辆在连挂时能控制速度，避免由于人员或意外情况造成调车冲撞事故的调车作业办法。虽然一度停车延长了作业时间，但在一些特殊的线路、关键位置或机车车辆作业时是必要的，因此调车作业在下列情况之一时，必须一度停车：

(1)挂车前。

(2)进出库门前。

(3)平交道口前。

(4)遇“一度停车标”时。

12.禁止调车的情况

由于线路设备或人员的限制，不完全具备调车作业的条件时盲目调车不但会耽误列车运行，甚至会造成事故的发生导致人员伤亡，设备损坏。因此，调车作业有一定的限制，遇下列情况禁止调车：

(1)设备或障碍物侵入线路设备限界。

(2)禁止提活钩，溜放调车作业。

(3)客车转向架液压减振器被拆除并且空气弹簧无气。

(4)禁止两组车组或列车同时在同一条股道上相对移动。

(5)机车车辆制动系统故障影响到行车安全。

(6)有维修人员正在机车车辆上作业影响行车或机车车辆两端车钩处挂有“禁止动车”警示牌。

(7)机车车辆底部悬挂装置脱落。

(8)客车停放股道接触网挂有接地线。

(9)货物装载、加固不符合相关规定。

(10)其他情况影响到调车作业安全。

(二)调车人身安全

调车安全包括作业安全和人身安全两方面,由于调车作业场地分散,作业流程复杂,流动性强,监管难度大,因此调车作业人员必须严格按有关安全规范进行作业,自觉执行作业规程,按标准化作业。作业要有良好的职业素养,业务过硬,有团队协作精神,这样才能高效、安全地完成调车作业。为此,调车人员须按下列规定作业。

(1)在带电区段调车作业时,严禁攀登机车车辆或装载货物顶部,严禁碰触接触轨。

(2)任何人所携带的物体(包括长杆、扶梯等)与接触网/轨带电部位需保持1m以上的距离。

(3)上下车时,须选好地点停车,注意地面障碍物、接触轨、感应板。

(4)在机车、车辆移动中,禁止下列行为:在平板车的侧板或端板、支架上坐立;站在车梯上探身过远;在装载易于移动货物的车辆间和货物空隙间站立或坐卧;骑坐车帮,跨越车辆;进入线路内摘管或调整钩位;在机车前后端坐立。

(5)作业中严禁吸烟,班前禁止饮酒。

(6)处理机车、车辆作业时:

①摘车时,应执行一关(关折角塞门)、二摘(摘风管)、三提钩的作业程序。

②摘接风管、调整钩位、处理钩销时,应等待车辆、车列停妥,并向司机显示防护信号。

③调整钩位、处理钩销时,不要探身到两钩之间。

④使用折叠式手闸,须在停车时竖起闸杆,确认方套落下,月牙板关好,插销上好后方可使用。注意检查手闸链条良好。

(7)行走线路的规定:

调车员应在两线路之间显示信号,并注意邻线的机车车辆。严禁在道心、感应板、枕木头上行走,在有接触轨的线路必须远离接触轨的一边行走,禁止脚踏钢轨面、道岔连接杆、尖轨、接触轨等。

横越线路时,应“一站、二看、三通过”,注意左右机车车辆的动态及脚下有无障碍物;横越停有机车车辆的线路时,先确认机车车辆暂无移动,然后在距该机车车辆较远处通过。严禁在运行中的机车车辆前面抢越;不准在钢轨上、车底下、枕木头上、道心里坐卧或站立,不准跨越地沟。

(8)个人防护用品使用的规定:

个人防护用品必须专人专用,妥善保管。绝缘靴应定期检测,如发现不符合使用要求应及时更换。

进入试车线及出入段线轨行区的人员必须穿绝缘鞋，高度树立“无电当有电”的观念，确保个人人身安全。

(三)使用无线调车专用电台的规定

无线调车电台适用于车厂内调车作业和正线工程车推进运行时的现场指挥，严禁其他与调车作业无关人员使用或挪作他用。正常情况下，使用无线调车电台指挥调车作业，该设备发生故障时，改用手信号指挥调车作业。使用要求如下。

(1)操作人员必须掌握无线调车专用电台性能和使用方法，严格按规定操作，必须妥善保管、爱护使用。发生设备故障或损坏时，应及时告知车厂调度员，办理更换签认。

(2)车厂调度员须按功能派发相应无线调车专用电台，即调车员领取调车员手控机，司机领取机车控制器，其他调车人员领取连接员手控机。

(3)无线调车专用电台由工程车队负责保管和维护，备用电台由车厂派班员负责保管(调车区长台由乘务值班员使用、保管)。

(4)接班后，由调车员(车长)向调车人员逐个呼叫、发讯(含信号楼)，双方通话和色灯显示试验良好后，方可使用。

(5)调车区长台须处于扫描状态，有呼叫信号立即接听。调车作业过程中，严禁关闭无线调车设备以及将指定使用频道随意转换。

(6)使用无线调车电台进行调车作业时，有关各岗位应密切配合，确保作业安全。乘务值班员必须做好监控，车厂调度员必须做好监听，并经常到现场检查。

(7)严格按规定用语通话，严禁用对讲机谈论与作业无关的内容。

(8)调车作业必须认真贯彻单一指挥的原则，除调车员(车长)外，原则上其他人员均不准发射指挥机车的信号命令。当调车员(车长)通话或发射信号时，其他人员不得按下通话或信号按钮，避免干扰。

(9)调车作业不超过三钩或变更作业不超过三钩时，车厂调度员可用对讲机布置，要求停车传达，有关人员必须复诵。车厂调度员用对讲机传达作业计划时，应掌握好时机，不得干扰正在作业的调车人员，避免误听、漏听。

(10)现场调车人员应根据作业要求，站在便于前后瞭望的位置，加强联系。不准在建筑物内或离开作业地点遥控指挥作业。

(11)连挂前一度停车(距被连挂车辆 1m 处)，再动车时调车员(车长)须按压绿＋红灯作为起动信号(辅助语音提示无效)，调车员应告知司机距离情况。

(12)使用连接员手机参与调车作业时，正常情况下只能使用对讲功能，遇危及行车、人身安全时，立即发出“停车”口令并按压紧急停车按钮。

(13)进入线路(含轨旁侵限范围)作业前，调车员(车长)必须先发停车信号，并与司机联系，得到司机应答后，方可进入作业。

(14)司机发现机车控制器出现“红灯闪烁”或听到辅助语音提示“故障停车”和色灯信号与口令不符时，必须立即停车，通知调车员检查电台状态，确认正常后方可继续使用。

(四)车机联控

调车作业第一钩开放信号后，乘务值班员与调车司机或调车员应核对计划，用语为“×道往×道调车信号好”，司机应答：“×道往×道调车信号好，司机明白”。调车作业中，司机与乘务值班员必须执行的呼唤联控用语见表4-13。

司机与乘务值班员之间的联控用语 表4-13

序号	呼唤时机	呼唤者	应答者	备注
1	机车车辆到达目的地后	司机：“×车已停稳”	值班员：“×车已停稳，信号楼明白”	“×”指车组号和机车代码
2	信号机开放后	乘务值班员：“×道往×道信号好，×车可以动车”	司机：“×道往×道信号好，×车可以动车。司机明白”	
3	原路折返	乘务值班员：“×道岔已加锁，×车可以动车”	司机：“×道岔已加锁，×车可以动车。司机明白”	
4	×道待令	乘务值班员：“×车在×道待令”	司机：“×车在×道待令。司机明白”	
5	需安全指示时	指示内容略	司机原句复诵	

任务2 组织铁路调车作业

调车工作是铁路运输过程的重要组成部分，也是车站行车组织工作的基础。调车工作的质量对车站及时编解列车、取送货物作业车辆和检修车辆，缩短车辆在车站停留时间、加速车辆周转，保证车站畅通等起着决定性的作用。对于技术站来说，更是其日常运输生产的重要内容。车站的调车工作，应按车站的技术作业过程及调车作业计划进行。参加调车作业的人员应做到：

(1)及时编组、解体列车，保证按列车运行图的规定时刻发车，不影响接车。

(2)及时取送客货作业和检修的车辆。

(3)充分运用调车机车及一切技术设备，采用先进的工作方法，用最少的时间完成调车任务。

(4)认真执行作业标准，保证调车有关人员的人身安全及行车安全。

【任务描述】

图 4-11 所示为某站一批调车作业计划通知单。按有关要求执行完成该批调车作业计划。

调车作业通知单

机车：1894　　2班二调3号　　2010-10-09

项目	序	计划内容	编组内容
	1>	客8	
K10	2>	客7+1	352209
K36	3>	客17+19	204453
甩挂	4>	客101-11	673770
越区	5>	客104-1	673763
	6>	客107+1	675341
	7>	客101-8	999029
	8>	客107-0	352209
	9>	客103+1	352008
	10>	客101+19	204453
越区	11>	客17-19	999029
越区连挂	12>	客7-0	352008
越区	13>	客28△北	
站整	14>	客104+21	554752
	15>	客103-1	554752
	16>	客104-16	670613
	17>	客107+13	552651
	18>	客103-1	552651
	19>	客107-0	673763
	20>	客106+12	339058
	21>	客104-4	352347
	22>	客106+1	351043
	23>	客26-0	663746
	24>	客28△北	
调车领导人：黄瑞高		调车长：钟灿华	
作业时间：12:50~15:30			

图 4-11　铁路某站调车作业计划通知单

【职业实景】

图 4-12 所示为铁路客车解体调车作业场景。

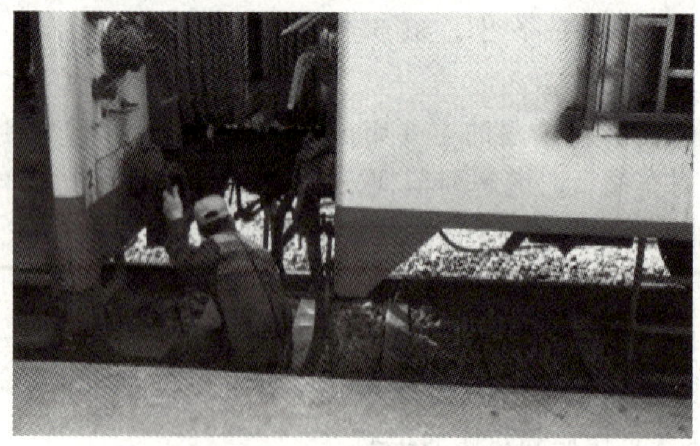

图 4-12　铁路客车解体调车作业场景

【职业岗位】

调车员、连接员、车站调度员、车站值班员、信号员岗位需要掌握本任务。

【任务分析】

要安全、正确、高效地完成调车作业计划，需调车组、车站值班员、信号员、车站调度员等多个岗位作业人员密切联系，在分工的基础上充分利用现有技术设备，合理安排和计划好作业时机，才能减少作业等待时间，节省勾分，保证列车的正点开行。在调车作业中要严格按照调车作业标准的有关规定执行，按照行车规章的要求做到每一个作业细节都不省、不漏，做好检查车辆、加强瞭望、确认进路道岔、控制速度、设置防溜、注意人身作业安全等关键环节，达到压缩中停时，加速机车车辆周转，保证运行安全正点的目的。

【相关知识】

(一)铁路调车工作的定义、分类

除列车在车站到达、出发、通过及在区间内运行外，凡机车车辆进行一切有目的的移动，统称为调车。它包括列车的编组、解体、摘挂、转线，车辆的取送、转场、调移以及机车的转线、出入段等。

铁路调车按其设备不同分为牵出线调车和驼峰调车两种。按其作业目的不同分为：

(1)解体调车——将到达的车列，按车组(辆)去向或车种，分解到指定的线路内。

(2)编组调车——根据列车编组计划、列车运行图、有关规章制度和特殊要求，将车辆选编成车列或车组。

(3)取送调车——为装卸货物、检修、洗刷消毒车辆等目的，向指定地点送车或取回车辆。

(4)摘挂调车——为列车进行补轴、减轴、换挂车组及车辆甩挂等作业。

(5)其他调车——包括车列转线、整理车场、对货位、机车转线、机车出入段等。

车站由于作业性质不同，完成各种调车工作的比重也不一样。例如，编组站要进行大量的解体和编组调车，而中间站一般只进行摘挂和取送调车。

(二)铁路调车工作的领导与指挥

调车工作是一项由多工种联合行动的复杂工作。调车工作不仅作业场地大、调动的机车车辆多种多样、作业人员及工种多，而且作业组织比较复杂、作业方法灵活多变、影响调车作业效率的因素较多。为安全、迅速、高质量地完成调车任务，调车工作必须实行统一领导和单一指挥。

1. 统一领导

统一领导，即在同一时间内，一个车站只能由车站调度员或车站值班员统一领导全站调车工作。车站的有关调车区长，根据车站调度员布置的调车工作任务，领导本区的调车工作。未设车站调度员的车站，调车工作由车站值班员统一领导。

各调车区之间相互关联的调车工作，应按车站调度员的指示进行，调车区长不得领导其他场、区的作业。车站调度员、调车区长在领导调车工作中，遇有占用正线、到发线和机车走行线以及影响接发列车进路的调车工作时，必须与车站值班员联系，取得其同意后方可进行。

2. 单一指挥

单一指挥，即在同一时间内，一台调车机车的调车作业计划的执行、作业方法的拟订和布置以及调车机车的行动，只能由调车长一人负责指挥。未配调车长的车站，由本务机车进行车辆摘挂作业时，可由车站值班员、助理值班员或运转车长担任指挥工作。遇有特殊情况，上述人员不能指挥作业时，可由经过有任免权限的单位鉴定、考试合格的连接员接管调车指挥工作。如果一个调车组配有两名调车长时，对每台担当调车作业的机车，在同一班次内，不得轮流指挥。必须更换指挥人时，应按各铁路局有关规定办理。在调车作业中，所有调车有关人员（调车组、扳道组、机车乘务组）都必须服从调车指挥人的指挥。

（三）调车作业计划的布置、交接、传达、变更

1. 调车作业计划的布置

调车领导人布置调车作业计划时，应使用调车作业通知单。当一批作业（指一张调车作业通知单）不超过三钩时，允许以口头方式布置（中间站利用车务机车调车除外）。由于口头布置没有书面依据，为确保作业人员之间协调一致，确保作业安全，有关人员必须复诵。中间站利用本务机车调车，应使用附有车站线路示意图的调车作业通知单。

2. 调车作业计划的交接

为保证在调车作业中正确执行作业计划，使调车指挥人能彻底了解计划的要求，调车领导人必须与调车指挥人亲自交接计划。因设备及劳动组织等原因，调车领导人与调车指挥人不能亲自交接计划时，由铁路局制订交接办法，没有调车作业通知单传输装置的车站，交接办法在《车站行车工作细则》中规定。设有站场无线调车设备的车站，调车作业计划的布置方法，由铁路局在《行车组织规程》中规定。各站调车计划的具体布置方法应在《车站行车工作细则》中明确规定。

使用无线调车设备的车站，调车作业计划的布置方法，由铁路局规定。

3. 调车作业计划的传达

为正确及时地完成调车作业计划规定的任务和要求，调车指挥人每次接受调

车作业计划后，应根据内容和要求制订具体的调车作业方法，连同注意事项亲自向司机和调车组人员交递和传达。当调车指挥人亲自传达有困难时，可指派连接员传达或在《车站行车工作细则》内规定。例如，由调车领导人将调车作业计划向信号员传达；驼峰作业时，调车领导人向峰顶提钩人员及峰下铁鞋制动长传达；未设调车组的中间站利用本务机作业时，由车站值班员向扳道员传达等。调车指挥人必须确认作业人员已经了解后，才可开始作业。

4. 调车作业计划的变更

变更计划主要指变更股道、辆数、作业方法及取送作业的区域或线路。随意变更计划，既不安全又影响效率。但调车作业涉及的因素较多，产生计划变更是难免的。如何正确了解和掌握情况，增强预见性，不变更或少变更计划，是对调车领导人的一项重要要求。变更计划应以书面方式重新按规定程序下达。对于一批作业（指一张调车作业通知单）变更不超过三钩时，允许以口头方式布置，有关人员复诵。变更股道时，必须停车传达。变更超过三钩时，应重新填写调车作业通知单。仅变更作业方法或辆数时，不受口头传达三钩的限制，可不停车传达，但调车指挥人必须向有关人员传达清楚，有关人员必须复诵。驼峰解散车辆，只变更钩数、辆数、股道时，可不通知司机，但调车机车变更为下峰作业或向禁溜线送车前，须通知司机。

中间站利用本务机车调车时，无论变更钩数多少，都应重新填写附有示意图的调车作业通知单。

专用线调车时，如遇实际情况与原计划不符，准许调车指挥人根据实际情况，自行制订作业计划，但在作业完毕后，必须及时向调车领导人汇报计划变更情况和车辆停留情况。

（四）调车作业计划的组织与实施

调车作业计划是完成车站作业计划的具体行动计划，编制计划时调车领导人应考虑到需要和可能遇到的各种因素，尽量防止由于各种原因导致调车作业不能按计划要求完成的现象出现，造成作业被动。

为了达到调车作业计划顺利实施的目的，应注意以下几点。

（1）组织调车组和机车乘务组按时接班，及时做好作业前的准备工作，压缩非生产时间，根据作业需要，保证按计划的要求及时动车。调车组应与司机及时联系，加强联劳协作，尽可能提前动车，迅速作业，保证后续作业顺利进行。

（2）掌握调车机车的作业进度，调车场两端进行分区调车作业或需要越区作业时，要加强作业联系，避免交叉干扰或等待，保证作业安全。

（3）要及时与车站值班员联系，掌握到发线的使用情况，及时报告到发线空闲或占用的时间，以便车站值班员可以按计划安排使用到发线。

(4)在作业中遵章守纪，特别注意人身安全和行车安全。

(五)调车工作制度

调车作业组织中，要严格班组管理、坚持标准化作业，其中落实岗位责任制是保证调车作业安全、提高作业效率、完成调车工作任务的重要手段。

1.调车主要工种岗位责任制

(1)调车指导岗位责任制

①负责对调车作业人员进行技术业务指导和考核。

②组织和开展“练功比武”活动，提高职工素质。

③检查调车作业人员执行作业标准情况，发现问题及时解决。

④检查和管理调车工具和备品。

⑤指导调车组搞好班组管理。

(2)车站调度员/调车区长岗位责任制

①正确及时地编制下达调车作业计划和阶段计划。

②正确掌握调车作业进度。

(3)调车长岗位责任制

①认真布置调车作业计划，拟订调车工作方法。

②正确、及时地显示信号(发出指令)，指挥调车机车的行动。

③按照调车作业计划的要求，组织调车人员正确及时地完成调车任务。

④确保调车作业人员的人身安全和作业安全。

(4)连接员岗位责任制

①负责计划联系和人员的工作分配。

②负责提钩、摘接制动软管、人力制动机等机车车辆的摘挂和组织制动员的工作。

③负责车辆防溜和推送车列时的前部瞭望。

④根据调车长的要求，检查线路、道岔、停留车位置、车辆连挂状态及防溜措施等情况。

⑤正确显示停留车位置信号。

⑥通过无扳道员管理的道岔时，亲自或指派制动员扳动道岔。

⑦取送调车时，亲自或指派制动员检查线路和车辆装载状态，并负责联系。

⑧负责列车编组质量和编成后复检的工作。

2.班工作制度

(1)班前点名制度

①按时参加点名会。

②听取班计划的传达和第一个阶段计划及重点工作要求。

③调车长要重点做好记录。

(2)对号交接班制度

①按岗位顺序排列,依次对号交接班。

②问题当面提出,不清不接,接后负责。

③交班要为接班创造良好的作业条件。

(3)班前预想制度

①根据本班任务,开展安全预想,制订完成任务的措施。

②按规定着装,扎好安全带。

③准备好调车工具。

④调车长对每位调车组人员的着装及调车工具的准备情况进行检查。

(4)线路检查制度

①按个人分工检查线路有无障碍物。

②认真检查停留车位置、车数、连挂状态、车辆装载及防溜措施等情况,铁鞋存放位置及是否有压鞋情况。

③发现问题及时报告并妥善处理。

(5)作业前的准备制度

①提前核对、传达调车作业计划,确定作业方法,明确分工。

②提前排风、摘管、整理好钩提杆、钩链,并检查有无溜放限制和特殊作业要求的车辆。

③提前检查线路、道岔,准备好进路。

(6)分工包线制度

①明确车组制动作业中的分工。

②明确固定包线制度。

③明确规定每个制动员所包的作业线。

④做到人人有分工、线线有人管,防止漏线漏钩。

(7)调车工具备品管理制度

①调车场内的铁鞋,应有固定的存放地点和数量,并排列整齐。

②铁鞋的使用管理要做到接班检查归位。

③铁鞋由分工包线检查的制动员负责。

④铁鞋叉子由制度长负责。

⑤安全带、信号旗(灯)由使用人负责。

⑥一批作业完了,应及时撤下铁鞋,并使之归位,交班前整理归位。

⑦做好无线调车设备的管理工作。

(8)交接班制度

①各线停留车辆不压鞋、不压标、不堵门。

②铁鞋按规定数量保质保量摆放整齐。

③调车工具齐全完好。

④站场停留车连挂在一起,并按规定采取防溜措施。

⑤做好室内卫生,坚持文明生产。

(9)班后总结制度

①分析本班调车任务完成情况。

②分析作业安全情况,总结经验教训。

③分析本班中存在的问题,提出措施,以便改进工作。

3. 调车工作"九固定"

为使参加调车作业的人员在作业中相互协调、紧密配合以及熟悉调车技术设备及工具的性能,便于及时操作和使用,调车工作要实行"九固定",即固定作业区域、线路使用、调车机车、人员、班次、交接班时间、交接班地点、工具数量及其存放地点。

(1)固定作业区域

在调车作业繁忙、配线较多的车站,配有两台或两台以上调车机时,应根据车站作业特点、设备情况及调车作业性质,划分每台调车机车的固定作业区域,以减少各调车机车作业的相互干扰,并有利于作业人员熟悉本区作业性质和设备状况,掌握作业区调车工作的规律,避免在作业中发生冲撞等事故。

(2)固定线路使用

固定线路使用是指按列车编组计划方向的要求、车流量的大小,结合线路配置情况以及特殊用途等合理安排车辆的集结线路,分类固定使用,这样既可以有效地使用线路,又可以减少重复作业,缩短调车行程,提高调车效率。

(3)固定调车机车

调车机车与本务机车担当的任务不同,机车装备也不同。为便于调车工作,要求调车机车起、停快,前后瞭望条件好,能顺利通过较小半径的曲线。因而,调车机车车身短,轴距小,前后均有头灯、防滑踏板、扶手把以及无线调车设备。为此,担当调车作业的机车应固定使用。

(4)固定人员

调车作业是由多工种配合进行的,包括调车组人员、调车机车乘务人员和扳道人员等。由于单位不同、工种不同,只有相对稳定地在一起工作,才有利于相互熟悉,协同作业。

(5)固定班次

调车组与机车乘务组、扳道组的班次必须统一、固定。

(6)固定交接班时间

固定交接班时间，可以避免交接班人员相互等待，有利于缩短非生产时间。

(7)固定交接班地点

交接班时调车机车停放地点及有关人员交接地点均应固定，以便建立良好的作业秩序。

(8)固定工具数量

调车机车及调车组配备足够数量的调车工具和备品，是做好调车工作的物质保证，且必须质量良好，以免工具数量不足或质量不好危及作业安全。

(9)固定工具存放地点

铁鞋、鞋叉、安全带、调车灯(旗)、无线调车设备等调车工具要固定地点存放，以便于及时取用和保管。

【任务实践】

(一)调车进路的确认和信号显示

1.进路的确认

调车作业中，单机运行或牵引车辆运行时，前方进路的确认由司机负责；推进车辆运行时，前方进路的确认由调车指挥人负责，如调车指挥人所在位置确认前方进路有困难时，可指派调车组其他人员确认。

没有看到调车指挥人的起动信号，不准动车，但单机返岔子或机车出入段时，可根据扳道员显示的道岔开通信号或调车信号机显示的进行信号动车。无扳道员和调车信号机时，调车指挥人确认道岔开通正确后(如为集中操纵的道岔，还须与操纵人员联系)，向司机显示起动信号。

2.信号的显示

调车作业时，调车人员必须正确及时地显示信号，机车乘务人员要认真确认信号，并鸣笛回示。推进连挂车辆时，要显示“十、五、三车”距离信号，没有显示“十、五、三车”距离信号，不准挂车，没有司机回示时应立即显示停车信号。

推送车辆时，要先试拉。车列前部应有人进行瞭望，及时显示信号，当调车指挥人确认停留车位置有困难时，应派人显示停留车位置信号。

(二)平面牵出线调车

牵出线是借机车动力进行调车作业的一种调车设备。牵出线设于调车场的一端或两端，其长度一般不小于到发线的有效长度或不小于该站编组的列车长度。我国铁路车站配置的牵出线，基本上没有坡度，牵出线调车属于平面调车。牵出线调车是我国铁路目前最基本的调车作业方式，在全路总调车作业量中占有相当大的比重。

1. 牵出线调车作业特点

车辆的动力来源完全依靠机车的推送力，要求调车组与机车乘务组之间能够协调配合，做到灯(旗)闸一致；提钩地点随着调车车列的移动而不断变化，因此，提钩地点范围很大，提钩地点不固定；车组脱离调车车列时的速度为该车组的最高速度，车辆的走行性能对溜放距离影响较小，要求调车长能较好地掌握速度变化范围；调车人员的劳动强度较大，而且经常需在车辆(组)走行过程中上下车，对人身安全必须十分重视。

2. 牵出线调车作业方法

(1)推送调车法

凡使用机车将车辆由一股道送到另一股道，停车后再进行摘车的调车方法，称为推送调车法。采用推送调车法分解车列时，司机按照调车长的手信号，牵引车列至分路道岔外方停车，调车长确认前方进路开通后，指挥司机将车组推送至指定地点停车或与停留车连挂后，摘下第一钩车组(辆)。根据调车长的手信号牵引车列返回牵出线或分路道岔外方，用同样的方法，依次摘解以后的车组。

采用推送调车法时，车辆在移动过程中始终和机车连挂在一起，直至车列停妥后再摘下，因此，技术上简单，作业上安全。但是，每分解一组车辆需用两个长调车程，耗费的时间较多，平均钩分较长，调车效率较低，多在不具备溜放调车条件时使用。

(2)溜放调车法

机车推送车列达到一定的速度，在推进中将车组提钩，使摘离的车组利用所获得的动能自行溜向指定地点的调车方法，称为溜放调车法。溜放调车法按其作业方法不同，分为单钩溜放、连续溜放、多组溜放和牵引溜放调车法等。溜放调车法作业流程比较复杂，对调车人员要求较高，一般中间站都不具备溜放调车条件，这里不作重点介绍。

3. 牵出线调车作业过程

(1)推送挂车

调车指挥人根据调车作业计划要求，与进路准备人员联系进路，通知司机开始作业。信号员或扳道员按规定准备进路，调车指挥人在非集中区确认扳道员道岔开通信号，在集中区确认调车信号开放。调车指挥人显示起动信号，指挥司机动车。在接近车列时，调车指挥人要下车，确认排风是否完了，若是单机挂车需一度停车，调车长显示连接信号，指挥机车连挂。

推送车辆先要试拉，车列前部应有人进行瞭望，及时显示信号，确认停留车位置困难时，应派人显示停留车位置信号并调整钩位。调车指挥人应位于易于瞭望前方又能使司机看见所显示信号的位置。中转信号人员位置要适当，正确、及时、一致地中转信号。

连挂车辆要正确、及时地显示“十、五、三车”距离信号，并听取司机鸣笛回示，没有回示时应立即显示停车信号。连续连挂时，可不停车连挂，但要确认连挂状态，车组间距超过 10 车时，必须顿钩或试拉。末端车辆距警冲标较近时，须采取安全措施。车辆挂妥后，撤除防溜措施。对遗留车辆应先采取防溜措施，再摘开车钩。调车人员向调车指挥人显示试拉信号，确认末位车辆起动后，向调车指挥人显示“好了”信号。

(2)牵出车列

连接员提前到达取车地点，按规定摘管提钩，并核对取车末端车号；信号员或扳道员与车站值班员联系，请求牵出，按规定准备进路，并确认进路开通正确，扳道员在得到调车人员或司机要道信号后，显示道岔开通信号，立岗监视机车车辆走行；连接员向调车指挥人显示起动信号，调车指挥人确认调车进路信号开通后向司机显示起动信号，并注意调车人员上车及安全等情况，指示司机牵引到车列停车所需位置。

(3)车列运行

车列运行中应认真进行瞭望，及时显示信号，调车指挥人应位于易于瞭望前方又能使司机看见所显示信号的位置，中转信号人员应位置适当，正确、及时、一致地中转信号。推进运行经过无人看守道口前，要显示指示司机鸣笛信号，适当控制速度。在走行线上由调车人员扳动的道岔，已开通走行线并加锁时，可不停车检查，车列前方人员在运行中应加强瞭望。在进入货物线、岔线、段管线前，调车指挥人应派人提前检查线路及停留车，确认道岔开通位置(由调车人员扳动的道岔)、货物和车辆状态、防护信号及装卸机具已撤除、车下无障碍，按要求对好位、拉好挡，按规定采取防溜措施。

(三)调车速度的掌握

调车作业要做到安全、迅速、准确，掌握调车速度是关键。进行调车作业的司机，必须严格按照《技术管理规程》和《调车作业(国家)标准》等有关规章规定的限制速度和调车指挥人的信号操纵机车，在任何情况下，不准超速作业。调车指挥人除了注意观速、观距、及时准确地显示信号外，还要准确掌握速度，若发现司机超速危及安全时，必须立即显示停车信号。

调车速度是根据调车作业的特点，调车时所经过线路、道岔的允许速度，调动特殊构造的车辆或装载特殊货物车辆的要求，以及保证调动车列运行中的安全而规定的。作业中还应根据带车多少、制动力大小以及距离远近等，由司机和调车指挥人员共同掌握。

(1)在空线上牵引运行时，不得超过 40km/h；推进运行时，不得超过 30km/h。调车作业时，被调动车辆的自动制动机一般没有全部加入机车操纵的自动制动系统，车列的停车和减速全凭机车自身的制动力，调车机车的牵引是正向、逆向交互进行的，有时瞭望不便，进行调车作业的线路标准，道岔号码通常低于正线、到发线的标准，专用铁路线路标准低于国家铁路线路标准。

(2)调动乘坐旅客或装载爆炸品、压缩/液化气体、超限货物的列车时速度不得超过 15km/h。

(3)接近被连挂的车辆时，速度不得超过 5km/h。

(4)在尽端线上调车时，距线路终端应该有 10m 的安全距离。遇特殊情况必须近于 10m 时，调车指挥人应通知司机，严格控制速度。

(5)电力机车在有接触网终点的线路上调车时应控制速度，机车距接触网终点标应有 10m 的安全距离。

(四)摘挂车及连接制动软管

(1)摘车时，必须停妥，采取好防溜措施，方可摘开车钩；挂车时，没有连挂妥当不得撤除防溜措施。

(2)一般情况下，调车作业时车列的减速和停车都是靠机车本身的制动力，不需要连接的制动软管。但在不利地形和特殊条件下，为增加制动力使车列能及时停车，应连接一定数量的制动软管。连接制动软管数量过多，会因摘解制动软管、车列充风而延长作业时间；连接制动软管数量过少，会影响制动力。转场及在超过2.5‰坡度的线路上(驼峰作业除外)调车时，要连接一定数量的制动软管。10 辆及以下是否需要连接制动软管及连接制动软管的数量，11 辆及以上必须连接制动软管的数量，由车站和机务部门根据具体情况共同确定，并纳入《车站行车工作细则》。

【拓展知识】

(一)调车作业标准

铁路调车作业标准是根据《技术管理规程》、调车设备的发展以及调车作业的经验制订的。在调车作业中，必须严格执行《技术管理规程》和《调车作业(国家)标准》等有关规定，进行标准化作业。《调车作业(国家)标准》包括铁路调车作业标准基本规定、铁路调车准备作业标准、铁路调车机械(半自动)化驼峰作业标准、铁路调车简易驼峰作业标准、铁路调车平面牵出线作业标准等。

(二)在正线、到发线上的调车作业

站内正线、到发线主要是为办理列车通过和接发列车使用的。在正线、到发线调车作业时,应保证安全、正点和不间断地接发列车,调车作业应服从于接发列车作业。

调车时须经车站值班员准许,车站值班员是接发车工作的指挥者,应掌握列车运行情况及正线、到发线运用,对列车运行情况心中有数,全面安排。同时应按《车站行车工作细则》规定的时间,停止影响列车进路的调车作业。接发旅客列车时,对相邻线路上应禁止的调车作业亦应在规定时间内停止,严禁抢钩作业。

(三)接发旅客列车时的调车作业

接发旅客列车时,除应遵守正线、到发线调车作业要求外,为防止调车作业的机车车辆进入接发列车进路与正在进、出站的旅客列车发生冲突,对能进入接发列车进路的线路如果没有隔开设备或脱轨器,不准进行调车作业。但遇下列情况可以调车:

(1)发出旅客列车时,与列车相反方向的调车作业,如图4-13所示。

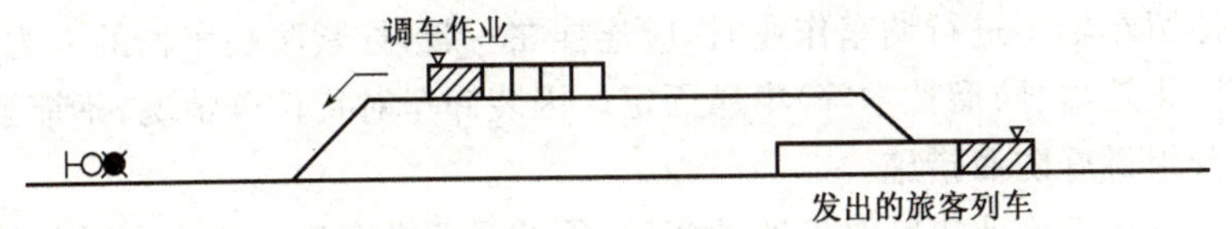

图4-13 与出发旅客车列相反方向的调车作业示意图

(2)本务机车在停留线路内摘下,列车拉道口、对货位。

因机车在停留线路内的上述调车作业带车少,速度低,移动范围小,不易进入旅客列车进路,故允许同时进行。

(四)机车、车辆停留

1.机车、车辆停留的线路及地点

(1)列车及机车、车辆必须停在警冲标内方。遇下列情况,在不影响接发列车及调车作业的条件下,准许车辆临时停放在警冲标外方。

①停在调车线警冲标外方。调车作业中,因溜放车组调速不当未进入警冲标内方,但不妨碍本批计划的进路时,准许临时停在调车线警冲标外方。在一批作业完了后,应立即将该车组送入警冲标内方。

②停在到发线警冲标外方。因车站装卸线货位紧张,货位固定设备设在警冲

标外方，当在抢运军用物资或急用物资等特殊情况下，车辆需停在警冲标外方进行装卸作业时，须经车站值班员、调车区长准许，在不影响列车到发及调车作业情况下进行。装卸作业完了后，应立即送入警冲标内方。

(2)正线、安全线、避难线、机车固定走行线上禁止停留机车、车辆。这是因为安全线、避难线的设置目的是为了防止列车和机车、车辆冲突，如在该线上停留机车、车辆，不仅失去了它的作用，反而增加了冲突机会。此外，牵出线上一般也不能停留机车、车辆，因为牵出线是专门调车的线路，停放了机车、车辆，不仅影响效率，而且危及调车安全。

(3)装载爆炸品、压缩/液化气体的车辆及救援列车，必须停放在固定的线路上，两端道岔应扳向不能进入该线的位置并加锁。

(4)临时停留公务车的线路，除应将道岔置于不能进入该线的位置并加锁外，一般不准利用该线进行与其无关的调车作业。

(5)集中操纵的道岔可在控制台上进行锁闭。

2.机车、车辆停留的安全措施

由于货物的性质、车辆的特点或线路坡度方面的因素，停留车辆不进行调车作业时，应采取防溜措施或其他安全措施，以保证行车和货物安全。

(1)停留车辆不进行调车作业时，应连挂在一起，拧紧两端车辆的人力制动机，或以铁鞋(止轮器、防溜枕木等)牢靠固定。因装卸车对货位等情况，不能连挂在一起时，应分组做好防溜措施。

(2)一批调车作业中临时停留的车辆，须拧紧两端车辆的人力制动机或以铁鞋(止轮器)止轮。

(3)编组站和区段站的到发线、调车线是否需要防溜以及作业量较大中间站执行上述规定有困难时，由有关部门规定。

(五)手推调车

手推调车是调移车辆的辅助形式，一般只在缺乏动力的情况下，短距离移动车辆时采用。为保证安全，手推调车应符合以下要求。

(1)在调车线、货物线及其他线路上手推调车时，须得到调车领导人的同意。

(2)手推调车时，人力制动机必须良好，由胜任人员负责制动。手推调车的速度不得超过 3km/h，以保证随时停车。

(3)下列情况不准手推调车：

①在超过2.5‰坡度的线路上(确需手推调车时，须经上级部门批准)。

②遇暴风雨雪或夜间无照明时。

③接发列车时，能进入接发列车进路的线路上无隔开设备或脱轨器。

④装载爆炸品、压缩/液化气体的车辆。

⑤电气化区段，接触网未停电的线路上，对客车、棚车、敞车类等较高的车辆。

(六)无线调车灯显设备

调车作业应采用无线调车灯显设备，并使用规定频率，其显示方式须符合有关要求。无线调车灯显设备应与列车运行监控记录装置配合使用，无线调车灯显设备的使用、维修及管理办法由铁路局规定。

无线调车灯显设备正常使用时停用手信号，对灯显以外的作业指令采用通话方式；无线调车灯显设备发生故障时，改用手信号作业。

(七)禁止溜放调车

进行平面溜放调车和驼峰解体车列时，溜出车组减速或停车是靠人力制动机、铁鞋、减速器或减速顶等方法实现制动的。为确保调车作业安全，对某些车辆及在一些线路上，禁止溜放作业。

1.禁止溜放的车辆

禁止溜放的车辆是由装载货物特性和车辆本身的其他要求确定的。作业时，应按有关规定对指定的车辆禁止溜放或限速连挂，调车领导人应在调车作业通知单上注明。

2.禁止溜放调车的线路

(1)超过2.5‰坡度的线路(为溜放调车而设的驼峰和牵出线除外)。2.5‰坡度是指线路有效长度内的平均坡度。由于溜出的车组在上述坡度的线路上受到重力加速度的作用，使车组逐渐加速，不易在预计地点停车，若车辆制动不及时，可能造成冲突、脱轨、挤岔子等事故。除禁止溜放调车外，还应采取其他保证安全的措施，如机车应尽量停于坡道下方，不可能时应按规定连接制动软管；摘车时必须停妥，采取好防溜措施，方可摘开车钩；挂车时，没有连挂妥当不得拆除防溜措施。

(2)乘坐旅客的车辆及停有该车辆的线路。

(3)停有正在进行技术检查、修理、装卸作业的车辆及无人看守道口的线路。

(4)停有装载爆炸品、压缩/液化气体车辆的线路。

(5)停留车辆距警冲标的长度容纳不下溜放车辆(应附加安全制动距离)的线路。

(6)中间站正线、到发线及与其衔接而未设隔开设备的线路。

3.禁止溜放调车的其他情况

(1)调车组人数不足三人时。

(2)向货场、专用线送车，向列车中连挂车辆的调车。

(3)不准采用牵引溜放法的调车。

除上述情况外，遇有降雾、暴风、雨、雪等不良气候或照明不足，确认信号和停留车位置有困难时；车辆人力制动机失效而又不具备使用铁鞋等制动条件，制动人员不足或使用人力制动机未配挂安全带时，均不得溜放调车。

(八)特殊车辆的调车

特殊车辆是指装载特种装备、特种材料、精密仪器和尖端保密产品的车辆。

(1)特殊车辆调车作业时，严禁溜放，设有调车指导的车站应在调车指导监督下进行作业，未设调车指导的车站应派业务熟练的干部监督作业，严防违章调车。

(2)编组和编挂注特殊车辆时，机车与编挂的车辆应连接制动软管，连接制动软管的数量与所挂车数的比例不少于 1/5。

(3)在接近、连挂特殊车辆以及带有这种车辆连挂其他车辆时，要在十车处一度停车，再进行连挂作业。

(4)向停有特殊车辆的线路溜放或送车时，必须留有 10m 天窗，严禁溜放连挂。

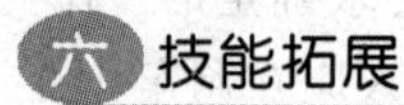

六 技能拓展

1. 按站顺编制铁路摘挂列车调车作业计划

请根据下列已知条件资料，编制调车作业计划。

丁站在铁路上的位置及其调车场头部如图 4-14 所示。待编车列在 11 道，其排列顺序为 $C_2B_1A_1C_1B_3E_2B_1C_1D_3$(字母表示到站，角码数字表示车组中到达该到站的车数)。调车场线路为 8～14 道，13 道存有丁—戊车流 12 辆，其余股道空闲，调车机车在右端牵出线作业。

要求：将 11 道待编车列按站顺编组成 40104 次摘挂列车，送到发线 7 道。

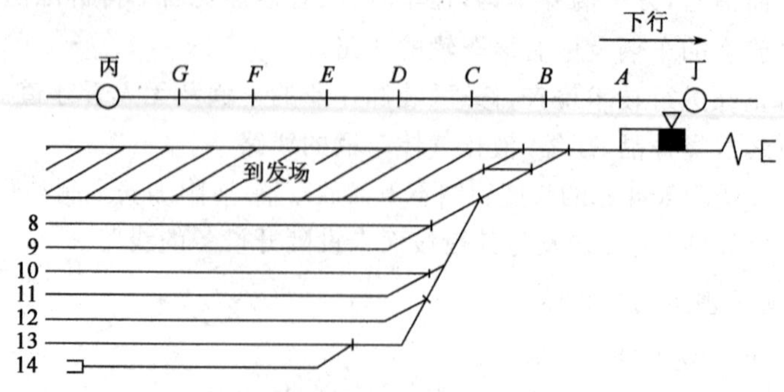

图 4-14 丁站在铁路线上的位置及其调车场头部

根据“车组编号及合并使用线路法”的基本原理，利用调车表，按站顺编组摘挂列车调车作业计划。在待编车列中，各车组间互相排列的顺序有下列四种形式：一是接连顺序，如 AABBCCD；二是不接连顺序，如 AACCD；三是接连反顺序，如 BBDD；四是不接连反顺序，如 DDAA。

按站顺编组摘挂列车，其实是通过调车作业把车组的排列位置变为接连顺序排列。按站顺编组摘挂列车调车作业计划的步骤和方法如下。

(1)车组编号

将待编车列的车组按其到站的先后顺序依次编号，编号方法为：第一到站的车组“A”，称为“首组”，编为“1”号；最后一个到站的车组“E”，称为“尾组”，编为“5”号。编号后待编车列的排列变为：$3_2 2_1 1_1 3_1 2_3 5_2 2_1 3_1 4_3$。

(2)排顺下落

调机在右端，编成后的列车向左开车，排顺下落的方法如下。

①将待编车列进行车组编号后，填写在调车表内，如表 4-14 所示。

调 车 表（一） 表 4-14

待编车列 / 下落列	3_2	2_1	1_1	3_1	2_3	5_2	2_1	3_1	4_3	股道
一			1_1		2_3		2_1			
二		2_1		3_1				3_1		
三	3_2								4_3	
四						5_2				

②由待编车列左端向右端，从首组开始，依次循环下落。每循环一次，下落一列。

③在一次循环中，同一到站的车组下落完毕后，方可下落次一车组，否则，另起一列，继续下落同一到站的车组。

④以上下落结果表明，五个到站的车组，下落为四列，分解待编车列时，需要四条线路(需借用三条线路)。

(3)调整可移车组

车组下落完毕后，有的车组既可以下落到这一列，又可以下落到另一列而均不影响站顺，这种车组称为可移车组。调整的原则是有利(省钩)则调，无利则不调。表4-15中的“3_1”车组，既可下落到第二列，又可下落到第三列，为可移车组，将其调整到第三列后，同 4_3 车组变为了相邻车组，还可节省一个溜放钩，故调整是有利的。而“3_1”调下来后，“2_3”也可调下来。调整可移车组后的情况如表 4-15 所示。要正确有利地调整可移车组，需要结合“合并使用线路”方案综合考虑。

调 车 表（二）　　　表 4-15

下落列＼待编车列	3_2	2_1	1_1	3_1	2_3	5_2	2_1	3_1	4_3	股道
一			1_1		2_3 ↓		2_1			
二		2_1		3_1 ↓	2_3			3_1 ↓		
三	3_2			3_1				3_1	4_3	
四						5_2				

(4)合并使用线路

合并使用线路，是将两列或两列以上的数个下落列暂时合并在一起(称为暂合列)，共同占用一股道，以达到减少挂车钩的目的。显然，并非任意下落列合并后都可以节省挂车钩。合并使用线路时，单独占用一股道的下落列应不能为相邻列和最大列。因此，下落四列时，合并方案只有一种，即一、三列各单独占用一股道，二、四列合并共同占用一股道。重新分解时，原来属于四列的车组向三列后分解，属于二列的车组向一列后分解，即可达到省挂车钩和省线的目的。

(5)安排线路使用，编制调车作业计划

由于待编车列在丁站调车场 11 道，因此安排待编车列左端的车组(端组)3_2 所在列即第三列占用 11 道，使其留在原线坐底，达到省挂车钩、省线的目的，下落的第二、四暂合列的车组借用 10 道，第一列的车组借用 9 道，如表 4-16 所示。

调 车 表（三）　　　表 4-16

下落列＼待编车列	3_2	2_1	1_1	3_1	2_3	5_2	2_1	3_1	4_3	股道
一			1_1		$\dot{2}_3$ ↓		2_1			9
二$\boxed{\text{四}}$		2_1		$\dot{3}_1$ ↓	2_3	$\boxed{5_2}$		$\dot{3}_1$ ↓		10
三	3_2			3_1				3_1	4_3	11
㊃						$\bigcirc 5_2$				

调车作业计划如下：

①分解车列。

顺序	股道	摘挂车数
1	11	+13
2	10	−1
3	9	−1
4	11	−1
5	10	−5

6	9	−1
7	11	−4

②重新分解暂合列。

顺序	股道	摘挂车数
8	10	+6
9	9	−4

③按站顺收编转线。

顺序	股道	摘挂车数
10	11	+7
11	9	+6
12	7	−15

+40104次,7道10:40开

上述是以假设调车机车在右端、编成后的列车向左端出发为前提条件得到的调车作业计划。不同情况下车组排顺下落的方法如表4-17所示,其他步骤均与本例相同。

不同情况下车组排顺下落的方法 表4-17

调机所在端	列车出发方向	车组下落方法
右	左	从左至右下落,先落首组
右	右	从左至右下落,先落尾组
左	右	从右至左下落,先落首组
左	左	从右至左下落,先落尾组

2.越出站界调车

越出站界调车是指利用列车占用区间的间隔时间,调车车列越过进站信号机或站界标进入区间的调车作业。

这种调车一般出现在没有牵出线、也没有可利用的岔线或其他线路,对于较长的调车车列只能利用区间正线的中间站。越出站界调车是在区间空闲(自动闭塞为第一闭塞分区空闲)的情况下,进入区间调车的一种方法。由于闭塞设备及区间线路数目不同,为了调车作业安全,办理方法及凭证也不尽相同。

(1)双线区间正方向越出站界调车

由于双线区间正方向线路的发车权归车站所有,是否向区间发车由车站值班员控制。为此,只要区间空闲,经车站值班员口头准许并通知司机后即可越出站界调车。具体情况有:①区间为自动闭塞,从监督器上确认第一闭塞分区空闲;②区间为非自动闭塞,必须保证区间空闲。

(2)双线区间反方向越出站界调车

双线区间反方向越出站界调车，必须保证区间空闲，由于发车权归邻站所有，越出站界调车时，要请示行车调度员发布停止基本闭塞法的调度命令，车站值班员与邻站办理电话闭塞手续，发给司机出站调车通知书(图 4-15)后，方可出站调车。

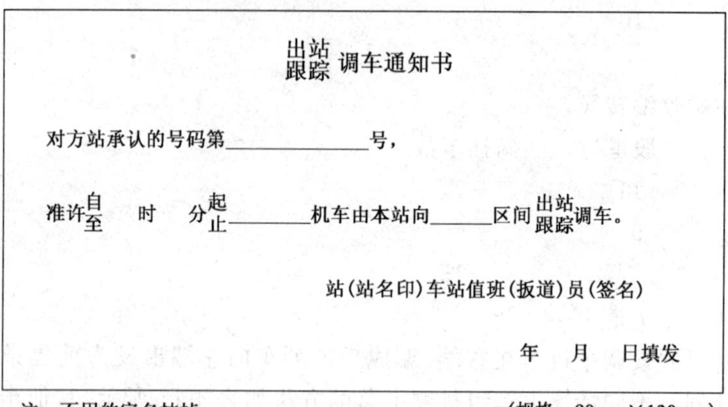

出站/跟踪 调车通知书

对方站承认的号码第______号，

准许自/至　时　分起/止______机车由本站向______区间出站/跟踪调车。

站(站名印)车站值班(扳道)员(签名)

年　月　日填发

注：不用的字名抹掉。　　(规格：90mm×130mm)

图 4-15　出站(跟踪)调车通知书

双线自动闭塞有反方向运行条件的区段，越出站界的调车作业不开放出站信号机，因而可以任意改变闭塞方向，因此，也应办理电话闭塞手续。

(3)单线区间越出站界调车

①当区间为自动闭塞时，闭塞系统必须在发车位，第一闭塞分区空闲，经车站值班员口头准许并通知司机后，即可越出站界调车。

②当区间为半自动闭塞时，区间必须空闲，得到停止基本闭塞法的调度命令，与邻站办理电话闭塞手续，发给司机出站调车通知书后，方可出站调车。

③当区间为电话闭塞时，区间必须空闲，经行车调度员口头准许，车站值班员与邻站办理电话闭塞手续，发给司机出站调车通知书后，方可出站调车。

(4)出站调车通知书的填写

出站调车通知书应由车站值班员填写，当调车机车距行车室较远时，可由车站值班员指派其他胜任人员填写。

(5)注意事项

①调车车列应在限定的时间内返回站内，以免影响列车运行。若司机持有凭证，待出站调车作业完毕，全部退回站内并不妨碍列车进路时，车站值班员应将占用区间凭证收回注销，并与邻站办理区间开通手续。

②出站调车在限定的时间内不受出站次数限制。但在限定的时间退回车站待避列车后，再需继续出站调车时，应重新办理手续，不得使用原凭证。

③去区间岔线取送车辆的调车作业及列车在区间进行装卸作业返回车站，均应按列车办理，不得按出站调车办理。

④车站值班员应在控制台或闭塞机上挂“出站调车”表示牌，以防遗忘。

3.跟踪出站调车

在单线区间和双线正方向线路上，间隔一定的距离或时间，跟随在出发列车后面越过进站信号机或站界标，在站界外 500m 内进行的调车作业，称为跟踪出站调车。

跟踪出站调车，因与列车运行是平行作业，而且“同时”进入同一区间，虽然提高了运输效率，但存在着不安全因素。因此，对跟踪出站调车应加以限制。

(1)对跟踪出站调车的限制

①只准在单线区间及双线正方向的线路上办理。

②为保证跟踪出站调车作业的机车车辆与前行列车保持一定距离，只有前发列车尾部越过预告、接近信号机(或靠近车站的第一个预告标)后，方可跟踪出站调车。如确认前发列车位置困难时，应按《车站行车工作细则》规定的间隔时间进行。

③跟踪出站调车最远不得越过站界 500m。因为列车在不得已情况下必须退行，而未得到后方站车站值班员允许时，不得退行到车站最外方预告信号机或车预告标(双线区间为邻线预告标或特设的预告标)的内方。这样，调车车列可以保证与由区间退回的列车保持 300m 以上的安全距离。

(2)跟踪出站调车应办理的手续

①须经行车调度员口头准许，以防因办理跟踪出站调车，影响其他列车运行。

②取得邻站车站值班员的承认号码，防止跟踪出站调车的机车、车辆返回车站前，两站误办闭塞，使其他列车进入区间。

③发给调车司机跟踪调车通知书。填写时，应将“出站”字样及“对方站承认号码第×号”字样抹掉。跟踪调车通知书允许由扳道员根据值班员的命令填发。跟踪调车完毕后，应及时收回跟踪调车通知书，并通知邻站值班员。当前发列车到达邻站，且跟踪调车完毕后，收回凭证，两站值班员方可办理区间开通手续。

(3)禁止办理跟踪出站调车的情况

①出站方向区间内有瞭望不良的地形，或有连续长大上坡道。长大下(或上)坡道为：线路坡度超过 6‰，长度为 8km 及其以上者；线路坡度超过 12‰，长度为 5km 及其以上者；线路坡度超过 20‰，长度为 2km 及其以上者。因为前发列车一旦制动不当或车辆发生溜逸，可能与跟踪调车的机车、车辆发生冲突。

②先发列车需由区间返回，或挂有由区间返回的后部补机。

③车站一切电话中断。

④降雾、暴风雨雪时，因瞭望不便，禁止办理跟踪调车。

列车虽已到达邻站，但跟踪调车通知书尚未收回时，禁止办理区间开通手续。

4. 越区、转场作业

越区作业是指调车机车由本调车区到其他调车区进行的取送车辆作业；转场作业是指车场之间的转线作业。越区或转场调车，不仅要经过许多线路和道岔，有的还要跨越正线，因而涉及各调车区和车场之间作业的安排。如果没有做好联系和防护，不但要影响调车效率，而且会危及行车安全和人身安全。因此，要求调车机车在越区或转场作业时，两区（场）调车领导人之间必须事先做好联系，做出调车作业书面计划，下达给参加调车作业的有关人员，并做好防护。没有做好联系和防护，不准放行越区车或转场车。

越区、转场的作业方法如下。

(1)越区、转场作业前，调车领导人先将越区（转场）的时间、地点、辆数及有关事项与进入区（场）的调车领导人联系，取得同意后，再向本区（场）有关人员布置。

(2)越出、进入或经由区（场）的扳道人员，应按本区（场）调车领导人的布置，停止相抵触的作业，确认线路空闲，并准备进路。

(3)越出区的扳道人员，在接到进入区进路准备妥当或同意转场通知后，方可通知本区调车指挥人指挥越区或转场作业。

(4)划分区（场）的车站，无论有无固定信号设备，均应制订越区或转场的联系办法，纳入《车站行车工作细则》。作业时，必须按照《车站行车工作细则》中的有关规定办理。

(5)越区、转场时，为保证调车车列的制动力，遇到情况能及时停车，10 辆以下是否需要连接制动软管及连接制动软管的数量，11 辆以上必须连接制动软管的数量，由车站和机务段根据具体情况共同确定，并纳入《车站行车工作细则》。

七 复习思考

(1)什么叫调车？

(2)调车作业由哪些岗位人员共同完成？其职责是什么？

(3)调车作业计划的编制依据和要求是什么？

(4)调车作业计划中要标明的符号有哪些？含义是什么？

(5)调车作业中如何确认进路？

(6)调车速度有何规定？

(7)禁止溜放调车的情形有哪些？

(8)地铁车厂有哪些线路种类？在调车作业单中如何表示？

八 实训演练

(1)识读某站的调车作业计划(图 4-16)。

调车作业通知单

机车号码：0048　　调车组：货调10月9日　　第1号
调车领导人：方志军　　作业时间：08:40~12:40
作业项目：客车取送，库内甩挂，站整作业，注意核对车号，注意作业安全

顺号	股道	勾种	辆数	方向	记事
1	站11	单机		南出	有电正
2	站16	+	18	南出	有电开调0795
3	客15	−	18	南出	
4	客11	△		北出	开单机调002
5	站14	+	19	南出	有电开调0235
6	客19	−	19	南出	有电
7	客16	△		北出	有电开单机调004
8	站IV	+	7	南出	有电开调099
9	客9	−	7	南出	
10	客11	△		北出	
11	客5	+	18	北出	有电开调0936
12	站14	−	18	北出	有电
13	站18	△		南出	有电
14	站20	+	18	南出	有电开调013
15	客5	−	18	南出	有电
16	客2	等待			有电

图 4-16　调车作业通知单

(2)地铁车辆段调车常用的手信号实训。

九 交流与讨论

地铁调车作业主要是在车辆段,正线主要用于列车运行。实地考察一地铁车辆段的调车作业,讨论调车作业的生产环节以及安全因素。

项目五　运用列车运行图确保运输生产秩序

一 案例导入

城市轨道交通在城市公共交通系统中起着越来越大的作用，以广州市为例，以广州地铁为主要组成部分的广州市城市轨道交通系统完成的城市公共交通输送任务比例逐年上升，最大日输送量从2004年的80万人次急剧增长到2010年的510万人次。随着地铁网络的形成和不断完善，地铁最大日输送量急剧增长，根据发达国家大都市的经验，城市轨道交通系统将承担城市公共交通输送任务的50%～60%以上，是城市公共交通的骨架和核心力量。

城市轨道交通运输生产涉及由“天”（供电部门的接触网）、“地”（工务部门的线路）、“人”（站务部门的旅客组织）、“车”（车辆部门的动车组驾驶及检修）、维修部门的通信信号、环控等车站机电设备和自动售检票设备检修与维护等组成的城市轨道交通系统。

复杂的城市轨道交通系统，是怎样在巨大的客流量（图5-1）、密集的列车开行密度情况下给市民“我们这儿从不堵车”（图5-2）的承诺呢？它的秘密武器就是“列车运行图”。

图5-1　拥挤的地铁站台

图5-2　“我们这儿从不堵车”地铁广告

图 5-3 所示为珠三角某地铁线路列车运行图。列车运行图规定了各次列车占用区间的顺序、列车在每个车站的到达和出发(或通过)时刻、列车在区间的运行时间、列车在车站的停站时间、车底折返时间、车底出入库时间等。所有与行车有关的部门均须严格按照列车运行图组织本部门的生产，以确保按图行车，维持城市轨道交通运输生产秩序。

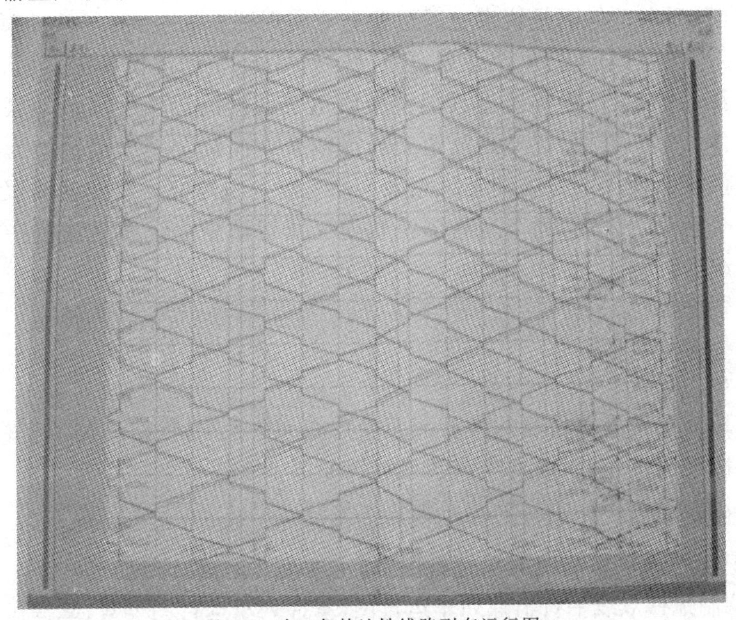

图 5-3　珠三角某地铁线路列车运行图

城市轨道交通主要是完成城市内部的上下班、上下学、日常出行等旅客运输生产任务，运输方式主要有地铁、轻轨，也包括城际之间的地铁系统(如广州—佛山的广佛地铁)。由于周一～周四、周五、周六、周日、“五一”、“十一”、大型运动会、大型演唱会等不同阶段的客流规律和特点不同，对开行列车组织运输生产的要求也不同。

城市轨道交通系统所有部门均应严格按列车运行图的规定组织生产和设备维修维护，保证电力供应、车辆供应、乘务员值乘、车站和控制中心客运组织、运输设备状态良好，完成旅客运输生产任务。

二 项目概述

在城市轨道交通系统组织旅客运输的生产过程中，列车运行是一个很复杂的环节，需要利用线路、车站、车辆、牵引供电、通信信号、票务设备、车站机电设备等多种技术设备，要求各部门、各工种和各项作业之间互相协调配合，严格按照列车运行生产计划(即列车运行图)组织运输生产，完成将旅客从始发站运送到目的站的运输生产任务。城市轨道交通系统习惯将列车运行图规定的各站列车到发时刻制成表格形式的运营时刻表。车站根据运营时刻表所规定的列车到达和出发时刻,安排本站行车组织工作和客运组织工作;车辆维修部门每天运营前要整备好运营需求的列车数,车辆运转部门要根据时刻表的要求确定列车的派出时刻和乘务员的作息计划;工务、通信、信号、供电、机电等部门也要根据运营时刻表的规定来安排施工计划和维修计划。

一方面,列车运行图是轨道交通运输企业实现列车安全、正点运行和经济有效组织运输工作的列车运行生产计划,规定线路、站场、车辆等设备的运用,以及与行车各有关部门的工作,能够通过其把整个轨道交通网的运输生产活动联系成一个统一的整体。另一方面,它又是轨道交通运输企业向社会提供运输能力的一种有效形式。供社会使用的旅客列车时刻表实质上就是轨道交通企业运输服务能力目录。从这个意义上来说,列车运行图是轨道交通运输企业组织运输生产和产品供应销售的综合计划。

三 学习目标

按照地铁车站值班员及站务员的职业技能考核大纲,铁路车站值班员、信号员国家职业标准的规定,明确本项目学习目标如下。

1. 技能目标

(1)识读城市轨道交通列车运行图,确定本车站运营时刻表。

(2)编制地铁双线平行追踪列车运行图,掌握列车运行图要素;掌握运用某一具体地铁线路的行车间隔、停站时间、折返时间等列车运行图要素组织车站运输生产。

(3)编制单线列车运行图,掌握单线区段的车站间隔时间。

(4)识读高速铁路列车运行图和铁路客货混运的列车运行图。

2. 知识目标

(1)列车运行图的概念、含义;

(2)列车运行图各要素(包括各种间隔时间、停站时间、折返时间等)。

3. 素质目标

树立城市轨道交通运输生产全局意识,树立保证运输生产秩序意识和安全意识,培养从充分满足市民出行的角度编制列车运行图和运用列车运行图的能力。

四 职业技能鉴定相关规定

1. 地铁职业技能鉴定标准相关规定

珠三角城市轨道交通系统地铁站务员和车站值班员职业技能鉴定标准规定:“掌

握列车运行基本概念，包括运营时刻表、行车间隔、停站时间、列车延误及晚点”。

2.车站值班员国家职业标准相关规定

(1)基本要求

列车在车站技术作业过程和时间标准；相邻区间列车运行时分，本站列车到发时分及占用到发线程序。

(2)中级车站值班员

技能要求：能根据列车运行图、日(班)计划、阶段计划、调度命令和有关规定办理接发列车；能组织联劳部门和车站有关人员正点开行列车，稳妥处理作业中出现的问题。

相关知识：列车的概念、列车按运输性质的分类和等级顺序。

(3)高级车站值班员

技能要求：能采取措施组织晚点列车恢复正点运行。

相关知识：列车运行图种类、组成的基本要素和编制的基本要求。

(4)技师

技能要求：能按班计划并依据各项技术作业标准编制列车占线程序图；能绘制车站及相邻区间的列车运行图。

相关知识：编制列车占线程序图的方法及规定；绘制列车运行图的知识。

五 任务驱动

任务1 编制地铁列车运行图

【任务描述】

根据下述某地铁已知线路资料和表5-1，铺画该线运营时间内列车运行图。

线路全长19.45km，共16座车站，各站站间距及停站时间如表5-1所示；区间纯运行速度为80km/h；各站起、停车附加时间为10s。列车运营时间：*A*站为6:00～22:25；*P*站为6:15～23:00。行车间隔参考地铁现行的行车间隔。列车折返时间：*A*站为2.5～5min；*P*站为2.5～6min。列车运行采用西门子微机联锁及ATC系统。

各站站间距及停车时间　　表5-1

站名	*A*	*B*	*C*	*D*	*E*	*F*	*G*	*H*	*I*	*J*	*K*	*L*	*M*	*N*	*O*	*P*
站间距(km)	1.25	1.80	1.10	1.00	1.35	0.95	1.50	1.10	1.70	1.00	1.40	1.50	1.40	1.30	1.10	
停站时间(s)	30	20	25	20	30	20	25	20	20	25	30	20	20	25	20	30

【职业实景】

图 5-4 所示为运行中的地铁列车即将与对向列车交会。

图 5-4 运行中的地铁列车即将与对向列车交会

【职业岗位】

地铁车站值班员,铁路车站值班员、行车调度员岗位需要掌握本任务。

【任务分析】

(一)铺画列车运行图

这是本任务的重点。在一分格列车运行图上精确地铺画每一条列车运行线,即根据有关资料,详细规定列车在每个车站的到发或通过时刻,以及在各个区间的运行时分和在折返站的停留时间。

首先需画出各车站的站名线及时间线,列表计算列车各区间上下行纯运行时分,根据各站停站时间、起停车附加时分、区间纯运行时分,自列车出库起,从始发站一直铺画到折返站,经过一定作业后,由折返站返回。合理选取列车运行间隔,铺画列车运行线及其在折返站折返时的运行线,完成一列车一个运行周期的铺画。

(二)检查列车运行图编制质量

列车运行图在很大程度上反映着整个轨道交通行车组织和客运服务工作的水平,提高运行图编制质量,可以改善对旅客的服务,提高列车旅行速度,改进车辆的运用,提高劳动生产率,降低运输成本。

检查列车运行图编制质量主要从是否满足运行图规定的条件进行,如首班车和末班车的发到时刻、清晨和夜间的列车间隔不宜太长,以减少乘客在车站的候车时间。合理规定列车的停站站名和停站时间,以提高运行速度和减少旅客乘车时间。对联结几条线路方向的换乘站，列车的到发时刻应良好地衔接配合，以减少乘客在车站的换乘时间。本任务由于已经规定了这些内容，所以可根据铺画的运行时段，从合理选取列车运行间隔和压缩折返时间等方面进行检查。

【相关知识】

(一)列车运行图含义

列车运行图是运用坐标原理图解列车运行时空过程的一种图解形式，是列车在区间运行及在车站的到发或通过时刻的技术文件。它规定各次列车占用区间的顺序、列车在每个车站的到达和出发(或通过)时刻、列车在区间的运行时间、列车在车站的停站时间以及车底折返等内容。

列车运行图是轨道交通运输工作的综合计划和行车组织工作的基础。列车运行图分为基本运行图(简称基本图)和分号运行图(简称分号图)。

基本图是指经过重新编制和调整，正在实施并持续到下次重新编制和调整为止的列车运行图。调整后的基本图又称调整列车运行图(简称调整图)。

分号图是指为适应短期运输、应对突发事件或施工等需要，短时间实行，实行完毕又恢复到基本图的临时性列车运行图。常见的有大型运动会、“五一”、“十一”、大型演唱会期间实行的分号图。

(二)列车运行图的格式

1. 列车运行图的两种形式

列车运行图是运用坐标原理表示列车运行的一种图解形式，有两种不同的形式。

一种是横坐标表示时间，纵坐标表示距离。在列车运行图上，将横轴按一定比例用竖线划成等分，竖线代表1昼夜的小时或分钟；将纵轴按一定比例用横线加以划分，横线代表分界点(如车站)的中心线，横线间的间距表示分界点间的距离。这样便构成了列车运行图的基本形式，目前我国铁路列车运行图采用该种形式。

另一种是横坐标表示距离，纵坐标表示时间。这时运行图上的横线表示时间，竖线表示分界点中心线(如车站、车厂等)。珠三角许多地铁公司的列车运行图采用该种形式。

2. 列车运行图的四种基本格式

为了适应使用上的不同需要，列车运行图按时间划分的不同主要有以下四种基本格式。

(1)一分格运行图(图5-5)：它的横轴以1min为单位用细竖线加以划分，十分格和小时格用较粗的竖线表示。这种一分格运行图主要在编制新运行图和调度指挥时使用。

(2)两分格运行图(图 5-6):它的横轴以 2min 为单位用细竖线加以划分,城市轨道交通常用这种格式。

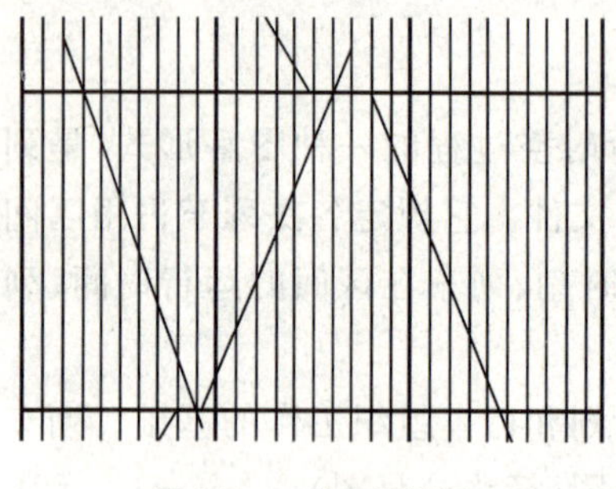

图 5-5　一分格运行图

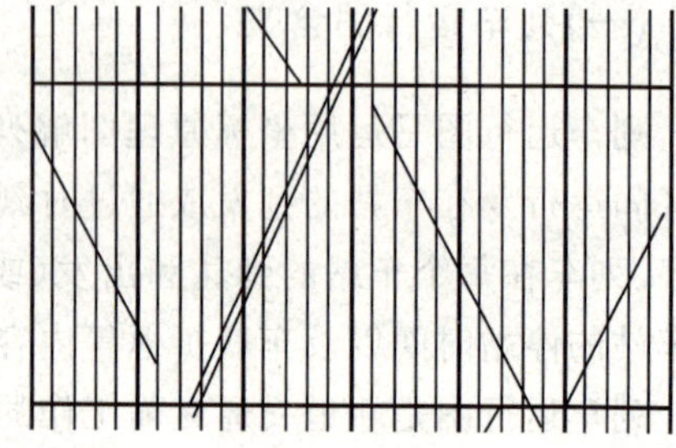

图 5-6　两分格运行图

(3)十分格运行图(图 5-7):它的横轴以 10 min 为单位用细竖线加以划分,半小时格用虚线表示,小时格用较粗的竖线表示。这种十分格运行图常用于铁路运输企业,主要供调度员在日常指挥工作中绘制实迹运行图时使用。

(4)小时格运行图(图 5-8):它的横轴以 1h 为单位用竖线加以划分。这种小时格运行图主要用于铁路编制旅客列车方案图和机车周转图。

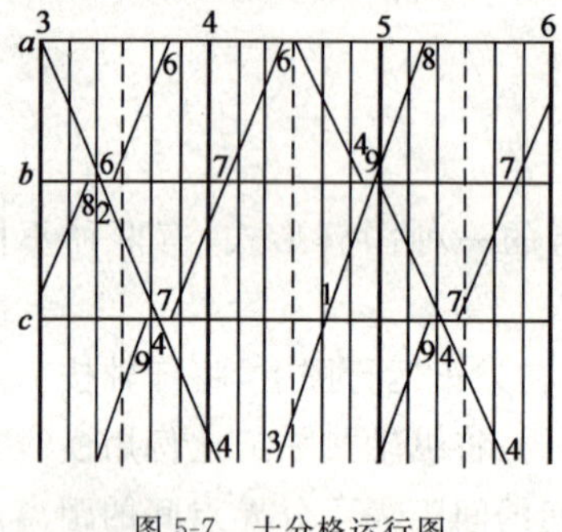

图 5-7　十分格运行图

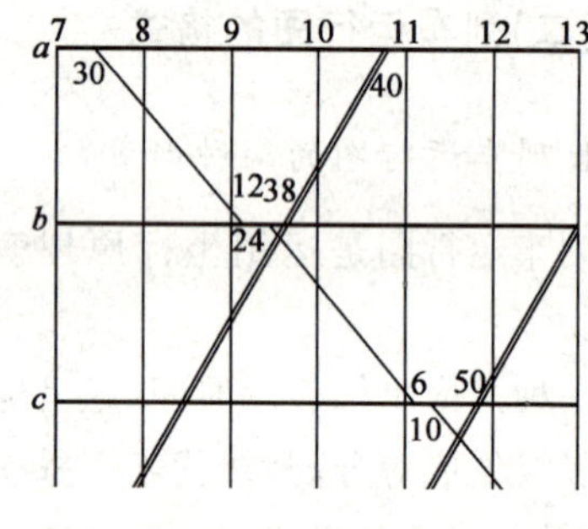

图 5-8　小时格运行图

3. 车站中心线或运行分界点

在运行图上,以横线(或纵线)表示车站中心线或运行分界点的位置。一般以细线表示中间站,以较粗的线表示换乘站或有折返作业的车站。

站名线的确定方法有如下两种。

(1)按区间实际里程比率确定,即按整个区段内各车站间实际里程的比例来确定横线位置,每一横线即表示一个车站的中心线。采用这种方法时,列车运行图上的站间距离完全反映实际情况,能明显地表示出站间距离的大小。但由于各区间的线路平面和纵断面互不相同,使列车运行速度有所不同,这样列车在整个区段的运行线往往是一条斜折线。

(2)按区间运行时分比率确定,即按整个区段内各车站间列车运行时分的比例来确定横线位置。采用这种方法时,可以使列车在整个区段的运行线基本上是一条斜直线。如图 5-9 所示,甲—乙区段下行方向列车运行时分共计 100min。作图时首先确定甲、乙站的位置,然后在代表乙站的横线上向右截取相当于 100min 的线段,得到 E 点。连接甲、E 两点,得一斜直线。最后按照下行列车在各区间的运行时分标出各车站的位置,通过这些点,即可画出代表 A、B、C、D 车站的横线。

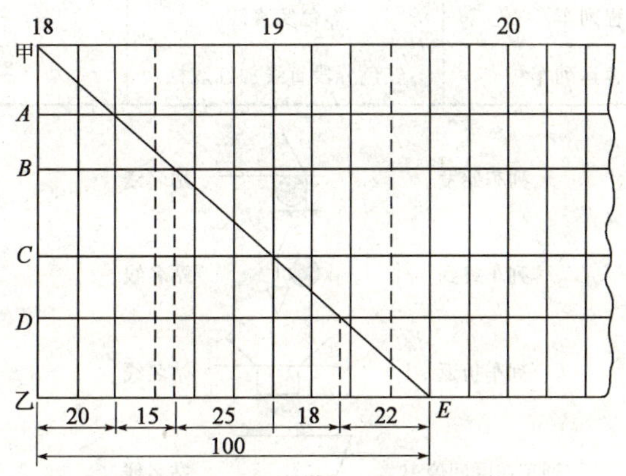

图 5-9 按区间运行时分比率确定车站中心线

4.列车到发时刻表示

列车运行图上的列车运行线(斜线)与车站中心线(横线)的交点,即为列车到发或通过车站的时刻。根据列车运行图的格式,到发时刻有不同的表示方法。在两分格运行图上,以规定的标记符号表示,不需填写数字;在十分格运行图上,填写 10min 以下数字;在小时格运行图上,填写 60min 以下数字。所有表示时刻的数字,都填写在列车运行线与横线相交的钝角内,列车通过车站的时刻,一般填写在出站一端的钝角内。

5.列车运行线表示

列车运行图上铺画有许多不同种类列车的运行线。为了便于识别,对各种列车采用不同的表示方法,并对每一列车冠以规定的车次,标在区段两端相应的列车运行线上方。上行列车的车次为双数,下行列车的车次为单数。每条轨道交通线路的上行方向由地铁公司自行规定,反之为下行方向。

我国部分城市轨道交通系统列车运行线的表示见表 5-2,列车运行图符号如图 5-10 所示。

某地铁公司列车运行线的表示方法 表 5-2

序号	列车种类	表示方法	图例
1	客车	红色实直线	————
2	接触网检查及轨道车	黑色实直线加蓝圈	——○——
3	出入段客车、回空列车	红色实直线加红框	——□——
4	救援列车	红色实直线加红叉	——×——
5	调试列车	蓝色实直线	————
6	工程列车	黑色实直线	————
7	临时客运列车	红色分段直线加红双杠	——‖——

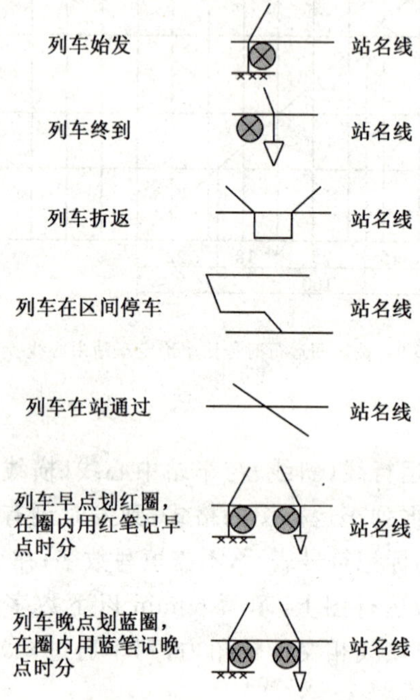

图 5-10 我国部分城市轨道交通系统的运行图符号

列车运行中发生不正常情况时，在列车实迹运行图记事栏内注明。

6. 列车车次规定

以我国部分城市轨道交通系统为例。

(1)客车车次：6 位数，左边两位为列车目的地码，中间两位为列车服务号，最后两位为列车运行序列号。

①列车目的地码：是指列车运行的终点站，如表 5-3a 和表 5-3b 所示。

1号线目的地码释义表

表 5-3a

十　位	车　站	十　位	车　站
1	西朗	5	公园前
2	车厂南口	6	东山口
3	车厂北口	7	火车东站
4	芳村		

表 5-3b

个位	停站	个位的基本功能	西朗(1)	车厂南口(2)	车厂北口(3)	芳村(4)	公园前(5)	东山口(6)	火车东站(7)
1	停	进优先折返线,改变方向	进1道,改变列车方向			进折返线2,如占用改进折返线1:改变方向,进车站上行股道	进车站上行股道		进折返线2,如占用改进折返线1:改变列车方向,进车站下行股道
2	停	进非优先折返线,改变方向	进2道,改变列车方向				至信号机S911运休		
3	停	终到				终止在车站股道上		进车站上行股道	终止在上行股道
4	停	回厂,进折返线,运休	进3道,如占用改进2道:改变列车方向			进折返线1:运休		进存车线:运休	进折返线2,如占用改进折返线1,运休
5	停	洗车	固定进3道,改变列车方向,通过洗车线回车厂			进折返线2:运休			
6	否	进优先折返线,改变方向	进1道,改变列车方向。对L016:进2道,改变方向			进折返线1,如占用改进折返线2:改变方向,进车站上行股道	进车站上行股道		进折返线2,如占用改进折返线1:改变列车方向,进车站下行股道
7	否	进非优先折返线,改变方向	进2道,如占用改进1道:改变列车方向				至信号机S911运休		仅对L162:从车站存车线1回车站上行股道

续上表

个位	停站	个位的基本功能	西朗(1)	车厂南口(2)	车厂北口(3)	芳村(4)	公园前(5)	东山口(6)	火车东站(7)
8	否	终到		由出厂线回厂		终止在车站股道上		进车站上行股道	终止在上行股道
9	否	回车厂，进折返线，运休	进3道，如占用改进2道:改变列车方向	由入厂线回厂	由车厂北口回车厂	进折返线1:运休			进折返线2,如占用改进折返线1，运休
0	否	洗车	固定进3道:改变列车方向，通过洗车线回厂	经洗车线回车厂		进折返线2:运休			

②列车服务号:按列车出厂的顺序给出，服务号从列车出厂投入服务到回厂退出服务，一般不变，除非正线运营秩序发生混乱。

③列车运行序列号:是指列车每运行一个单程(如西朗—火车东站)的顺序号，上行方向使用连续偶数，下行方向使用连续奇数。

(2)调试车车次比照客车车次，使用服务号区分。

(3)客车、专列和调试车的服务号如表5-4所示。

客车、专列和调试车的服务号 表5-4

列车类别	1号线	2号线	备注
客车	01～49	01～49	
空客车	80～89	80～89	
专列	97～99	97～99	
调试车	51～59	71～79	

(4)工程、救援列车车次:3位数，工程、救援列车的车次规定见表5-5。

工程、救援列车的车次规定 表5-5

列车类别	1号线	2号线	备注
工程车	501～519	551～569	
轨道车	521～539	571～589	含网轨检测车、打磨车
救援列车	601～619	651～669	含客车、工程列车

由于城市轨道交通系统的列车运行图符号及列车车次的规定目前尚未统一，故使用时须加以区别。

(三)列车运行图的要素

列车运行图虽有各种不同的类型,但一些基本要素是相同的。在编制列车运行图之前,必须首先确定这些基本要素。

城市轨道交通列车运行图要素主要包括:列车区间运行时分、列车在中间站的停站时间、列车在车辆段和折返站等的技术作业过程及其主要作业时间标准、追踪列车间隔时间。

1.列车区间运行时分

列车区间运行时分是指列车在两个相邻车站之间的运行时间标准。它采用分析计算和实际试验相结合的方法进行查定。

列车区间运行时分按车站中心线或通过信号机之间的距离计算。

由于不同列车的运行速度不同,上下行方向的线路平面、纵断面条件不同,所以列车区间运行时分应按各种列车和上下行方向分别查定。

此外,列车区间运行时分还应根据列车在每一区间的两个车站上不停车通过和停车两种情况分别查定。列车不停车通过两相邻车站所需的区间运行时分称为纯运行时分。因列车到站停车和停站后出发而使区间运行时分延长的时分称为停车附加时分和起动附加时分。起停车附加时分应根据列车种类以及进出站线路平面、纵断面条件,分别计算查定。因此列车区间运行时分有四种情况(即通通、通停、起通、起停),如图 5-11 所示。

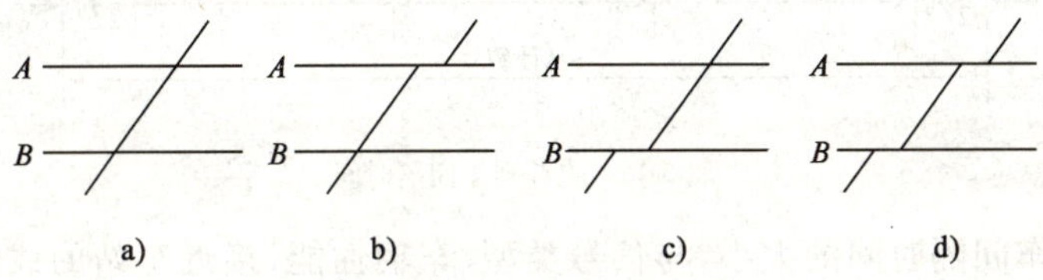

图 5-11 列车区间运行时分示意图

a)通通;b)通停;c)起通;d)起停

2.列车在中间站的停站时间

列车在中间站的停站时间主要用来进行以下作业:

(1)必要的技术作业,如列车的技术检查、乘务组的换班等。

(2)客运作业,如旅客乘降等。

(3)列车在中间站的会车和越行。

列车在中间站的停站时间标准,由每一车站用分析计算和实际查标相结合的方法分别确定。列车在中间站的各项作业,应尽可能平行进行。在满足实际需要的条件下,应最大限度地缩短列车停站时间,提高列车旅行速度。

3. 列车在车辆段、折返站等的技术作业过程及其主要作业时间标准

城市轨道交通列车在车辆段、折返站的停留时间主要用来进行折返作业。根据列车折返方式的不同，作业时间标准也不同，站前折返比站后折返要少。一般地，提高运行图的通过能力，加速车底周转的一个很重要的措施是压缩列车在线路两端站的折返时间。

4. 追踪列车间隔时间

在自动闭塞区段，凡一个站间区间内同方向有两列或两列以上列车以闭塞分区为间隔运行的，称为追踪运行。追踪运行列车之间的最小间隔时间称为追踪列车间隔时间。

追踪列车的最小间隔时间，取决于列车运行速度及信号、联锁、闭塞设备的类型。

在使用三显示自动闭塞的区段追踪列车之间的间隔，通常情况下需相隔 3 个闭塞分区，这样可以保证列车经常能看到绿灯显示，从而可以使后行列车在绿灯条件下，保持高速运行，如图 5-12 所示。

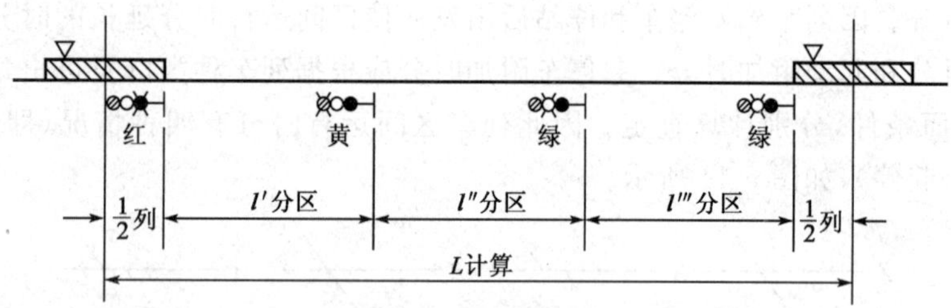

图 5-12　追踪列车间隔时间

追踪列车间隔时间的大小，与信号类型、车辆性能、接近车站的线路平纵断面情况、列车停站时间和行车组织方法等因素有关。目前采用德国西门子微机联锁设备的我国地铁公司最小列车间隔时间可低至 2min。

（四）列车运行图的编制要求和步骤

随着城市轨道交通客运量的不断增长，尤其是当轨道交通形成网络之后，客运量的增长日益显著，同时运输市场不断发展变化，各项新技术、新设备的使用和运输组织工作的不断改进，使得列车运行速度不断提高，因此每经过一定的时期，就需要重新编制一次列车运行图。

列车运行图的编制，大致可以分为三个阶段，即准备资料阶段、编制阶段和新图实行前的准备阶段。

1. 准备资料阶段

(1)编图要求

①保证列车运行的安全。

②迅速、便利地运送旅客。

③充分利用通过能力,经济合理地使用机车车辆和安排施工时间。同时,将区间通过能力利用率控制在一定的允许范围内,确保列车运行图具有一定的弹性,以适应日常运输生产和列车运行秩序变化的需要。

④做好列车运行线与车流的结合。

⑤各站、各区段间的协调和均衡。

⑥合理安排乘务人员作息时间。

列车运行图在很大程度上反映着整个轨道交通行车组织工作的水平,提高运行图编制质量,可以改善对旅客的服务,提高速度,改进车辆的运用,充分利用区段通过能力,提高劳动生产率,降低运输成本。编图时,需及时总结经验,不断提高列车运行图的质量。

(2)编图资料

①各区段列车行车量。

②车站间隔时间和追踪列车间隔时间。

③各区段通过能力。

④列车停车站及停车时间标准。

⑤各技术站主要技术作业时间标准。

⑥列车区间运行时分及起停车附加时分。

⑦机车在机务本段和折返站所在站的停留时间标准,机车运用方式和乘务工作制度。

⑧各区段线路允许速度、车站过岔速度。

⑨施工计划和慢行地段及其限速标准。

⑩现行列车运行图执行情况分析及改善意见。

2. 编制阶段

列车运行图的编制阶段,通常分三步进行。

(1)编制列车运行方案图

编制列车运行方案是列车运行图编制工作中十分重要的工作。它主要应解决以下问题。

①方便乘客。方便乘客作为一项基本要求是衡量服务水平的重要标志之一,具体表现为乘客时间的节约。它包括乘客候车、乘车和换乘等几个环节的时

间。因此，在考虑列车运行方案时，要认真排定首班车和末班车的发到时刻。在清晨和夜间的列车间隔不宜太长，以减少乘客在车站的候车时间。合理规定列车的停站站名和停站时间，以提高运行速度和减少旅客乘车时间。对联结几条线路方向的换乘站，列车的到发时刻应良好地衔接配合，以减少乘客在车站的换乘时间。

轨道交通列车的到发时刻与其他交通工具，如地面公共交通、铁路、航空、企事业单位交通车等的衔接配合，会对需要换乘的乘客带来较大的方便。

同时必须安排好运送轨道交通通勤职工上下班的列车运行线。在可能的情况下，为节省车辆的运用，可以合并使用列车运行线。

②经济合理地使用车辆。当车辆不足或客流量增长较快的情况下，充分挖掘潜力，加速车辆周转，对轨道交通运输具有较大的现实意义。减少运用车组的需要数，可以采用适当压缩列车在折返站的停留时间、合理安排列车回段检修等方法。

运用车组需要数的计算方法有图解法和分析计算法两种。

a.图解法。根据列车运行方案图直接可以查出所需要的运用车组数。在图上垂直于代表距离的横（或纵）轴的截取线与列车运行线和列车折返停留线的交点数即为运用车组需要数。

b.分析计算法。运用车组需要数可按下式计算：

$$N=\frac{T}{t}$$

式中：N——运用车组数（组）；

T——列车往返运行所需的全部时间(min)；

t——列车发车间隔时间(min)。

③列车运行与车站客运作业过程的协调。在采用岛式站台的车站上，在运营高峰时间或行车密度较大时，如两个及其以上方向的列车同时到达，由于客流集中，会造成站内拥挤。因此，宜安排不同方向的列车在车站交错到达，以避免车站客运组织工作出现困难。

④列车运行与车辆段有关作业的协调。必须考虑车辆列检作业的需要，并保证足够的作业时间。在考虑到列检能力的同时，要尽可能使各个车组在列车运行图上连续运行周数大体均衡。

在车辆段没有试车线时，应铺画调试列车运行线，调试列车一般在运营低谷时间开行。对司乘人员的换班、吃饭，应按规定在列车运行图上合理安排时间。

(2)铺画列车运行详图

在一分格列车运行图上精确地铺画每一条列车运行线，即根据列车运行方案图和有关资料，详细规定列车在每个车站的到发或通过时刻，在各个区间的运行时分和在折返站的停留时间。

铺画顺序按照列车等级依次为：专用列车、旅客列车、调试列车和回空列车。自列车出库起，从始发站一直铺画到折返站，经过一定作业后，由折返站返回。

在详细铺画列车运行图的过程中，可按需要对方案图所拟订的列车运行线作适当的调整。

(3)编制分号运行图

为适应运量波动需要编制分号运行图，分号运行图取决于列车运行图实行期间的运量波动程度及波动期间的长短。一般地，城市轨道交通列车运行图可以按周一～周四、周五、周六、周日、"五一"、"十一"等情况进行分号编制，以适应不同运量的需要。

【任务实践】

根据已知地铁线路资料，铺画该线运营时间内 1h 列车运行图。

(1)车站站名线的确定。根据纸张大小，首先标出始端站、终端站的站名线，再根据各站站间距占全线里程的比例，标出其余各站的站名线。

(2)时间线的标画。可采用 3mm∶1min 的比例画出时间线。

(3)根据站间距及列车区间运行速度，列表计算列车各区间上下行纯运行时分。

(4)根据各站停站时间、起停车附加时分、区间纯运行时分，铺画始端站第一列车的列车运行线。

(5)根据折返站的折返时分，铺画列车在折返站折返时的运行线，并完成一列车一个折返的铺画。

(6)根据铺画列车运行时段，合理选取列车运行间隔。

(7)按照列车运行间隔，铺画下一列车的运行线。

(8)线路终端站的列车运行线铺画方法同上。

(9)检查列车运行图是否满足各项已知条件，确认无误后，描图。

【拓展知识】

(一)列车运行图的分类

根据线路的技术设备(如单线、双线)和列车的运行速度、上下行方向的列车数量、列车的运行方式等条件，列车运行图可分为各种不同类型。

1. 按使用范围分

(1)地铁企业内部使用的列车运行图

通常以图形的列车运行图形式提供使用。

(2)供社会使用的列车运行图

通常以旅客列车时刻表形式供社会使用,旅客列车时刻表应在新运行图实行之前向社会公布。

2.按区间正线数分

(1)单线运行图

在单线区段,上下行方向的列车都在同一正线上运行,因此,两个方向的列车必须在车站上进行交会,单线运行图多半在运量不大的市郊铁路使用,如图 5-13 所示。

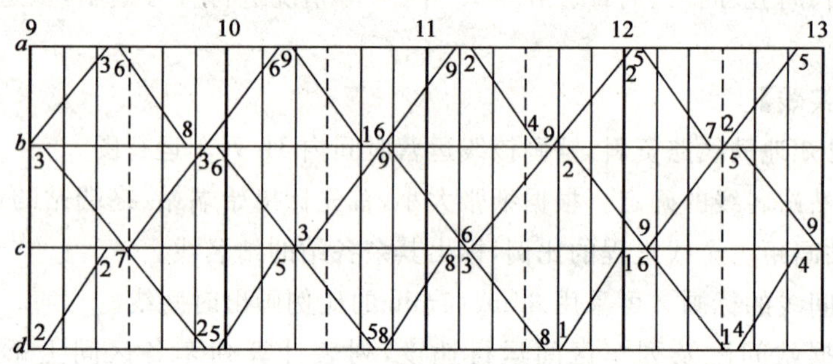

图 5-13 单线平行运行图

(2)双线运行图

在双线区段,上下行列车在各自的正线上运行,因此上下行方向列车的运行互不干扰,可以在区间内或车站上交会。但列车的越行必须在车站上进行,如图 5-14 所示。

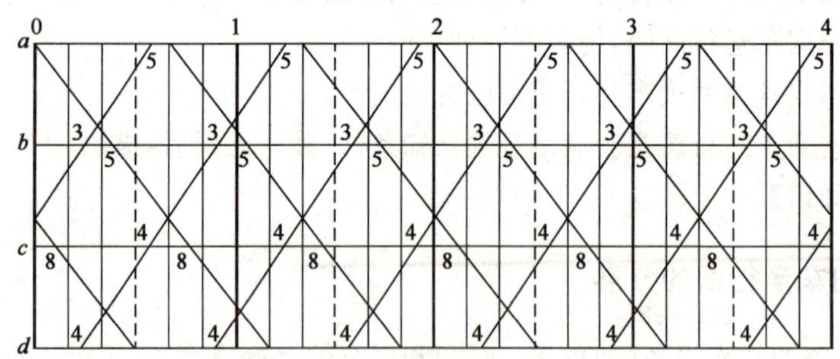

图 5-14 双线平行运行图

(3)单双线运行图

在有部分双线的区段,单线区间和双线区间各按单线运行图和双线运行图的特点铺画运行线,如图 5-15 所示。

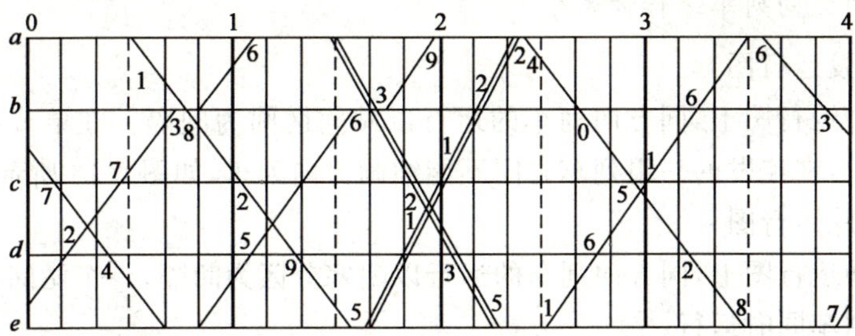

图 5-15　单双线运行图

3.按列车运行速度分

(1)平行运行图

在同一区间内,同一方向列车的运行速度相同因而运行线相互平行,并在区段内没有列车越行,如图 5-13 和图 5-14 所示。

(2)非平行运行图

在列车运行图上铺有各种不同速度和不同种类的列车,如图 5-17 所示。在轨道交通系统中,除市郊铁路外,通常不采用非平行运行图。

4.按上下行方向列车数目分

(1)成对运行图

在这种运行图中,上下行方向的列车数目是相等的,如图 5-13 和图 5-14 所示。

(2)不成对运行图

在这种运行图中,上下行方向的列车数目是不相等的,如图 5-16 所示。实际中,大部分区段的上下行列车数是相等的,因此一般多采用成对运行图 。只有在上下行方向运量不等的个别区段,行车量较大方向的能力不足时,才采用不成对运行图。

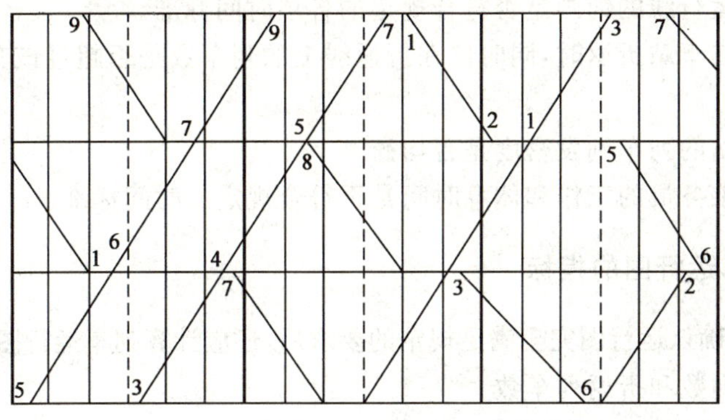

图 5-16　不成对运行图

5. 按同方向列车运行方式分

(1)连发运行图

在这种运行图上，同方向列车的运行以站间区间为间隔。在单线区段采用这种运行图时，在连发的一组列车之间不能铺画对向列车，如图 5-16 所示。

(2)追踪运行图

在这种运行图上，同方向列车的运行以闭塞分区为间隔，一个站间区间内允许几列同向列车同时运行。

上述分类，都是针对列车运行图的某一特点而加以区分的。实际上，每张运行图都具有几个方面的特点，如图 5-17 所示为某一区段的运行图，它既是双线的、非平行的，又是追踪的。

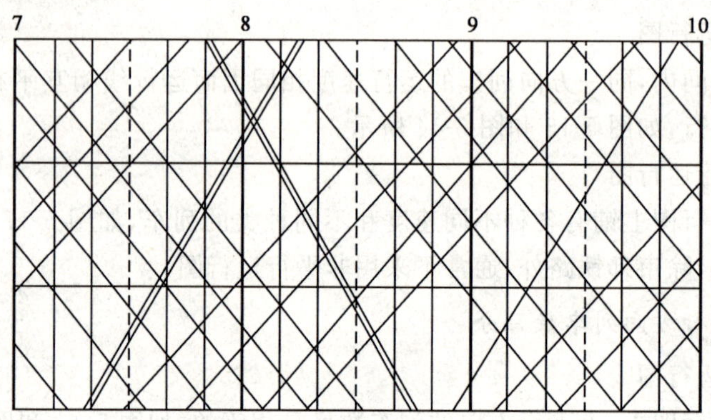

图 5-17　双线追踪非平行运行图

(二)列车运行图编制质量的检查

列车运行图编完后，必须对运行图的编制质量进行全面检查。检查的主要内容有：

(1)运行图上铺画的列车数和折返列车数是否符合要求。

(2)列车运行线的铺画是否符合规定的各项时间标准。

(3)列车在车站折返时，同时停在折返线上的列车数是否超过该车站现有的折返线数。

(4)换乘站的列车到发密度是否均衡。

(5)列车乘务员的工作和休息时间是否符合规定的时间标准。

(三)列车运行图的指标

通过检查确认运行图完全满足规定的要求后，还应计算列车运行图的各项指标。

(1)列车列数和折返列车数

各种编组的列车在运营线路上行驶一个单程，不论是全程运行还是小交路折返，均按一列计算，图定回空列车计入开行的旅客列车列数内。专运列车和调试列车等另行统计。旅客列车分别按全日、上行和下行开行列数计算。折返列车数按各折返站分别计算。

(2)旅客输送能力

计算公式为：

$$\text{旅客输送能力} = \text{旅客列车数} \times \text{列车定员}$$

(3)高峰小时运用列车数

高峰小时运用列车数可按不同的高峰时期分别计算，如按早高峰和晚高峰分别计算。

(4)全日车辆总走行公里

全日车辆总走行公里是轨道交通车辆为运送乘客在运营线路上所走行的里程，它包括图定的车辆空驶里程和出于某种原因列车在中途清客或列车在少数车站通过后仍继续载客的车辆空驶里程。

计算公式为：

$$\text{全日车辆总走行公里} = \sum(\text{旅客列车数} \times \text{列车编组辆数} \times \text{列车运行距离})$$

(5)车辆日均走行公里

车辆日均走行公里(又称日车公里)，即每一运用车辆每日平均走行公里数。

计算公式为：

$$\text{车辆日均走行公里} = \frac{\text{全日车辆总走行公里}}{\text{全日车辆运用数}}$$

其中全日运用车辆数可近似地取早高峰小时的运用车辆数。

(6)车辆全周转时间

车辆全周转时间是指车辆在运营线路上完成一次周转所消耗的时间。

计算公式为：

$$\text{车辆全周转时间} = \frac{\text{全日营业时间} \times \text{运用车组数}}{\text{全日井行列车对数}}$$

(7)车辆周转时间

车辆周转时间与车辆全周转时间的区别在于：前者所指的车辆在运营线路上完成一次周转所消耗的时间中不包括回库检修等与运送旅客无关的时间。

计算公式为：

$$\text{车辆周转时间} = \frac{\text{全日营业时间} \times \text{运用车组数} - \sum \text{回段检修时间}}{\text{全日开行列车对数}}$$

(8)技术速度

列车平均技术速度，即列车在各区间运行(包括列车起停车附加时分等，但不包括列车在各中间站的停站时间和列车在线路两端的折返停留时间)平均每小时走行的公里数。

计算公式为：

$$v_{技} = \frac{\sum nL}{\sum nt_{运}}$$

式中：$\sum nL$——列车总的走行公里；

$\sum nt_{运}$——列车运行时分的总和(包括起停车附加时分)。

(9)旅行速度

列车平均旅行速度(又称运送速度)，即列车在各区间运行(包括列车在各中间站的停站时间)平均每小时走行的公里数。

计算公式为：

$$v_{旅} = \frac{\sum nL}{\sum nt_{运} + \sum nt_{停}}$$

式中：$\sum nt_{停}$——列车在各中间站停留时间的总和。

(10)满载率

满载率指全部运用车辆运送乘客时的平均满载程度。满载率又分成两种：

①平均满载率，反映一定时间内车辆运能的利用水平。

②线路断面满载率，反映特定时间、特定断面上车辆运能的利用程度。计算公式为：

$$线路断面满载率 = \frac{断面客流量}{断面输送能力} \times 100\%$$

实际工作中，线路断面满载率通常指高峰小时、单向最大客流断面的车辆满载情况。

(11)列车正点率

列车正点率指按列车运行图图定车次、时间准点运行的列车数(包括根据调度命令临时加开或停运列车)与全部开行列车数之比。列车正点率可分为始发正点率和到达正点率。

我国部分城市轨道交通系统列车正点统计标准是：凡按客流变化而抽线或加开列车、准点始发、准点到达终点的都统计为正点列车数。早点或晚点不超过3min的也按正点统计。

(12)平均运距(km/人)

平均运距是指每个乘客的平均乘车距离。它能从全面客流调查或抽样客流调查中得到。

为了进一步评价新运行图的质量，除计算新运行图的各项指标外，还应与现行运行图进行比较，分析各项指标提高或降低的主要原因。

任务2 铺画单线铁路列车运行图

城市轨道交通一般采用双线运行图。当一条正线由于故障不能投入运营时，一般采用小交路组织列车运行，继续为乘客服务。市郊铁路、城市轨道交通线路运营初期，也有可能采用单线列车运行图。本任务以铺画铁路单线列车运行图为例，明确单线列车运行图的铺画，使学生掌握单线列车运行组织的特点。

【任务描述】

甲—乙为单线半自动闭塞区段，甲、乙为区段站，列车起动或停车附加时间为：$t_{起}=2\text{min}$，$t_{停}=1\text{min}$，各区间运行时间如表 5-6 所示。旅客列车在甲、乙站停车办理客运。停车作业时间标准除特别指定外均为 10min，货物列车在甲、乙站停站时间标准均为 50min，中间各站均可三交会。在途及接入列车情况为：6103 次 18:08 过 *A* 站，T181 次甲站 18:30 到，90001 次甲站 18:06 到，19001 次甲站 18:20 到，1419 次甲站 19:43 到、20:00 开，80002 次乙站 17:15 到，1520 次乙站 18:30 到，31002 次乙站 19:29 始发，K186 次乙站 19:33 到、19:50 开，T90 次 20:22 到。请按列车的等级顺序会车，画出实际运行图。

甲—乙单线半自动闭塞区段列车运行时分 表 5-6

区　　间	列车纯运行时分(min)	
	客　　车	货　　车
甲—*A*	7	10
A—*B*	5	8
B—*C*	7	10
C—*D*	5	8
D—*E*	7	10
E—*F*	5	8
F—乙	7	10

【职业实景】

图 5-18 所示为使用内燃机车牵引的单线铁路列车。

图 5-18　内燃机车牵引的单线铁路列车

【职业岗位】

地铁车站值班员，铁路车站值班员、行车调度员岗位需要掌握本任务。

【任务分析】

铺画单线列车运行图，首先确定旅客列车运行线，在旅客列车运行线铺画好的基础上，按照列车的等级顺序会车，铺画货物列车运行线。

【相关知识】

城市轨道交通市郊铁路车站在办理两列车的到发或通过作业所需要的最小间隔时间称为车站间隔时间。

常见的车站间隔时间包括不同时到达间隔时间、会车间隔时间、同方向列车连发间隔时间等。车站间隔时间与车站邻接区间的行车闭塞方法、车站信号和道岔的操纵方法、车站类型、接近车站线路的平纵断面情况、机车类型、列车质量和长度等因素有关。编制新列车运行图之前，每个车站都要根据具体条件，查定各种车站间隔时间。

（一）不同时到达间隔时间（$\tau_{不}$）

在单线区段，来自相对方向的两列车在车站交会时，从某一方向的列车到达车站时起，至相对方向列车到达或通过该站时止的最小间隔时间，称为不同时到达间隔时间，如图 5-19 所示。

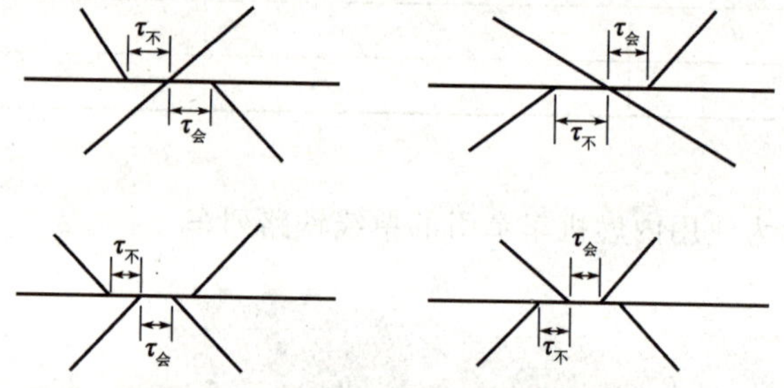

图 5-19　不同时到达间隔时间及会车间隔时间

为确保行车安全，在进站信号机外制动距离内进站方向为超过《技术管理规程》规定的下坡道且接车线末端无隔开设备的车站，禁止办理相对方向同时接车。凡是不能办理相对方向同时接车的单线车站，必须查定不同时到达间隔时间。

不同时到达间隔时间的大小，根据以下条件确定。

1. 进行有关作业的时间

只有当第一列车到达车站，并为对向列车准备好接车进路以后，才能给对向列车开放进站信号。

2. 对向列车通过进站距离的时间

为后到列车开放进站信号时，该列车头部在进站信号机外方所处的位置，等于一个制动距离及司机确认信号显示状态时间内所通过的距离之和，如图 5-20 所示。

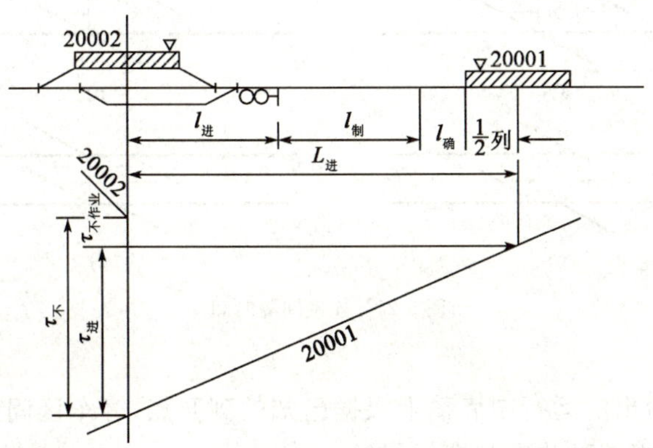

图 5-20 进站信号机开放时列车位置及不同时到达间隔时间

(二)会车间隔时间($\tau_{会}$)

在单线区段，自列车到达或通过车站时起，至由该站向这个区间发出另一对向列车时止的最小间隔时间，称为会车间隔时间，如图 5-19 所示。

会车间隔时间是车站办理各项作业所需要的时间，包括：确认先到列车的到达或通过时间、与来车方向的邻站办理闭塞的时间、准备发车进路及开放出站信号机的时间、发车作业时间等。根据各站信号、联锁、闭塞设备条件及其作业内容查定。

(三)同方向列车连发间隔时间($\tau_{连}$)

半自动闭塞区段，单线或双线车站，从列车到达或通过前方邻接车站时起，至由车站向该区间再发出另一同方向列车时止的最小间隔时间，称为同方向列车连发间隔时间。

半自动闭塞区段同方向列车连发必须间隔一个 $\tau_{连}$ 时间的实质是半自动闭塞法组织行车时列车的运行间隔是一个站间区间。当区间内有车时，车站不能向该区间发出另一列车，必须等前行列车到达前方站后，区间才能开通，两站才可办理下一列车的接发列车作业。

根据列车在区间的前后两站停车或通过的不同情况，连发间隔时间有四种类型，如图 5-21 所示。

(1)两列车在前后两站都通过，见图 5 21a)。

(2)前行列车在前方站停车，后行列车在后方站通过，见图 5-21b)。

(3)前行列车在前方站通过，后行列车在后方站停车，见图 5-21c)。

(4)两列车在前后两站都停车，见图 5-21d)。

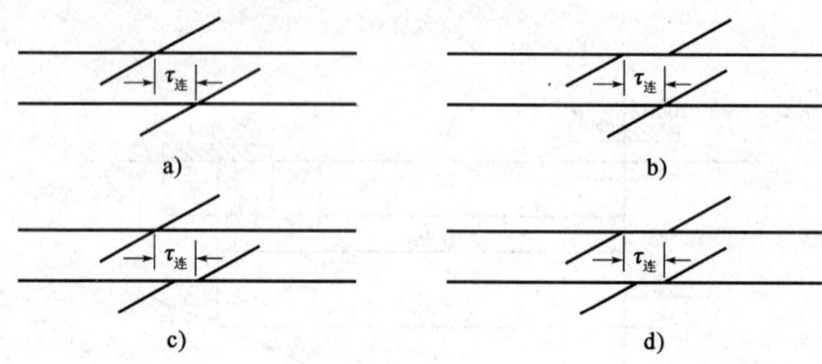

图 5-21　连发间隔时间

【任务实践】

(1)首先在给出的运行图底稿上根据已知的到开点、客车区间运行时分和客车停站作业时间要求铺画旅客列车运行线。

(2)根据已知的到开点、货车区间运行时分和货车停站作业时间按照列车的等级顺序会车，铺画货物列车运行线。

(3)检查会车顺序、列车对数、停站时分等已知条件是否满足。

(4)将旅客列车运行线和货物列车运行线根据列车运行图的编制要求进行描绘。

【拓展知识】

(一)铁路车次的规定

铁路列车运行方向，原则上以开往北京方向为上行，反之为下行。全国各线的列车运行方向根据《列车运行图编制管理规则》规定。枢纽地区的列车运行方向由铁路局规定。列车需按规定编定车次，上行列车编为双数，下行列车编为单数。同一车站到开的列车，不得编用相同的车次。在个别区间的列车，如按规定运行方向变更车次有困难时，可与规定方向不符。

铁路列车车次编排规定如下。

1.旅客列车

(1)高速动车组旅客列车：G1～G9998，“G”读“高”。

其中，跨局：G1～G5998，管内：G6001～G9998。

(2)城际动车组旅客列车：C1～C9998，“C”读“城”。

其中，跨局：C1～C1998，管内：C2001～C9998。

(3)动车组旅客列车：D1～D9998，“D”读“动”。

其中,跨局:D1～D3998,管内:D4001～D9998

(4)直达特快旅客列车:Z1～Z9998,"Z"读"直"。

(5)特快旅客列车:T1～T9998,"T"读"特"。

其中,跨局:T1～T4998,管内:T5001～T9998。

(6)快速旅客列车:K1～K9998,"K"读"快"。

其中,跨局:K1～K6998,管内:K7001～K9998。

(7)普通旅客列车:1001～7598。

①普通旅客快车:1001～5998。

其中,跨三局以上:1001～1998,跨两局:2001～3998,管内:4001～5998。

②普通旅客慢车:6001～7598。

其中,跨局:6001～6198,管内:6201～7598。

(8)通勤列车:7601～8998。

(9)临时旅客列车:L1～L9998,"L"读"临"。

其中,跨局:L1～L6998,管内:L7001～L9998。

(10)旅游旅客列车:Y1～Y998,"Y"读"游"。

其中,跨局:Y1～Y498,管内:Y501～Y998。

(11)动车组检测车:DJ5501～DJ5598,"DJ"读"动检"。

(12)回送出入厂客车底列车:001～00298。

(13)回送图定客车底列车:在车次前冠以"0"。

(14)因故折返旅客列车:原车次前冠以"F"读"返"。

2.行包专列

(1)行邮特快专列:X1～X198,"X"读"行"。

(2)行包特快专列:X201～X998。

3.货物列车

(1)直达货物列车:80001～87998,10001～19998。

其中,货运"五定"班列:80001～81748,快运货物列车:81751～81998,煤炭直达列车:82001～84998,石油直达列车:85001～85998,始发直达列车:86001～86998,空车直达列车:87001～87998,技术直达列车:10001～19998。

(2)直通货物列车:20001～29998。

(3)区段货物列车:30001～39998。

(4)摘挂列车:40001～44998。

(5)小运转列车:45001～49998。

(6)超限货物列车:70001～70998。

(7)万吨货物列车:71001～72998。

(8)冷藏列车:73001～74998。

(9)军用列车:90001～91998。

(10)自备车列车:95001～97998。

4.单机和路用列车

(1)单机:50001～52998。

其中,客车单机:50001～50998,货车单机:51001～51998,小运转单机:52001～52998。

(2)补机:53001～54998。

(3)试运转列车:55001～55998。

(4)轻油动车、轨道车:56001～56998。

(5)路用列车:57001～57998。

(6)救援列车:58101～58998。

(二)铁路列车运行线的表示方法

铁路列车运行线表示方法、列车运行整理符号,在《铁路运输调度规则》中统一规定,各铁路局根据实际情况予以补充规定。

1.铁路列车运行线表示方法

我国铁路列车运行线的表示方法见表5-7。

铁路列车运行线的表示方法　表5-7

列车种类	表示方法		备注
旅客列车(包括行邮列车、动车组检测车)	红单线	————————	以车次区分
临时旅客列车	红单线加红双杠	——‖——‖——	
回送客车底列车	红单线加红方框	——□——□——	
行包列车	蓝单线加红圈	——○——○——	
"五定"班列	蓝单线加蓝圈	——○——○——	
快运货物、直达、单元重载货物列车	蓝单线	————————	以车次区分
组合重载货物列车	蓝色断线	— — — — — — — —	2万t、1万t组合重载列车以车次区分
直通、自备车、区段、小运转列车	黑单线	————————	以车次区分
冷藏列车	黑单线加红圈	——○——○——	

续上表

列车种类	表示方法		备注
军用列车	红色断线	— — — — — — —	
回送军用列车	红色断线加红方框	— —□— —□— —	
超限超重货物列车	黑单线加黑方框	——□——□——	
摘挂列车	黑单线加"+"、"|"	——+——|——	
路用列车、试运转列车	黑单线加蓝圈	——○——○——	以车次区分
单机	黑单线加黑三角	——▷——▷——	
高级专列及先驱列车	红单线加红箭头	———→———	
救援和除雪列车	红单线加红叉	——×——×——	
重型轨道车、轻油动车	黑单线加黑双杠	——‖——‖——	

2.列车运行及运行整理符号

铁路列车运行及运行整理符号见图 5-22～图 5-37。

(1)列车始发、终止、在中间站临时停运及由邻接区段转来或开往邻区段见图 5-22～图 5-26。

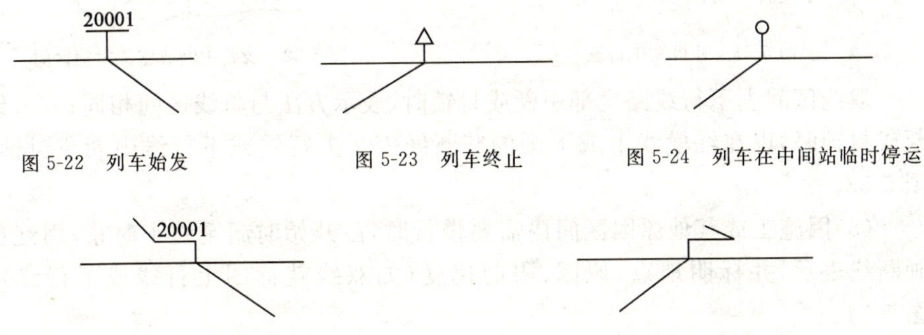

图 5-22　列车始发　　图 5-23　列车终止　　图 5-24　列车在中间站临时停运

图 5-25　列车由邻接区段转来　　图 5-26　列车开往邻接区段

列车到开时分记在钝角内。早点用红圈、晚点用蓝圈记于锐角内，圈内注明早、晚点时分。晚点原因可用简明略号注明，如因编组晚点可只写"编"字。

(2)列车合并运行(在列车运行线上注明某次列车被合并)，见图 5-27。

(3)列车让车，见图 5-28。

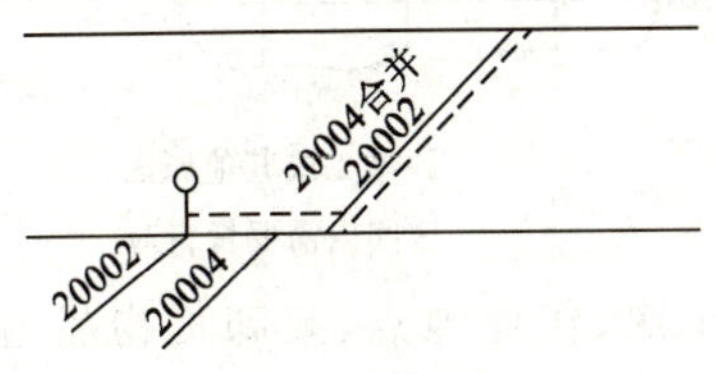

图 5 27　列车合并运行

图 5-28　列车让车

(4)列车反方向运行时，在反方向运行区间的运行线上填写车次及“(反)”字，见图 5-29。

(5)列车在区间内分部运行，见图 5-30。

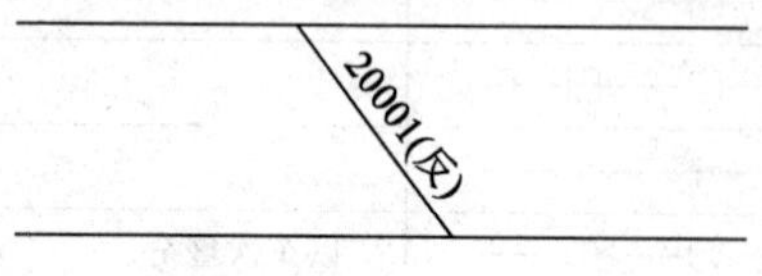

图 5-29　列车反方向运行

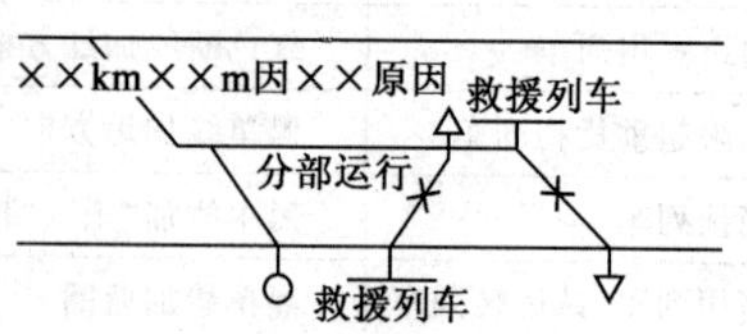

图 5-30　列车在区间内分部运行

(6)补机途中折返，见图 5-31。

(7)线路中断或施工封锁区间时，要在该区间内画一红横线，表示单线区间中断或封锁，见图 5-32。

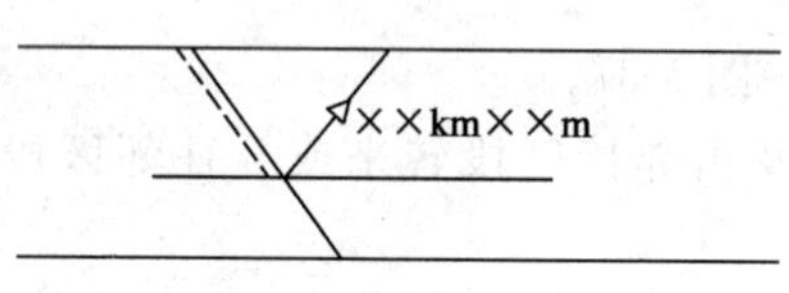

图 5-31　补机途中折返

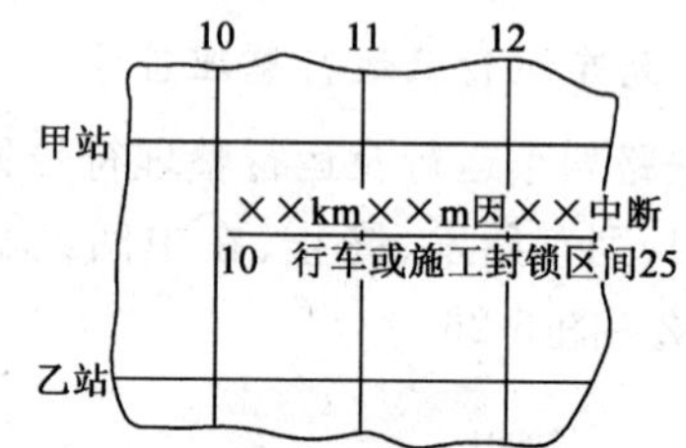

图 5-32　线路中断或施工封锁区间

双线区间上下行线路全部中断或封锁时，表示方法与单线区间相同；有一线中断或封锁时，以在红横线上或下画的蓝断线表示上行线或下行线中断或封锁，见图 5-33。

(8)因施工或其他原因区间内需要慢行时，由开始时起至终了时止，用红色笔画断线表示，并标明地点、原因、限制速度(如双线就标明上行线或下行线)，见图 5-34。

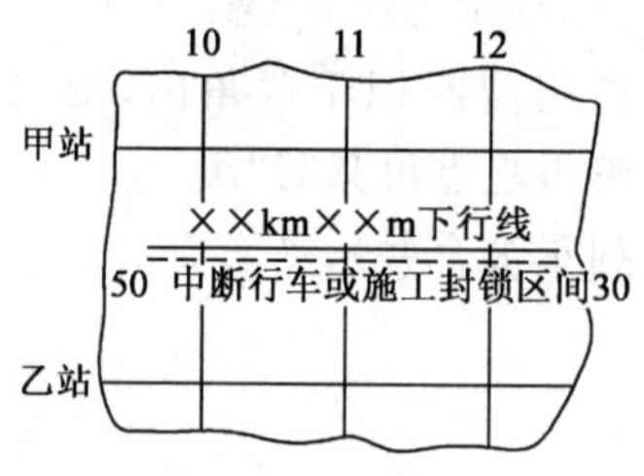

图 5-33　双线区间上下行线路有一线中断或封锁时

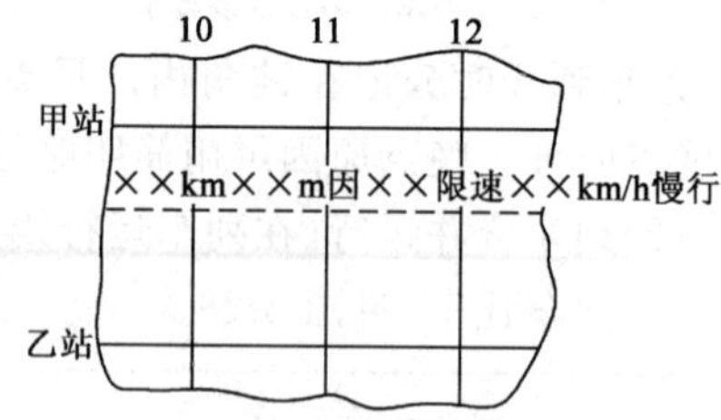

图 5-34　因施工或其他原因区间内需要慢行时

(9)列车在区间内有装卸作业时，要标明车次、作业地点、装卸货物品名，见图 5-35。

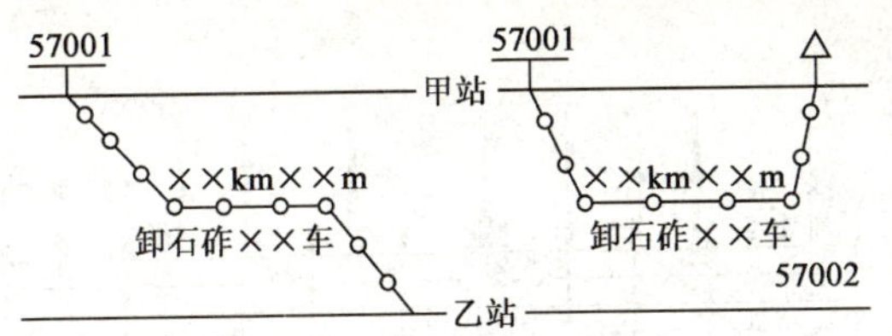

图 5-35 列车在区间内有装卸作业时

(10)列车在中间站不摘车作业，用红色笔表示。

$\frac{6}{9}$ 分子表示装车数，分母表示卸车数

(11)列车在中间站甩挂作业，用蓝色笔表示，"+"表示挂，"−"表示甩。

$\frac{-3}{+6}$ 分子表示重车，分母表示空车

(12)列车运缓时，在列车运行线上方用蓝色笔标明运缓时分；赶点时，在列车运行线上方用红色笔标明赶点时分。

(13)列车在进站信号机外停车时，用红色笔画"△"，并标明停车时分，见图 5-36。

(14)机车交路及机车出入库时间的表示方法：机车在本段交路用蓝色笔，在折返段用黑色笔画实线，并在交路上逐列标明出入库时间，见图 5-37。

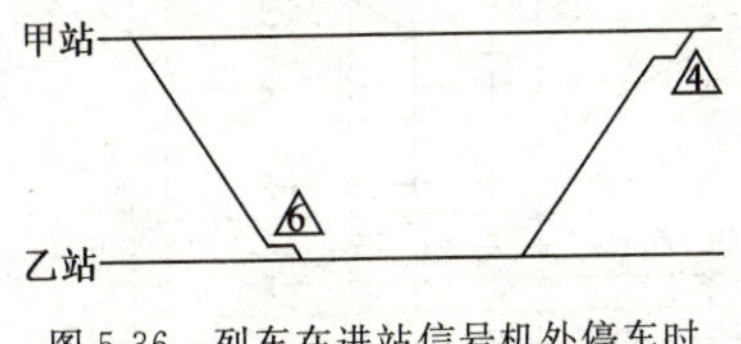

图 5-36 列车在进站信号机外停车时

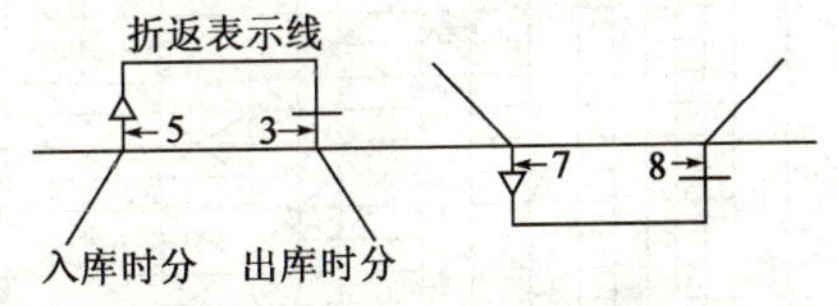

图 5-37 机车交路及机车出入库时间的表示方法

六 技能拓展

1. 识读高速铁路客运专线的列车运行图

图 5-38 所示为我国武广高速铁路运营初期的实迹列车运行图。识读高速铁路客运专线的列车运行图，指出该列车运行图的类别、图上任一列车的列车运行轨迹以及相关的时间要素。

2. 识读铁路客货混运列车运行图

图 5-39 所示为我国某客货混运铁路线路的实迹列车运行图。识读铁路客货混运列车运行图，指出该列车运行图的类别、图上任一列车的列车运行轨迹以及相关的时间要素。

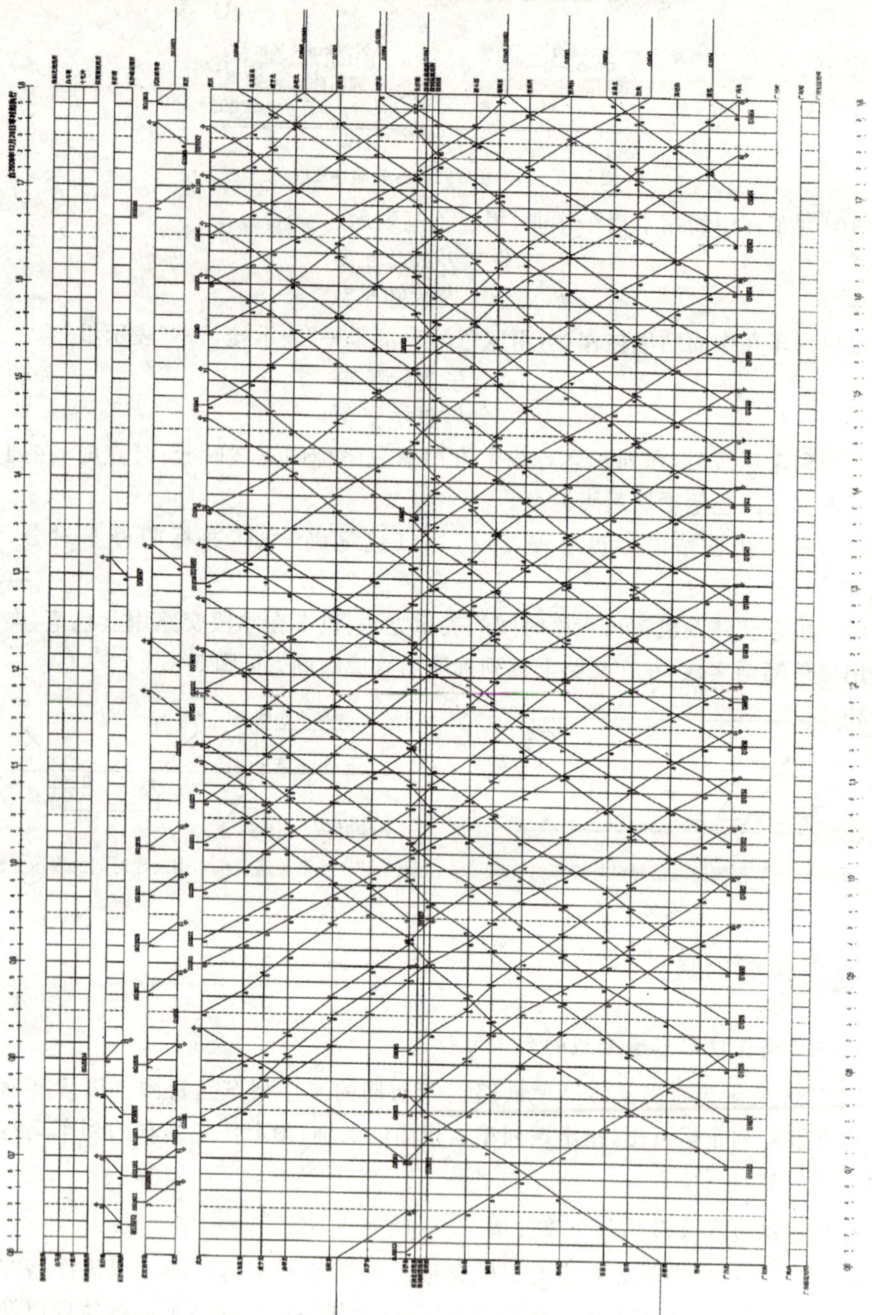

图5-38 武广高速铁路运营初期实迹列车运行图

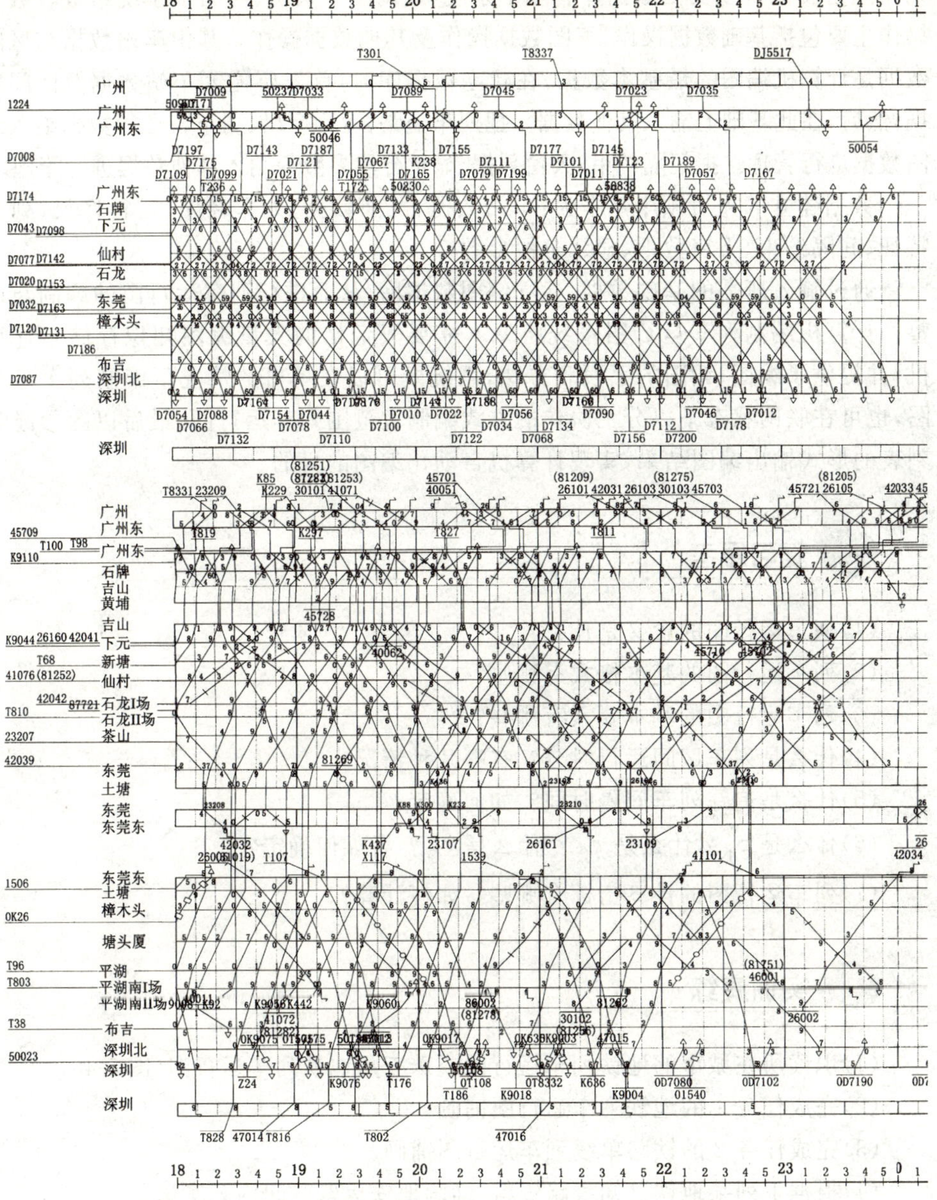

图 5-39 我国客货混运铁路线路实迹列车运行图

3. 计算机编制列车运行图

计算机编制列车运行图目前已经得到广泛应用。地铁、铁路、高速铁路等各种轨道交通运输方式基本上均采用了计算机编制列车运行图系统。各种计算机编制列车运行图系统主要由数据库管理子系统、编调图子系统、绘图子系统组成。数据操作主要包括基础数据操作、编图数据操作及其他数据操作。其中车站数据与区间数据是计算机编图的最基本数据,在建立数据库时,首先要输入车站数据及区间数据,然后,在此基础上输入其他数据。把列车径路、运行标尺、列车特征等数据纳入编图数据进行管理。把间隔约束、天窗数据、显示分段参数等纳入其他数据进行管理。

数据建立的先后顺序基本为:车站数据、区间数据、列车径路、运行标尺、列车特征、间隔约束、天窗数据、显示分段参数。

通过输入所需的基础数据,建立编图数据库,从而进行列车运行图的编制与调整。计算机编制列车运行图系统将原本需要人记忆的大量编图知识存储于计算机,并提供了编图、调图的手段和方法,系统既可以在单机的情况下编制列车运行图,也可在联网状态下以分工协作的方式编制大范围列车运行图,最后以图形或时刻表的形式输出编图结果,实现计算机自动化编图的目的。

七 复习思考

(1)列车运行图的含义是什么?

(2)列车运行图的基本格式有哪些?

(3)列车运行图的基本要素有哪些?

(4)什么是列车区间运行时分?有哪几种情况?

(5)什么是追踪列车间隔时间?如何确定?

(6)什么是$\tau_{不}$?什么是$\tau_{会}$?什么是$\tau_{连}$?各如何确定?

(7)列车运行图的计算指标有哪些?如何计算?

八 实训演练

(1)识读所在城市的地铁列车运行图或珠三角地铁列车运行图(图5-40)。

(2)完成任务1的地铁列车运行图铺画。

(3)完成任务2的铁路单线列车运行图铺画。

(4)根据下列某地铁已知线路资料,铺画地铁运营时间内列车运行图。

线路全长18.35km,共15个车站,各站站间距及停站时间如表5-8所示;区间纯运行速度为80km/h;各站起、停车附加时间为10s。列车运营时间:a站为6:00～22:25;o站为6:15～23:00。行车间隔参考地铁现行的行车间隔;列车折返时间:a站为2.5～5min,o站为2.5～6min。列车运行采用法国阿尔卡特移动闭塞及ATC系统。

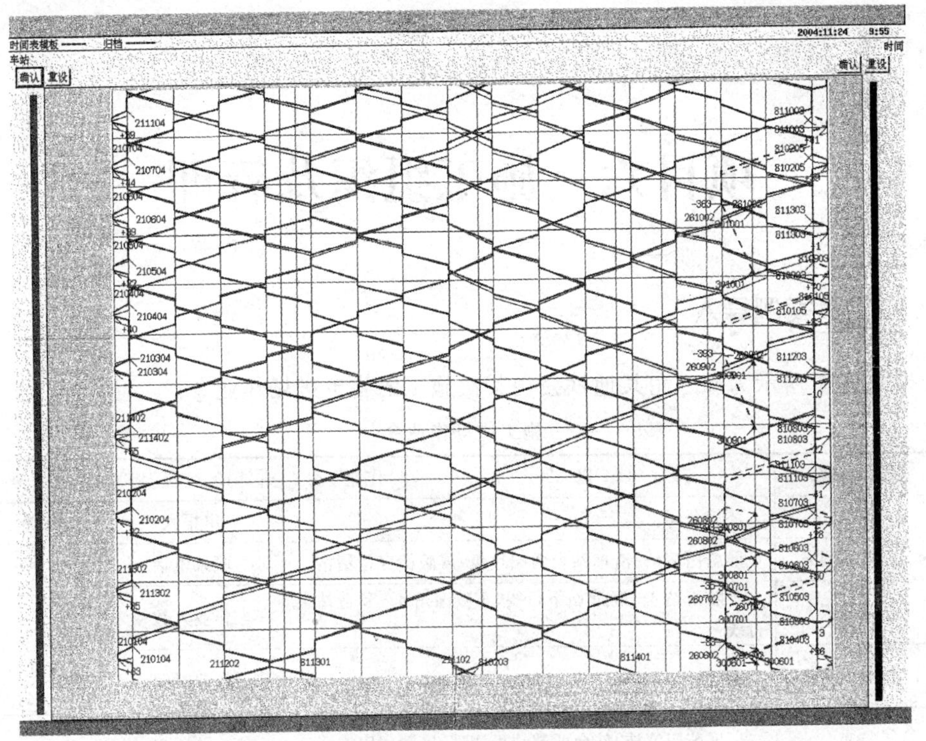

图 5-40　珠三角地铁列车运行图

各站站间距及停车时间　　表 5-8

站名	a	b	c	d	e	f	g	h	i	j	k	l	m	n	o
站间距(km)	1.35	1.60	1.10	1.00	1.35	1.25	1.50	1.10	1.70	1.00	1.40	1.45	1.10	1.45	
停站时间(s)	30	20	25	20	30	20	25	20	20	25	30	20	20	25	30

(5)有条件的院校可利用计算机编制列车运行图系统，通过采集一条城市轨道交通线路的基础数据，进行计算机编制列车运行图实训。

九 交流与讨论

实地考察某地铁调度控制中心，分析其不同的分号列车运行图，讨论这些分号运行图是如何满足乘客的需求和适应客运量的波动的。

项目六　施工组织及管理

一　案例导入

表 6-1 所示为珠三角某地铁公司某次施工的施工进场作业令。

施工进场作业令　　表 6-1

<table>
<tr><td>作业代码</td><td colspan="4">4A2-20-22</td><td colspan="2">作业令号</td><td colspan="2">[2010]运营 4 字(1020)-38 号</td></tr>
<tr><td>单位</td><td colspan="5">环境公司</td><td>申报人</td><td colspan="2">李晓</td></tr>
<tr><td>作业题目</td><td colspan="5">屏蔽门清洁、清理站台两端垃圾、屏蔽门底槽清洁</td><td>联系电话</td><td colspan="2">××××</td></tr>
<tr><td>作业地点</td><td colspan="5">车陂南站 4—新造站下行线；车陂南站 4—新造站上行线</td><td>作业人数</td><td colspan="2">6</td></tr>
<tr><td>作业日期</td><td colspan="5">2010-10-20</td><td>作业时间</td><td colspan="2">次日
1:15～4:00</td></tr>
<tr><td>主要作业内容</td><td colspan="8">1. 屏蔽门清洁、站台两端垃圾清理、屏蔽门底槽清洁。
2. 穿荧光服，现场设防护员防护。
3. 严禁越出作业区域。
4. 做好线路出清工作，作业不能遗留金属物；严禁踏、踩、拉电缆架；在销点时向车站报告出清情况。
5. 严格按作业令安排的时间和空间范围进行作业，原则上不得延点，如特殊原因延点必须提前 30min 以上向 OCC 提出申请，经同意后方能按批准的时间延点</td></tr>
<tr><td>封锁区间</td><td colspan="8">车陂南站 4—新造站下行线；车陂南站 4—新造站上行线</td></tr>
<tr><td>停电区间</td><td colspan="8">4B15/4A15/4A14/4B12/4B13/4B14/4A11/4A12/4A13 停电挂地线</td></tr>
<tr><td>协作及其他</td><td colspan="8">车务中心站务配合。许可单号：093。不得打开应急门。联系电话：××××。维修中心供电部接触网四分部配合挂地线</td></tr>
<tr><td>OCC 确认</td><td colspan="8">见施工行车通告</td></tr>
<tr><td>发令人</td><td colspan="8">刘韬 2010-10-19</td></tr>
<tr><td>主站</td><td colspan="5">大学城北站</td><td>负责人</td><td colspan="2">张晨</td></tr>
<tr><td>辅站及责任人</td><td colspan="8"></td></tr>
<tr><td>完成情况</td><td colspan="8"></td></tr>
<tr><td rowspan="2">请点</td><td>时间</td><td>次日 2:00</td><td rowspan="2">销点</td><td>时间</td><td>次日 3:00</td><td rowspan="2">销令</td><td>时间</td><td></td></tr>
<tr><td>批准人</td><td>赵飞</td><td>批准人</td><td>赵飞</td><td>批准人</td><td></td></tr>
</table>

二 项目概述

城市轨道交通行车设备由线路、供电、机电、信号、通信等多个专业设备组成，各专业设备都要按照检修周期与工作内容进行检修，以确保行车设备处于良好的运营状态，保证轨道交通行车安全。城市轨道交通由于行车间隔时间短，列车密度大，在运营时间内无法像铁路那样在运行图上开“天窗”进行施工维修，故城市轨道交通的施工都是利用运营结束后的非运营时间进行的，并且必须于运营开始前规定的时间结束。

夜间施工是城市轨道交通系统生产活动的重要组成部分。由于检修工作都集中在同一个有限的时间、空间内，这就要求必须有严格的统一计划、统一指挥、统一组织、统一协调的管理手段及协调部门，处理好调度、车站、行车、检修等方面的关系，以确保设备检修和工程施工工作做到安全、优质、高效。对行车调度部门来说，既要按照批准的施工计划保证设备维修更换、线路扩建工程等夜间施工任务顺利完成，又要保证次日运输生产能正常进行，所以施工时的行车组织必须按有关规定严格执行。

三 学习目标

按照珠三角地铁车站值班员及站务员的职业技能考核大纲，铁路车站值班员国家职业标准的规定，明确本项目学习目标如下。

1.技能目标

(1)办理工务、电务、供电、工程等部门施工、检修设备的登记、要点、给点、签认及调度命令的接受；

(2)按施工行车办法办理行车；

(3)按请求及时向行车调度员汇报，按调度命令组织开行路用列车和救援列车；

(4)按规定填写交付调度命令、施工台账；

(5)按规定在站内无空闲线路时组织接车。

2.知识目标

(1)办理登记、要点、给点、签认、开通的程序及规定；

(2)施工、设备检修时的行车办法及规定；

(3)设备检修、施工安全控制措施。

3. 素质目标

培养良好的职业责任感和团队合作精神，从而配合各部门做好施工期间的行车组织工作和安全防护。

四 职业技能鉴定相关规定

1. 地铁职业技能鉴定标准相关规定

珠三角城市轨道交通系统地铁车站值班员职业技能鉴定标准规定："掌握轨行区安全管理职责划分、进入轨行区通道的管理等轨行区安全管理；掌握运营时间的设备维修施工组织，包括设备维修施工组织原则、抢修人员进入轨行区的手续、施工安全及防护；掌握非运营时间的设备维修施工组织办法：请销点手续、施工防护办法、施工管理规定、施工台账填写"。

2. 车站值班员国家职业标准相关规定

技能要求：能办理工务、电务、供电、工程等部门施工、检修设备的登记、要点、给点、签认及调度命令的接受，能按施工行车办法办理行车，能按请求及时向行车调度员汇报，能按调度命令组织开行路用列车和救援列车，能按规定填写交付调度命令，能按规定在站内无空闲线路时组织接车。

相关知识：向封锁区间开行路用列车的办法；向封锁区间开行救援列车的办法；站内无空闲线路接车的办法。

五 任务驱动

任务1　识读地铁施工作业计划

【任务描述】

判断表6-1中的施工作业属于哪一类施工作业计划。

【职业实景】

表6-1所示为某地铁公司某次施工进场作业令。

【职业岗位】

地铁车站值班员、站务员，铁路车站值班员、行车调度员岗位需要掌握本任务。

【任务分析】

识读城市轨道交通运营公司的施工作业计划，主要判断该施工是哪一类施工、对行车是否有影响，施工作业地点、主要作业内容是什么，是否需要封锁区间，请点时间、销点时间、施工主站及辅站是什么。

【相关知识】

(一)施工计划的分类

本项目以珠三角部分城市轨道交通系统为例,各地铁公司略有不同,使用时需注意区别。一般地,城市轨道交通运营公司施工计划可以按时间、施工作业地点和性质来分类。

1. 按时间分

施工计划按时间分为月计划、周计划、日补充计划、临时补修计划。

2. 按施工作业地点和性质分

(1)影响正线、辅助线行车的施工为A类,其中开行工程列车、电客车的施工为A1类,不开行工程列车、电客车的施工为A2类,车站、主所、控制中心范围内影响行车设备设施的作业为A3类。

(2)在车厂的施工为B类,其中开行电客车、工程列车的施工(不含车辆中心电客车、工程车的检修作业)为B1类,不开行电客车、工程列车但在车厂线路限界内及影响接触网停电,在车厂线路限界外3m内种植乔木、搭建相关设施及影响车厂行车的施工为B2类,车厂内除B1/B2以外的施工作业为B3类(办公室、食堂等生活办公设备设施维修除外)。

(3)在车站、主所、控制中心范围内不影响行车的为C类,其中大面积影响客运、消防设备正常使用及需动火的作业(含外单位进入变电所、通信设备房、信号设备房、环控电控室、照明配电室、蓄电池室、水泵房、其他气体灭火保护房内作业)为C1类,其他局部影响客运、消防设备正常使用,但经采取措施影响不大且动用简单设备设施(如动用220V及以下的电力、钻孔等,不违反安全规定)的施工为C2类。

属于正常修程内的A1、A2、A3、B1、B2、C1类作业应纳入月计划,月计划应结合月度设备检修计划编制。

因设备检修需要,对在月计划里未列入的进行补充或月计划中需调整变更A1、A2、A3、B1、B2、C1类作业的计划为周计划。

对在月计划和周计划里未列入的进行补充或月计划、周计划中需调整变更A1、A2、A3、B1、B2、C1类作业的计划为日补充计划。

运营时间对设备进行临时抢修后,须在停运后继续设备维修的A1、A2、A3、B1、B2、C1类作业的计划为临时补修计划。

属于B3/C2类的作业,不需提报计划,施工作业负责人直接与车厂/车站联系,经车厂/车站同意后方可开始施工。

(二)施工计划的编制、申报和审批

1. 施工计划的编制原则

(1)月、周施工作业计划的安排应在确保安全的前提下,考虑均衡安排,避免集中作业。

(2)处理好列车的开行时间和密度、施工封锁等几方面的关系,避免抢时、争点现象出现。

(3)为方便施工单位作业,月、周施工作业计划内各项作业应注明施工日期、作业起止时间、作业内容、作业区域、安全事项及其他应说明的问题(列车编组、行车计划、配合部门及详细配合要求、联系电话等)。

(4)经济、合理地使用机车车辆,避免浪费资源。

2. 施工计划的申报

(1)月计划

车辆中心应于每月规定时间(例如每月 8 日前)将下月工程车、轨道车、平板车的扣修计划发各中心。施工单位、部门提报月计划时,应于工作开始的前一个月规定时间[例如 12 日前(含 12 日)]将开车计划提交生产调控部,生产调控部收到各单位开车计划后在一个工作日内协调确定并下达。各施工单位、部门根据开车计划情况填写非开车作业计划,将填写好的《月/周施工计划申报单》于工作开始的前一个月规定时间[例如每月 18 日前(含 18 日)]的最后一个工作日向生产调控部提交。《月/周施工计划申报单》中应包括作业日期、作业部门、作业时间、作业区域、作业内容、供电安排、申报人、防护措施、备注(列车编组、配合部门及详细配合要求、联系电话等)。

(2)周计划

施工单位、部门需提报周计划时,应于工作开始的前一周规定时间(例如星期二 16:00 以前),向生产调控部提交《月/周施工计划申报单》。《月/周施工计划申报单》包括作业日期、作业部门、作业时间、作业内容、作业区域、供电安排、申报人、防护措施、备注(列车编组、配合部门及内容、联系电话,如属调整月计划的应注明)。

《月/周施工计划申报单》如表 6-2 所示。

__________(月/周)施工计划申报单　　　　表 6-2

作业日期	作业部门	作业时间	作业内容	作业区域	供电安排	申报人	防护措施	备注

注:备注栏注明工程车编组情况、配合情况、施工负责人及联系电话。

(3)日补充计划

日补充计划应于工作开始的前一天规定时间(例如13:00以前,特殊情况除外),由维修中心、通号中心、车务中心、车辆中心生产管理室以及其他施工管理部门收集、调整、汇总后向生产调控部申报。

《日补充计划申报单》如表6-3所示。

维修施工日补充计划表 表6-3

提报单位:____________

提报人:____________ ____年____月____日

作业代码	作业部门	作业时间	作业内容	作业区域	供电安排	申报人	防护措施	备注	审批意见

审批人:

注:1.本表一式两份。

2.工程车运行计划时间列入特别备注栏。

3.施工负责人及联系电话列在备注栏。

(4)临时补修计划

临时补修计划由各中心生产管理室或部门调度员根据当日设备故障处理情况于作业开始前的规定时间(例如4h)向生产调控部或车务中心调度部提出申请(其中工作日工作时间向生产调控部申请,其他时间直接向车务中心调度部值班主任助理申请),其他非故障处理的作业不得申请临时补修计划(公司安排的临时任务除外)。

3.施工计划的审批

(1)月计划

原则上在每月规定时间[例如倒数第六个工作日前(含倒数第六个工作日)]由生产调控部根据月计划提报的情况,组织内部申报部门及相关施工单位人员参加计划审核会议,审核计划。

审核月计划时,对于安全上有特殊要求和规定的,在计划审核会议上提出讨论确定。月计划中应明确说明施工作业起止时间、地点,如有变更,见《施工进场作业令》。

由生产调控部根据月计划审核会议的结果,编制《施工行车通告》,于每月规定时间[例如倒数第一个工作日前(含倒数第一个工作日)]发布。

月计划内涉及在邻线或影响邻线管辖设备的作业,必须在邻线月计划中体现。

(2)周计划

一般在规定时间(例如周三 9:00)由生产调控部根据提报计划的情况,组织相关部门在月计划的基础上审核计划。

审核周计划时,对于安全上有特殊要求和规定的,在计划审核会议上提出讨论确定。周计划中应明确说明施工作业的起止时间、地点;由生产调控部在《施工行车通告》的基础上编制《施工行车通告补充说明》,于每周规定时间(例如每周五 14:00 前)发布。

遇节假日,适当提前申报、编制时间,具体按生产调控部通知。遇周计划编制时间与月计划编制时间重叠时,下月最近一周的周计划一并纳入月计划。周计划申报的作业项目不得超过同期同一线同类月计划内日作业项目的 20%。周计划内涉及在邻线或影响邻线管辖设备的作业,必须在邻线周计划中体现。

(3)日补充计划

生产调控部接到申报,汇编后于规定时间(例如 14:00 前,特殊情况除外)发 OCC、车厂调度员按专业审核,OCC、车厂调度员应将日补充计划审核情况于规定时间(例如 15:00 前,特殊情况除外)返回生产调控部,生产调控部再将审批后的日补充计划返回各申报的中心、部门。

日补充计划要在月计划、周计划的基础上进行安排,以提高月计划、周计划的兑现率。日补充计划申报的作业项目不得超过同期同类月计划和周计划内日作业项目的 10%。

日补充计划中应明确说明施工作业请销点的时间、地点。

日补充计划原则上不安排工程车及调试列车作业,特殊情况(如抢修、不影响月计划和周计划安排的计划)除外。

日补充计划如涉及在邻线或影响邻线管辖设备的作业,按以下审批程序进行审批:生产调控部在接到申报后,将初步制订的日补充计划提交本线 OCC 审核;本线 OCC 审核完毕后,将审核结果再发邻线 OCC 审核;邻线 OCC 审核完毕后,将审核结果发回本线 OCC;本线 OCC 将最终审核结果发回生产调控部,生产调控部将审批的日补充计划表返还相关申报中心、部门;涉及在邻线或影响邻线管辖设备的作业,在审批过程中,如其中有一个 OCC 不同意,则视为不同意该项施工作业计划。

(4)临时补修计划

工作日工作时间,生产调控部接报临时补修计划后,根据实际情况进行调整安排,并报 OCC、车厂调度员按专业审核,OCC、车厂调度员审核后,生产调控部将审批的临时补修计划返回相关中心、部门,同时通知相关中心调整相关作业计划。

工作日工作时间以外的时间,车务中心调度部值班主任助理接报临时补修计划后,根据实际情况进行调整安排,并报 OCC、车厂调度员按专业审核,值班主任或车厂调度员最终审批，车务中心调度部值班主任助理将审批的临时补修计划返回相关中心、部门，同时通知相关中心调整相关作业计划。

临时补修计划应及时优先安排，不受月计划、周计划和日补充计划限制。

当临时补修计划涉及在邻线或影响邻线管辖设备作业时，审批程序按照日补充计划的相同情况进行审批。

（三）施工进场令

凡在城市轨道交通企业所辖设备或所辖范围内进行的施工作业，原则上必须持《施工进场作业令》或《外单位施工作业许可单》才可进场作业。其中编入施工月计划、周计划、日补充计划及临时补修计划的施工，都必须领取《施工进场作业令》。

《施工进场作业令》是在城市轨道交通企业管辖范围内进行施工作业的重要凭证，统一由生产调控部管理。生产调控部是企业施工作业的管理部门，负责根据企业职责划分，向相应部门授权审核、签发《施工进场作业令》。

凡属各中心内部作业，不涉及其他中心部门配合协作的《施工进场作业令》分别由生产调控部授权维修中心、通号中心、车辆中心、车务中心签发。其他《施工进场作业令》（含企业其他部门、外单位的，涉及企业内两个及以上中心部门协作配合的等）由生产调控部签发。

1. 相关概念

（1）主站

施工负责人持作业令到某个车站登记请点施工的车站称为主站。如果同一施工项目多站进行，其作业区含联锁站时，主站原则上在联锁站。

（2）辅站

同一线路同一施工项目多站进行时，施工责任人到其作业区域包含的各站（除主站外）登记请点的车站称为辅站；同一施工项目安排主站和辅站原则上不超过6个。

2.《施工进场作业令》填写内容与要求

《施工进场作业令》如表6-4所示。

（1）作业代码：是指此项作业在《施工行车通告》、《施工行车通告补充说明》、《日补充计划表》、临时补修计划中的作业代码，例如：1A1-01-01，1A1-01-02（临修）等。

（2）作业令号：[年份]签发部门×字（月份日期）-×号。其中："年份"以四位数填写；"签发部门"在运营、车务、维修、通号、车辆中选择填写；"×字"中的"×"分别为线别的阿拉伯数字号，例如：1字，代表1号线；"月份日期"分别以两位数（合计四位数）填写；"×号"中的"×"为当日该部门签发作业令的流水号，以阿拉伯数字顺序填写。例如：[2007]运营1字（1022）-1号。

施工进场作业令 表 6-4

<table>
<tr><td>作业代码</td><td colspan="3"></td><td colspan="2">作业令号</td><td colspan="3">[ ] 字( )- 号</td></tr>
<tr><td>单位</td><td colspan="5"></td><td>申报人</td><td colspan="2"></td></tr>
<tr><td>作业题目</td><td colspan="5"></td><td>联系电话</td><td colspan="2"></td></tr>
<tr><td>作业地点</td><td colspan="5"></td><td>作业人数</td><td colspan="2"></td></tr>
<tr><td>作业日期</td><td colspan="5"></td><td>作业时间</td><td colspan="2"></td></tr>
<tr><td>主要作业内容</td><td colspan="8"></td></tr>
<tr><td>封锁区间</td><td colspan="8"></td></tr>
<tr><td>停电区间</td><td colspan="8"></td></tr>
<tr><td>协作及其他</td><td colspan="8"></td></tr>
<tr><td>OCC 确认</td><td colspan="8"></td></tr>
<tr><td>发令人</td><td colspan="8"></td></tr>
<tr><td>主站</td><td colspan="4"></td><td>负责人</td><td colspan="3"></td></tr>
<tr><td>辅站及责任人</td><td colspan="8"></td></tr>
<tr><td>完成情况</td><td colspan="8"></td></tr>
<tr><td rowspan="2">请点</td><td>时间</td><td></td><td rowspan="2">销点</td><td>时间</td><td></td><td rowspan="2">销令</td><td>时间</td><td></td></tr>
<tr><td>批准人</td><td></td><td>批准人</td><td></td><td>批准人</td><td></td></tr>
</table>

(3)作业单位、申报人、作业题目、联系电话、作业地点、作业人数、作业日期、作业时间等栏必须如实填写。

(4)主要作业内容:应简要描述具体作业的内容、作业的防护措施(不包括封锁、接挂地线)等。

(5)封锁区间、停电区间:是指该项作业时需要进行线路封锁、接触网停电、挂接地线等特殊要求的区间，在描述时应清晰、准确。

(6)协作及其他：是指作业过程中需企业内相关部门(分部、室)进行协作的要求，包括提供水、电源等需求，配合部门则按此栏内容进行配合。

(7)确认、签发人：是指该《施工进场作业令》的开具依据及签发人，此栏应盖公司作业令签发专用章。

(8)主站、负责人、辅站及责任人：如一项作业有多组人从不同地点进入作业区域进行施工，应分别如实填写主站、负责人、辅站及责任人，并由负责人负责按规定统一办理相关施工手续；如只有一组人员作业，则只需在主站、负责人栏如实填写。此三栏由作业部门(单位)填写。

(9)完成情况：是指作业完成情况，包括销点情况、防护撤除情况等。此栏由负责人填写作业完成情况、施工点的防护撤除情况。

(10)请点、销点：是指作业正式办理请点、销点的时间与审批人(车站、车厂)。此两栏由车务中心负责根据实际情况如实填写。

(四)施工请点及销点

施工作业必须向行车调度员(或车厂调度员)请点生效后方可开始动工，施工完毕后线路出清必须向行车调度员(或车厂调度员)销点。

1.请点

施工负责人在主站请点时需持《施工作业令》原件或复印件，在辅站请点时可持《施工作业令》复印件。施工负责人到车站控制室或车厂信号楼填写《施工登记表》请点，经行车调度员(或车厂调度员)同意，请点生效后方可施工。如遇作业区域同时包含车厂线路和临近车厂的正线时，施工负责人到车厂信号楼值班员处请点，车厂调度员在审核批准该项施工作业时，还须电话报行车调度员批准，征得同意后，方可允许施工作业人员开始施工。

施工登记表如表6-5所示。

施工登记表 表6-5

______年______月______日

<table>
<tr><td rowspan="4">请点登记栏</td><td>作业项目</td><td colspan="2"></td><td>作业区域</td><td colspan="2"></td></tr>
<tr><td>作业令号码</td><td></td><td>作业单位</td><td colspan="2"></td><td>共　　人进场</td></tr>
<tr><td>施工负责人</td><td></td><td>证件号码</td><td></td><td>计划作业时间</td><td>时　　分
讫
时　　分
讫</td></tr>
<tr><td>安全措施</td><td colspan="5"></td></tr>
</table>

续上表

<table>
<tr><th></th><th>辅 站</th><th>主 站</th></tr>
<tr><td>请点登记栏</td><td>接________站值班员通知本项目作业已获行车调度员________批准，于________时________分至________时________分在所申报作业区域内进行，施工承认号码________。
车站值班员签署：
施工责任人签署：</td><td>本项作业已由本站报OCC行车调度员备案，并获行车调度员________批准，于________时________分至________时________分在所申报作业区域内进行，施工承认号码________，并已知会辅站________。
车站值班员签署：
施工责任人签署：</td></tr>
<tr><td rowspan="2">销点登记栏</td><td rowspan="2">本作业点的作业已结束，并于________时________分出清作业区域（本作业点所有相关人员已撤离，有关设备已恢复正常，工器具、物料已撤走）。
车站值班员签署：
施工责任人签署：</td><td>本项作业已结束，并于________时________分出清作业区域（所有本项作业各作业点有关人员撤离，有关设备已恢复正常，工器具、物料已撤走）。
施工负责人签署：</td></tr>
<tr><td>接施工负责人/________站值班员通知本项作业已结束并出清作业区域，由本人于________时________分报告行车调度员________销点。
车站值班员签署：</td></tr>
<tr><td>备注</td><td colspan="2"></td></tr>
</table>

注：1. 请划去不适用字句。

2. 一项作业只有一个车站进场施工时，该站视为主站。

3. 向原请点站电话销点时在辅站栏填写。

2. 销点

所有施工作业都必须按计划规定的时间完成并销点，运营期间的抢修计划在作业完成并线路出清后应及时通知行车调度员（或车厂调度员）销点。作业区域同时包含车厂线路和正线的施工销点，施工负责人在作业区域出清后，到车厂信号楼销点，车厂调度员在办理销点手续时必须报告行车调度员施工结束。

【任务实践】

识读城市轨道交通运营公司的施工作业计划，主要判断该施工是哪一类施工、对行车有否影响，施工作业地点、主要作业内容是什么，是否需要封锁区间，请点时间、销点时间、施工主站及辅站是什么。如表 6-1 所示，通过"作业代码"栏中的"4A2-20-22"可以看出，此次施工作业计划属于 A2 类施工计划，即为影响行车的施工，且不开行工程列车、电客车。本次施工的作业地点、主要作业内容、是否需要封锁区间、请点时间、销点时间、施工主站及辅站等内容可从表中直接识读。

任务 2　设置及撤除施工防护

【任务描述】

根据表 6-1 中的施工作业计划，设置施工防护。

【职业实景】

如表 6-1 所示，在《施工进场作业令》中，落实施工防护措施。

【职业岗位】

地铁车站值班员、站务员，铁路车站值班员、行车调度员岗位需要掌握本任务。

【任务分析】

城市轨道交通系统施工作业的一个重要内容是对施工区域进行安全防护，确保施工作业人员的人身安全。城市轨道交通施工事故很多是由于施工防护疏漏造成的，因此，施工安全防护必须有严格的规定。

【相关知识】

（一）施工负责人的职责

以珠三角某地铁公司的施工管理规定为例进行分析。各地铁公司略有不同，使用时需加以区别。

属于 A 类、B 类、C 类（B3、C2 类除外）的作业，需设立 1 名施工负责人，辅站另设施工责任人，两者须经过培训后取得施工负责人证，并实行持证上岗制度。

属于 B3、C2 类的作业，不需设立施工负责人，但必须指定 1 名人员负责施工及施工安全管理。

施工负责人/施工责任人（含 B3、C2 类作业的指定人员）职责：

（1）负责作业人员/设备的管理。

（2）办理请/销点手续。

（3）作业过程的组织指挥。

（4）及时与车站、车厂联系作业有关事项。

（5）组织设置/撤销作业安全防护设施（接触网停电及挂地线由电力调度员负责）。

(6)出清作业区域/设备状态恢复正常。

(二)施工防护

(1)接触网/轨停电检修或需接触网/轨停电配合挂地线时,由维修中心供电部专业人员或车辆中心人员负责在该作业地段两端挂接地线。

(2)工程车及调试列车作业时,车站原则上须在作业区域两端及防护区域对应的轨道中央放置红闪灯(其中作业区域两端各放置两盏,防护区域各放置一盏)。施工前,由请点车站设置红闪灯,并通知作业区另一端车站及防护区域端车站值班员设置红闪灯防护。施工结束后,车站撤除红闪灯,并通知作业区另一端车站及防护区域端车站值班员撤除红闪灯。下列情况除外:

①行车调度员组织出/回厂列车、列车转线组织时,运行线路两端可不设置红闪灯。

②工程车及调试列车作业的区域,如一端属于尽头线或区间分界点时,车站不需在尽头线端或区间分界点处设置红闪灯。

③全线开行工程车(含调试列车)作业时,车站不需在作业区域两端设置红闪灯防护。

④运人工程车的 A1 类作业,车站不需在作业区域两端设置红闪灯防护。

(3)非开车作业时,车站和施工作业人员不需在作业区域两端设置红闪灯。

(4)开车区域的一端是区间分界点时,相邻区域不能安排任何作业(含巡道作业)。

(5)车站值班人员安排人员到站台检查红闪灯是否按规定摆放,监督红闪灯状态是否良好,并对设置的红闪灯是否按规定摆放、状态是否良好进行不定期检查。

(6)车厂内的设备检修施工和防护按有关规定执行。

(7)施工作业时除严格执行以上规定及相关安全防护规定外,还应按施工部门有关施工操作程序的防护规定执行。

(8)凡在运营时间内进行作业的,必须做好防护措施,确保乘客的安全,最大限度地减少对乘客的影响。

(9)正线开行工程列车(含调试客车)作业时的要求如下:

①正线开行工程列车(含调试客车)作业,不需开行工程列车配合接触网挂地线时,待工程列车到达作业区域停稳后,可安排防护区域进行巡道作业。

②开行工程列车配合接触网挂地线时,必须在施工计划的备注栏注明,如没有注明,原则上不能安排开行工程车配合接触网挂地线。

③如遇需开行工程列车配合接触网挂地线的作业时,防护区域不安排巡道。

④两个开行工程列车作业的共用防护区域内原则上不安排巡道作业。

(三)施工安全

(1)组织正线开行调试列车时,原则上正线不安排其他轨行区作业。

(2)凡进入线路施工作业的人员必须按要求穿荧光衣和绝缘鞋,并根据作业性质及作业要求使用其他安全防护用品。

(3)施工作业过程中如要进行动火作业,必须按照《消防安全管理办法》办理动火令及作业,严禁在无动火令的情况下进行动火作业。

(4)外单位施工由主办部门或主配合部门负责安全管理、安全监督。

(5)各施工单位、部门在申报施工计划时应严格按照《地铁公司生产安全事故(事件)调查处理规则》、《作业通用安全守则》中的相关规定,结合施工作业过程中的实际情况,提出安全防护要求和配合要求。在施工作业过程中,施工单位、部门应严格遵守以上安全规定和施工进场作业令中的要求。

(四)施工作业中车站人员、配合人员的职责

1. 车站人员的职责

(1)负责查验施工作业人员和施工负责人的相关证件。

(2)负责办理施工作业登记申请和销点手续。

(3)负责在站台端墙处线路设置和撤销区间作业的施工防护。

(4)负责监督施工负责人和配合人员清点进出作业区域的施工作业人员。

(5)负责监督车站施工作业安全。

(6)负责与施工负责人、配合人员确认施工区域线路出清。

2. 配合外单位作业时配合人员的职责

(1)协助外单位办理施工请销点,检查外单位人员施工防护、劳动保护情况。

(2)负责清点进出作业区域的施工作业人员。

(3)负责监督外单位的施工作业安全。

(4)负责检查外单位人员、物品(工器具、材料、施工垃圾等)出清线路,并向车站反馈。

(5)检查、确认施工所动用的运营设备恢复到正常使用状态且已加固不会侵入行车限界,并向车站反馈。

(6)检查监督所配合作业的外单位人员的保卫综治问题(盗窃、抽烟等)。

【任务实践】

如表 6-1 所示,《施工进场作业令》应具备以下施工防护措施。

(1)穿荧光服,现场设防护员防护。

(2)封锁区间:车陂南站 4—新造站下行线;车陂南站 4—新造站上行线。

(3)车务部门配合，不得打开应急门。

(4)供电接触网部门配合，相关范围接触网停电。

【拓展知识】

根据施工性质、工程量的大小及其对行车的影响程度，铁路行车设备的施工，可分为需要发布调度命令的施工和由施工领导人掌握(不需要发布调度命令)的施工。

(一)需要发布调度命令的施工

1.封锁区间施工

封锁区间施工，又叫中断行车的施工，是由于工程工作量巨大或施工条件复杂，短时间内难以完成，必须暂时中断行车的施工。封锁区间进行时，应在列车运行图内留出空隙时间(施工天窗)，专门组织施工。

封锁区间施工简要程序如图 6-1 所示。

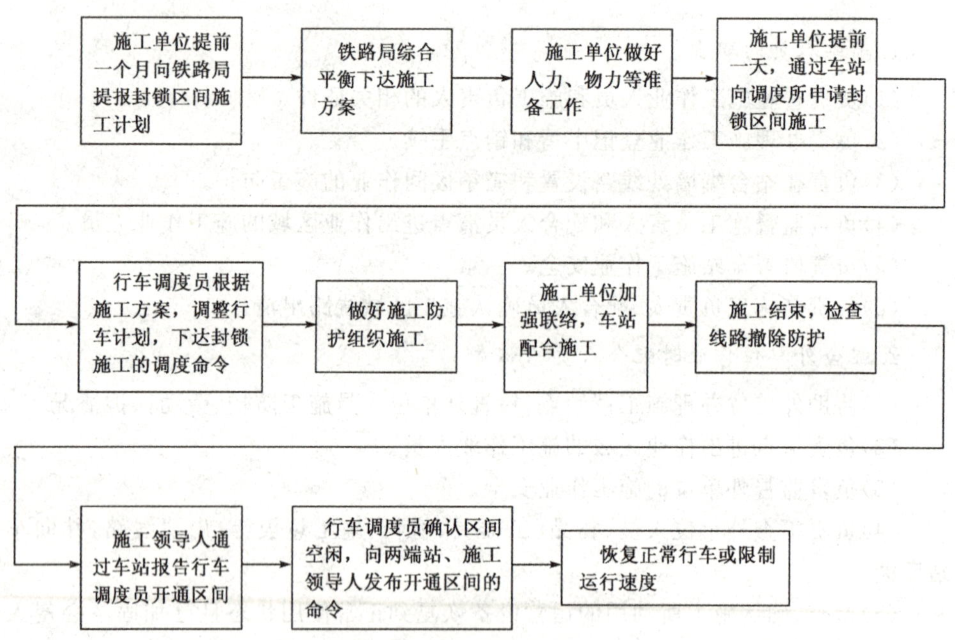

图 6-1 封锁区间施工简要程序

2.利用列车间隔施工

工作量不大、临时性的施工，可利用前一趟列车越过施工地点后至下一趟列车到达施工地点前的时间进行的施工，称为利用列车间隔施工。这种施工不需要封锁区间，但须发布准许施工的调度命令。

需要利用列车间隔进行施工时，施工领导人将施工项目、施工地点、施工所需时间等通过就近车站值班员报告行车调度员，提出施工申请。

行车调度员接到施工申请后，根据列车运行情况，在既不影响列车运行，又能保证施工所需时间的前提下，充分利用前一趟列车越过施工地点后至下一趟列车到达施工地点前的一段时间，以调度命令将准许施工的起止时刻及注意事项等通知施工区间两端站车站值班员和施工领导人。

施工领导人必须确认施工起止时间，按规定设置好停车防护后再开工，并保证在商定时刻终了前，将线路恢复到正常行车条件，撤除防护信号后，通知车站值班员。车站值班员不得使列车提前开到该施工地点。为保证安全，不得利用特快旅客列车与前行列车的间隔进行施工。

当利用前一趟列车通过施工地点后进行施工时，列车前进方向不得有超过6‰的上坡道，行车调度员应向前一趟列车司机和运转车长发布不准退行的调度命令。列车运行前方的上坡道超过 6‰时，必须在列车到达前方站后方可施工。

3.要求限速的施工

(1)施工方案中规定为要求限制列车运行速度的施工，应在列车运行图内昼间规定空隙时间(施工天窗)。施工时由施工领导人通过车站值班员向行车调度员提出施工申请，行车调度员向有关车站发出调度命令，并由该站将说明限速地段、限制速度、起止时间及注意事项等的调度命令抄转有关列车司机和运转车长。

(2)由于施工或其他原因，临时要求列车限速运行时，由工务部门人员申请，行车调度员发布命令，说明限速地段、限制速度、时间或车次及注意事项等。

(二)由施工领导人掌握(不需要发布调度命令)的施工

利用列车间隔在线路上进行更换个别钢轨夹板、使用弯轨器整直钢轨、使用有碍行车的轨缝调整器不拆开接头调整轨缝、桥梁施工试顶梁身回落原位、单根抽换桥枕等作业时，由于作业简单，施工时间短，对行车影响小，因此不需要发布调度命令。但施工领导人必须与车站值班员联系，切实掌握列车运行情况和施工时间。施工地点用停车手信号进行防护，确保行车安全。在自动闭塞区间更换轨道绝缘时，应确认来车方向。两个闭塞分区无列车时，可短路轨道电路，以通过信号机的红色灯光防护。

六 复习思考

(1)施工计划的分类是怎样的？

(2)施工计划的申报是怎样进行的？

(3)什么是主站？什么是辅站？

(4)施工负责人的职责有哪些？

(5)施工防护有哪些内容？

七 实训演练

(1)模拟车站轨行区隧道更换广告，填写《施工进场令》并做好施工防护。

(2)调查地铁车站的施工情况，了解典型的地铁车站施工类型，并模拟填写《施工进场令》，并做好施工防护。

八 交流与讨论

考察一地铁车站的施工登记，讨论该站的施工种类、施工组织特点。

项目七　车站行车工作细则管理

一 案例导入

图 7-1、图 7-2 所示分别为珠三角某地铁车站的《技术管理细则》和该站所属线路的《行车组织规则》节选。《行车组织规则》和《车站技术管理规则》是车站行车工作组织的依据。图 7-3 所示为铁路某车站《行车组织细则》的目录节选。

××站技术管理细则

（编号）

1 前言

本标准为A市地铁×号线××站技术管理工作而制订，主要依据××站各项设备运营组织工作的特点，力求使车站技术管理工作做到全面、安全、规范、统一。

本标准起草单位：车务×部

本标准主要起草人：×××、×××、×××、×××

本标准××××年××月××日发布。

本标准从××××年××月××日起实施。

本标准由A市地下铁道总公司运营事业总部标准化工作组归口。

本标准由A市地下铁道总公司运营事业总部标准化委员会提出。

图 7-1　某地铁车站《技术管理细则(节选)》

××站行车组织规则

（编号）

1 前言

××地铁×号线××××年××月××日全线开通、×号线××××年××月××日开通全线运营，各种行车设备已从试运行期趋于稳定，全线行车设备全部投入使用。根据设备功能、设备技术状况、列车运行、设备检修、行车组织原则等情况制订了本标准，作为×号线今后正式运营管理规则的标准。

本标准的附录A、附录B、附录C、附录D、附录E、附录F、附录G、附录H、附录I和附录J都是标准的附录。

图 7-2　某地铁×号线《行车组织规则(节选)》

目　录

图 7-3　铁路某车站《行车组织细则》目录(节选)

二　项目概述

《车站行车工作细则》是铁路车站行车工作组织的基本规章,是车站编制日常作业计划,执行接发列车、调车作业和各项技术作业,进行日常运输生产分析总结、铁路局下达技术指标任务的主要依据。凡在车站作业的车务、机务、车辆、工务、电务、供电、信息等部门人员必须遵照执行。对于城市轨道交通车站而言,主要为乘客服务,列车类型同一性高,行车组织自动化程度高,一般不再单独编制具体车站的《行车工作细则》,而以《车站技术管理规则》及车站所属线路或所在企业的《行车组织规则》和《车站运作手册》作为车站行车工作的指导原则,办理行车作业。

三　学习目标

按照珠三角地铁车站值班员及站务员的职业技能考核大纲,铁路车站值班员、信号员、助理值班员国家职业标准的规定,明确学习目标如下。

1. 技能目标

识读轨道交通车站的行车工作细则,清楚《车站行车工作细则》的一般结构,能解释《车站行车工作细则》中的各项规定含义。

2. 知识目标

(1)《车站行车工作细则》涵盖的关键内容组成;

(2)《车站行车工作细则》的管理要点。

3. 素质目标

通过《车站行车工作细则》全面了解车站的行车组织工作，树立全局意识，增强工作大局观。

四 职业技能鉴定相关规定

《车站行车工作细则》或《车站技术管理规则》的内容多，覆盖广，几乎涵盖了地铁车站值班员、站务员职业技能鉴定标准及车站值班员、信号员国家标准的所有内容，几乎所有鉴定内容知识点在《车站行车工作细则》或是《车站技术管理规则》中都有涉及。

五 任务驱动

任务1 研究一个车站的行车工作细则，分析其行车组织特点

【任务描述】

根据某地铁车站的行车工作细则，对该车站在不同客流、不同设备状态下的行车组织方法、作业程序等进行分析，并总结其特点。

【职业实景】

图7-4所示为某城市轨道交通车站某终点站的站场平面示意图，I道、II道是正线，存1、存2代表存车线1及存车线2，折1、折2代表折返线1及折返线2。

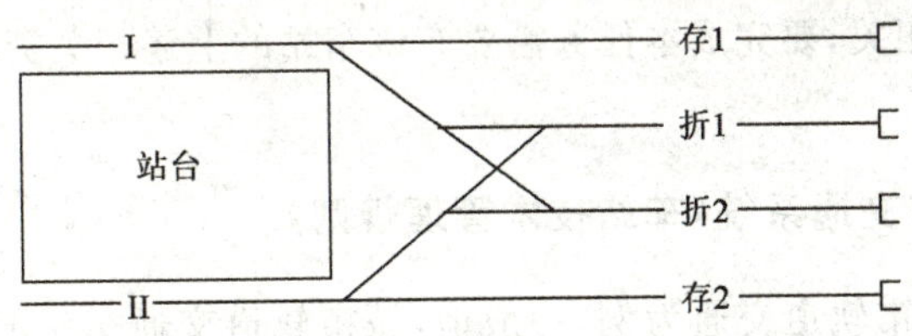

图7-4 某折返站站场平面示意图

【职业岗位】

地铁车站值班员、值班站长，铁路车站值班员需要掌握本任务。

【任务分析】

分析一个车站的行车组织特点，首先应知道车站所属的类型和功能。

车站按其运营功能，即主要用途的不同，可分为中间站、换乘站、区域站（又叫折返站）、枢纽站和终点站等，如图 7-5 所示。车站的行车组织与车站所属类型、车站线路设备情况等密切相关。

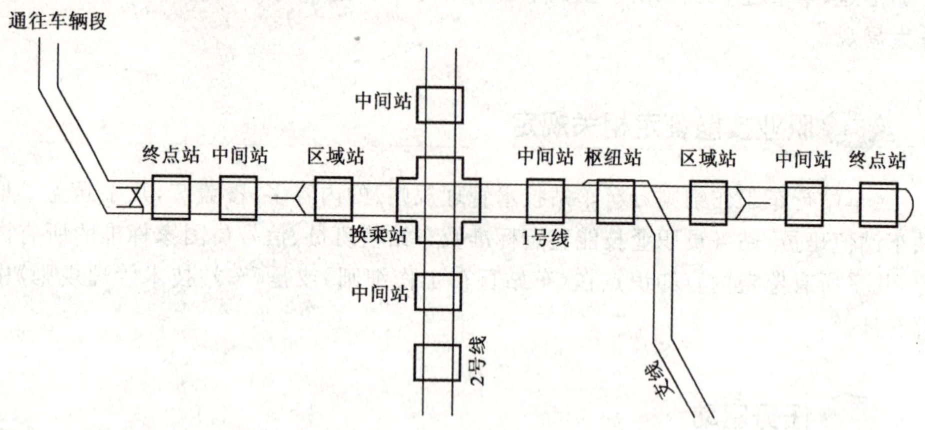

图 7-5　车站类型示意图

不同类型的车站线路设备不同，在线路网中的功能定位也不同。例如中间站，除正线外，无其他线路设备，功能单一，一般只供乘客乘降之用，其行车组织方法相对简单；区域站是设在两种不同行车密度交界处的车站，站内有折返线和设备，兼有中间站的乘客乘降功能，又有类似于终点站的列车折返功能；终点站是线路两端的车站，除供乘客上下车外，还能供列车折返、停留和临时检修用，一般设有多股停车线。

在了解线路设备情况之后，学生对车站自身的概况，包括所处的地理位置、车站地面环境及主要建筑物、车站用房及布局、车站信号、联锁及闭塞设备情况、车站乘客流线组织及客流组织操作程序应较为熟悉，并熟练掌握车站正常情况下及非正常情况下行车作业程序，这样才能分析出车站的行车组织特点。城市轨道交通车站的行车工作细则与该车站所属线路的《行车组织规则》、《车站运作手册》及《车站技术管理规则》相关，要完成本任务需要有该车站的上述相关资料。

【相关知识】

（一）城市轨道交通系统《车站技术管理规则》

以珠三角某城市轨道交通为例，一般地，城市轨道交通车站的《车站技术管理规则》主要包括以下部分。

1. 前言

说明本标准制订的依据、目的、发布时间、实施时间、起草人、负责解释部门。

2. 范围

指出本标准适用的范围，主要指适用于哪一车站。

3. 引用标准

指出本标准主要引用的行业企业标准。

4. 车站概况

包括车站性质、位置、地面主要建筑物、土建结构、车站平面示意图、线路、车站用房名称及面积。

5. 车站设备

主要包括主控系统资料、通信系统、信号系统、低压配电及照明、门禁系统、环控系统、给排水系统及消防系统、FAS、自动售检票系统 AFC、电扶梯系统、屏蔽门。

6. 客流组织

7. 附录

(二)城市轨道交通系统《车站运作手册》

以珠三角某城市轨道交通为例,使用时需注意细微区别。

城市轨道交通《车站运作手册》主要在某一条线路开通前,结合该条线路的设备功能、设备技术状况、设备检修、行车组织原则制订,作为该线路所有车站管理规则的标准。一般地,城市轨道交通车站的《车站运作手册》主要包括以下内容。

1. 前言

说明本标准制订的依据、目的、发布时间、实施时间、起草人、负责解释部门。

2. 范围

指出本标准适用的范围,主要指适用于哪些线路的车站。

3. 引用标准

指出本标准主要引用的行业企业标准。

4. 相关定义

5. 车站各岗位职责及工作标准

(1)车站层级管理框架

正常情况下车站管理实行层级负责制,由上至下顺序一般为站长、值班站长、站务员。

(2)车站管理权限

规定车站各层级人员的管理权限及范围。

(3)车站各岗位职责

具休规定车站各工作岗位的工作职责及注意事项。

(4)各岗位工作流程

详细规定车站的值班站长、行车值班员、客运值班员、巡视岗、站台岗、售票岗等各岗位的具体工作内容及流程。

(5)车站开站程序

城市轨道交通车站开站程序规定车站各岗位在每天运营时间开始时的作业内容和相关时间规定,见表 7-1。

车站开站程序　　表 7-1

序号	责任人	内容
1	行车值班员	通勤车到站前 30min,按规定试验道岔,安排人员试开关屏蔽门,检查站台和线路出清情况,并汇报行车调度员。通勤车到站前 10min 安排人员到站台接发通勤车
2	行车值班员	首班载客列车到达前 30min,通过 EMCS/BAS 开启环控系统并检查运行情况
3	站台岗	首班载客列车到站前 20min 到站,首班载客列车到站前 10min 领齐备品到岗
4	行车值班员	首班载客列车到站前 15min 打开照明开关,并开启 AFC 设备(除闸机外)
5	行车值班员	首班载客列车到站前 10min 检查闸机开启状态
6	票厅岗	首班载客列车到站前 30min 领票,首班载客列车到站前 12min 到岗
7	值班站长	首班载客列车到站前 20min 巡视全站,首班载客列车到站前 10min 完成出入口大门、扶梯的检查工作,并巡视全站
8	行车值班员	向乘客广播候车的注意事项

(6)车站关站程序

城市轨道交通车站关站程序规定车站各岗位在每天运营时间结束时的作业内容和相关时间规定,见表 7-2。

车站关站程序　　表 7-2

序号	责任人	内容
1	值班站长	最后一趟载客列车到达前 15min 到站厅检查服务告示牌
2	行车值班员	上/下行最后一趟载客列车开出前 10min 开始广播
3	行车值班员	最后一趟载客列车到达前 5min 关闭 TVM,通知停止售票和进站检票,并广播
4	值班站长	最后一趟载客列车到达前 5min 确认所有 TVM、入闸已关闭,监控停止售票广播的播放情况

续上表

序 号	责 任 人	内 容
5	巡视岗	最后一趟载客列车到达前5min在TVM、每组进闸机前摆放停止服务告示牌
6	售票员	收拾票、钱，整理票务处备品，注销BOM，回AFC点钞室结账
7	客运值班员	与售票员结账
8	行车值班员	运营结束后，执行车站节电照明模式
9	值班站长	清站，确认出入口关闭，扶梯、照明、AFC设备全部关闭

(7)站内各单位的合作关系

6. 车站管理

(1)排班、考勤制度

(2)考评与考核制度

(3)会议制度

(4)文本管理制度

包括文件管理的目的、文件分类、文件处理程序、文件管理规定、归档规定、文本和台账管理。

(5)6S管理

“6S”定义：整理、整顿、清扫、清洁、素养、安全。包括对物品的摆放要求和车控室、会议室、综合办公室管理的相关规定。

(6)巡视及检查制度

包括各岗位的巡视范围、巡视要求、运营时间的巡视内容、非运营时间的巡视内容。

(7)信息收集、传递及反馈

规定车站的信息收集、传递及反馈原则、信息分类、信息传递渠道。

(8)车站门禁卡/钥匙、办公电脑管理

(9)对驻站、派驻人员的管理

(10)车站日常工作指引

对每天、每周、每月完成的工作内容及完成人给出具体规定。

7. 行车组织

对车站的行车组织、相关行车闭塞法进行具体规定。

8. 施工组织

对施工管理、施工登记、施工安全防护、车站《施工登记表》填写进行具体规定。

9. 客运服务管理

对车站客运工作和服务工作进行具体规定。

10. 票务管理

对车站的现金管理、车票管理、票据管理、票务设备的管理、票务钥匙的管理、报表的管理进行具体规定。

11. 安全管理

对车站综合治理会议、安全生产月报、安全信息反馈等安全管理进行具体规定。

【任务实践】

选择一个城市轨道交通车站，实地考察并收集车站的《车站技术管理细则》和《车站运作手册》、《行车组织规则》等相关资料，总结其正常情况下和非正常情况下的车站行车组织和运输设备管理。

一般地，正常情况下的行车组织由车站行车值班员负责，主要工作有：

(1)监控和操作 LOW(LSMC)、LCP 盘，BAS/EMCS、火灾报警器等设备，通过监控设备监视各区域情况。

(2)做好各项施工登记和注销手续。

(3)在线路施工和工程列车开行时安排好安全防护工作，负责车站施工作业登记、施工安全监控、施工负责人管理等工作，负责 C2 类施工审批。

(4)按企业生产管理规定将应急信息向上级生产安全部门汇报。

非正常情况下，除行车值班员外，值班站长及站务员也参与行车组织，站台站务员负责手信号接发列车，区间行车改用电话闭塞法。在折返站，确定联锁设备无法使用，站间须采用电话联系法行车时，值班站长要同厅巡岗下站台进入线路，手摇道岔，摇到位加锁后，通知值班站长开通信号，指示司机行车，必要时做好对乘客的应急广播。

【拓展知识】

由于高速铁路服务对象与城市轨道交通服务对象均比较单一，仅为乘客提供服务，取消了传统铁路的货运、行包服务内容，因此学习城市轨道交通《车站行车工作细则》可参考某一具体高速铁路车站的《车站行车工作细则》作为拓展。

任务 2　车站大客流运营组织

【任务描述】

影响城市轨道交通车站客流的因素很多，季节变化、节假日、车站周围举行大型活动、所在城市居民交通出行规则调整(如因举办奥运会实行社会车辆的限行措施)、其他公共交通方式客流变化,以及居民出行方式选择变化等。车站大客流运营组织,是指在大客流情况下,车站通过一定的组织引导和客流控制,使得乘客能够安全、有序并快捷乘车。

【职业实景】

图 7-6 所示为城市轨道交通车站客流引导。图 7-7 所示为车站轨道交通车站客流控制。

图 7-6 城市轨道交通车站客流引导

图 7-7 车站轨道交通车站客流控制

【职业岗位】

城市轨道交通车站值班站长、车站值班员、站厅站务员、站台站务员、售票员、站厅护卫、站台护卫在大客流情况下均应参与客流的引导、组织和控制(表 7-3)。铁路车站的客运车间及票务车间在岗的工作人员,包括售票员、售票车间值班主任、客运主任、客运值班员、客运员等,均应熟悉客流组织和控制方法。

大客流情况下车站各岗位的主要工作 表 7-3

序 号	岗位责任人	主 要 工 作
1	值班站长	密切注意各岗位的运作情况，巡视车站
2	值班员	正常做好开钱箱、解行、巡站，注意票亭运作，在高峰期时帮票亭售票员进行兑零工作
3	站厅站务员	正常做好巡站、换钱箱、加票，负责客流情况处理 AFC 设备
4	站台站务员	正常做好站台的接发列车、站台安全，指引乘客出站
5	售票员	按正常的票务程序运作，及时反映大客流情况
6	站厅护卫	负责站厅的秩序，负责客流，指引乘客出闸
7	站台护卫	负责站台安全、秩序，指引乘客坐车、出站

大客流情况下的客流组织事关每一位客运工作人员，有别于车站正常情况下的客流组织，因此每一位相关的工作人员都应比平常更加努力地投入到工作当中。

【任务分析】

(一)可预期大客流

对于一些可预期的大客流，车站应事先了解产生客流的原因、客流规模、可能持续的时间，根据了解到的情况做好预案，并将客流组织方法和安排传达到每一位工作人员。

城市轨道交通车站在售票环节主要采取的大客流应对方法有：增加售票窗口、出售预制票、加快售票速度，以满足乘客需求。

铁路车站一般也采取增加售票窗口、在某些时段开放窗口集中出售某个车次或去向的车票、分流一部分乘客到其他售票点购票、鼓励乘客电话购票等措施。

对已持有车票的旅客，城市轨道交通车站可根据客流及车站站台、站厅等设施情况，按站台、付费区和非付费区进行客流控制，劝导部分乘客改用其他交通方式到达，必要时可要求增开列车以输送乘客。

铁路车站的控制方法有：增加检票工作人员、开放备用候车室、增加临时候车面积、增加候车限制条件(如只允许持距开车时间 3h 之内的乘客候车、限制送亲友的人进站等)。

(二)突发性大客流

对于突发性大客流，城市轨道交通车站按照可预期大客流组织方法中的一种或是几种来应对，铁路车站遇到人数众多的团体乘车旅客时，也可临时开放专用通道，以保证团体乘客不漏乘；遇到恶劣天气，也可临时取消候车室候车限制，但同时需要加强检票等环节。

【相关知识】

出现大客流时，整个车站的运作必须统一协调，需要各方面的全力配合，共同完成。当某一处举行大型活动或歌舞晚会，或者每年春节前后，客流量必然会在一段时间或者某一时间段增加，这样就会增加车站的管理难度。因此，需制订大客流情况下的客运组织办法。

(一)可预见性的客流组织

(1)当发生突发性大客流时，车站要及时了解清楚产生客流的原因、客流规模、可能持续的时间。要利用广播系统认真做好宣传，及时组织委派人员维持秩序，理顺购票队伍，增设兑零点。如车站现有人员无法应付突发性客流组织的需要时，站长或值班站长应及时组织总部驻站各部门员工参与控制客流，同时通知公安，向行车调度员及值班领导报告，请求组织机动人员支援。

(2)当客车运行故障，造成客车到、发晚点，车站乘客拥挤时，车站应及时通知公安部门协助，要用广播向乘客解释，请乘客排队上车或转乘其他交通工具。售票员及厅巡岗应告知每一位购票进闸的乘客客车延误信息，同时做好退票和公交接驳的工作准备。

(3)站台拥挤时，立即委派人员到站台维持候车秩序，先让下车出站的乘客出站，再放上车的乘客进入站台，控制进站的乘客人数。利用广播宣传，注意站台边缘乘客的动态；报告公安，向行车调度员请求加开客车运走站台乘客。

(二)三级客流控制的原则及方法

遇到突发大客流情况的时候按照三级客流控制的原则执行，以保证乘客的生命安全。

(1)三级客流控制的原则

三级客流控制坚持由下至上、由内到外的人潮控制原则，在车站的三个区域控制客流，即车站出入口、车站入闸机、站厅与站台的楼梯(电扶梯)之外控制客流量；坚持点控和线控的原则，各站根据客运能力控制进站客流，组织乘客上车。

(2)三级客流控制的方法

①第一级为控制站台客流，控制点在站厅与站台楼梯(或电扶梯)上。

②第二级为控制付费区客流，控制点在入闸机处。

③第三级为控制非付费区客流，控制点在车站出入口处。

【任务实践】

本任务的实践重点在大客流情况下，车站通过一定的组织引导和客流控制，使得乘客能够安全、有序、快捷乘车，同时加强大客流情况下的列车运行组织。本任务需借助顶岗实习来完成，也可组织学生模拟车站大客流场景进行模拟实训。

【拓展知识】

(一)客流组织程序

客运工作主要为乘客提供优质、文明、良好的服务。城市轨道交通客运服务是服务行业中的一个行业，乘客的需要是多种多样、千变万化的，因此城市轨道交通客运服务是一种综合性服务。城市轨道交通客流组织的基本程序如下。

1.乘客进站组织

(1)乘客通过与站厅相连的出入口、通道经扶梯、楼梯(或垂直电梯)进入站厅层非付费区。

(2)乘客到达非付费区后，需购票，乘客到自动售票机、票务中心购票后检票进闸；持储值票乘客可直接检票进闸，需充值或验票的乘客可分别在自动充值机处充值、到验票机验票后再检票进闸。

(3)持有效票的乘客经进站验票机后进入站厅付费区，再通过扶梯、楼梯(或垂直电梯)进入站台层。

(4)乘客到目的站后通过乘客信息显示系统或站内广播了解列车到达情况。

(5)列车进站停车，乘客等屏蔽门、车门开后按先下后上的顺序上车。

2.乘客出站组织

(1)乘客下车后到站台，经扶梯、楼梯(或垂直电梯)进入站厅层付费区。

(2)乘客通过出站检票机，单程票被收回，进入非付费区，经出入口出站。

(3)持无效票的乘客去票务中心补票后再检票出站。

3.乘客换乘组织

当城市轨道交通形成网络时，乘客有时需要在两条线的交汇换乘站下车，然后转乘另一条线的列车到达目的地。面对错综复杂的城市轨道交通网络，如何引导乘客选择最佳换乘点是工作人员需要解决的一个关键问题。

(二)车站日常客运组织

城市轨道交通属于城市公共交通，城市人口密度比较大，客流的波动通常有一定规律可循，这是由城市居民和流动人口在购物、观光、通勤等方面的规律性带来的，例如在7:00～8:00、17:00～18:00为交通高峰时期，13:00～14:00为低谷时期。

车站日常客运组织主要由进站组织、出站组织、换乘组织三部分组成。车站正常客运工作程序如下：

(1)值班站长安排车站的内部运作，巡视车站，密切注意各岗位的运作情况，协调车站内部的人员管理，帮助乘客，协调车站对外的服务关系，并及时反馈车站信息。

(2)行车值班员在车控室密切监视CCTV，注意客流的变化并正常做好广播。

(3)客运值班员负责正常做好开钱箱、解行、巡站，注意客服中心的运作，在高峰期时帮助客服中心的站务员。

(4)站厅站务员正常做好巡站、换钱箱、票筒并负责监视客流情况，处理AFC设备故障，维持车站治安，指引乘客进出闸，向有需要的乘客提供帮助。

(5)售票员按正常的票务程序运作，及时反馈客流高峰期信息，解答乘客的问询并提供相应的帮助。

(6)站台站务员正常做好站台的接发列车、站台安全工作，指引乘客出站，负责站台乘客安全。

(7)保安巡视车站，正常维护车站的治安，帮助有需要的乘客。

逢周六、周日还需要让备班值班员返回上班帮助维持站厅、站台秩序，帮助控制人流并处理乘客纠纷。

在节假日，值班站长需密切注意站厅、站台的客流情况，掌握各岗位的情况，及时安排站务员、备班人员组织乘客疏散。行车值班员还需要做好与站台的联系，掌握好站台及列车上的客流情况。客运值班员给客服中心的站务员配置足够的空白单程票，在高峰期根据客流情况及时安排增加临时售票点，按规定拿手提广播在站厅、站台组织乘客疏散。站厅站务员协助备班、保安引导乘客出闸，所有站务员均应加强与车控室的联系。

(三)非正常情况下的各种客流组织办法

城市轨道交通客运服务以安全运营为基础，以给乘客提供迅速、准点、方便、舒适的乘车坏境为基本质量标准，实行文明、优质服务。城市轨道交通作为一种交通工具，必然存在许多难以预料的情况，因此必须了解一些非正常情况下可能影响行车的客流组织办法。

1.发生火灾的处理

火灾的应急处理的原则及火灾发生10min内的灭火具体要求如下。

(1)贯彻“救人第一”、“救人与灭火同步进行”原则，积极施救。

(2)火灾发生的5min内是关键时期，灭火要把握好这个关键时期，做好两项工作：一是使用灭火器材灭火和疏散人员，二是同时报火警。

(3)做好个人防护，及时穿戴防烟面具、荧光服等防护用品。

(4)火灾发生后，车站行车值班员或司机应立即报告行车调度员、公安，车站视情况报"119"、"110"、"120",报告时语言应简明扼要。

2. 车站停电的处理

当车站停电时,只有紧急照明,值班站长应立即报告行车调度员,问清停电原因及大约恢复供电时间。如要较长时间才能恢复供电或恢复供电的时间不能确定,应做好乘客的信息广播,广播通知驻站各部门人员。在事故照明灯失效时,请求行车调度员让客车不停本站,指示站务员停止售检票,通知全站员工疏散乘客出站,并关闭车站。待恢复供电时,再重新开放车站。如较短时间内可恢复供电,安排员工关停扶梯,在乘客进出站的楼梯、闸机等重要地点放置应急灯,并用手提广播引导乘客慢行进、出站。

3. 发生水灾的处理

水浸城市轨道交通出入口时:

(1)报告行车调度员、维修调度员、公安,关停出入口处的扶梯。

(2)在出入口与地面、站厅交界处设置"小心地滑"及"此出入口暂停服务"告示牌。

(3)在出入口处设置挡水墙(木板、沙袋等)。

(4)在雨水不再流进车站的情况下,通知保洁人员清扫积水。

(5)事情结束后,撤除告示牌、挡水墙。

4. 客车在隧道内因故障停车,需要疏散乘客和救援时的处理

(1)行车值班员接到行车调度员封锁线路隧道清客的调度命令后,打开隧道照明灯。

(2)执行行车调度员的指示,车站值班站长和故障客车司机,组织乘客从某端疏散到车站。

(3)值班站长安排值班员和站务员携带手提广播、对讲机、照明灯(手电筒)并穿荧光服到隧道内引导乘客向站台疏散,通知售票员暂停售票,控制客流进站。

(4)值班员负责确认乘客全部安全到达站台,线路出清后报告站控室行车值班员。

(5)值班站长确认线路出清后,报告行车调度员线路已出清,按行车调度员命令做好救援准备工作。

(6)按照行车调度员的指示,车站填写封锁线路的命令,交给救援客车司机,作为进入封锁线路的凭证。

(7)救援客车从站间返回后,确认故障客车已被拉进站后,报告行车调度员。

(8)行车调度员发布取消前发封锁线路的命令。

(9)救援客车司机将故障客车拉回车厂,或送沿途存车线(折返线)待令。

5.发生毒气的处理

发生毒气事件的处理原则如下。

(1)贯彻"救人第一"的原则,积极施救。

(2)把握事故初期阶段,做好两项工作:一是尽快抢救,防止扩散,二是及时报警。

(3)发生事故后现场人员按信息汇报流程进行报告。

6.车门/屏蔽门夹人夹物的处理

车站发现后应立即用对讲机通知司机,若司机无任何回应(无重开车门),按压站台紧急停车按钮并报告行车值班员,安抚乘客。

六 技能拓展

分析一实际铁路车站《车站行车工作细则》,比较城市轨道交通车站与铁路车站行车组织的异同。

七 复习思考

(1)《车站行车工作细则》在车站行车工作中有什么重要意义?

(2)《车站行车工作细则》应包含哪些主要内容?

(3)大客流对车站行车组织有哪些影响?

八 实训演练

收集资料,分析某一城市轨道交通车站的《车站行车工作细则》(或《车站运作手册》)和《车站技术管理规则》。

九 交流与讨论

比较不同城市或同一城市不同线路车站的《车站行车工作细则》(或《车站运作手册》)和《车站技术管理规则》。

项目八　运营调度指挥

一 案例导入

1. 事故概况

某地铁线路某日9时21分，1109次客车在*H*站（图8-1）正点发车。列车动车后出现4个DCU中等故障，列车失去动力，在K5＋100m处停车。司机在车辆部跟车人员的配合下，立即对故障进行处理，并于9时24分通过*H*站报告行车调度员。9时26分司机认为无法处理请求救援。行车调度员在9时24分接到列车故障报告后，立即口头通知车厂准备救援列车、备用车出厂；9时26分正式组织清客和救援工作，先通知*K*站准备车厂到上行正线救援列车进路。于9时31分1109次客车清客完毕，行车调度员再跟*H*站联系、多次确认故障列车位置，9时41分行车调度员发出开行602次救援列车的267号调度命令，9时42分发布备用车89110次出厂的268号调度命令。救援列车9时58分经*K*站开往*H*站，在救援列车进*K*站后，设置下行线进路。备用车9时55分出车厂，9时59分到达*X*站，改为9112次客车于10时09分从*X*站发车，下行线恢复运行。

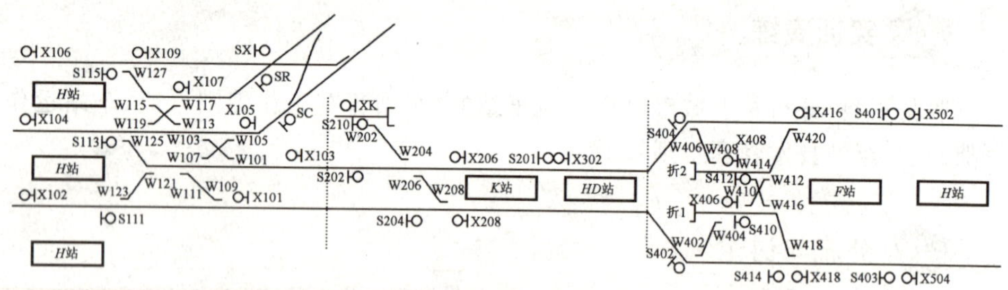

图8-1　某地铁线路信号布置图

注：该线路车厂位于*X*站与*K*站之间，*X*站往*K*站方向为上行，采用右侧行车制

10时28分救援列车牵引故障客车从*H*站返回，在下行线客车运营结束后，于11时52分从*K*站回到车厂。本次事故中断正线行车45min。

2. 原因分析

（1）经车辆部技术人员检查，故障为由1A09司机控制器警惕按钮接触不良引起，但后端 1A10 司机控制器警惕按钮良好。当值司机在故障处理中未到后端试验启动，匆忙决定请求救援。

(2)当值行车调度员在指挥上，未按"一线一车"运行、下行线无施工的实际，先换线运行，再组织列车救援；而是安排救援列车出厂后，才换下行线恢复运行，导致中断行车时间过长。

(3)H 站值班站长传达行车调度员指令不彻底，确认故障列车位置耗时过长；K 站在受令和准备进路上花时过多；车厂未能及早安排备用车出厂，主动配合不够。

二 项目概述

城市轨道交通调度控制中心是轨道交通企业日常运输组织的指挥中枢，担负组织行车、提高运输服务质量、确保运输安全的重要责任，对完成运输生产经营任务、提高轨道交通运输企业效益起着重要作用。

城市轨道交通行车调度员的主要工作任务为按照命令和《运营时刻表》的要求组织行车，实现安全、准点和优质的运营服务；能协调组织邻线间的客运组织；能组织实施维修施工，组织开行工程列车、救援列车；能进行各种故障、事件、事故情况下的降级运营及应急处理。

随着我国城市地铁网络的逐步形成，线网情况下的地铁运营调度指挥成为新的调度指挥形式。同时我国高速铁路以及珠三角、长三角和环渤海地区城际轨道交通发展迅猛，不同形式下轨道交通运输方式与公交等城市公共交通系统组成的大交通格局下的地铁运营调度指挥也必将成为新的研究领域。

图 8-2 所示为城市轨道交通调度控制中心。

图 8-2 城市轨道交通调度控制中心

三 学习目标

按照珠三角地铁控制中心调度管理规则和相关线路行车调度规则，明确学习目标如下。

1. 技能目标

(1)运用城市轨道交通调度指挥设备，组织指挥日常行车和协调线间客运组织；

(2)掌握扣车、抽线等常规列车运行调整的主要方法；

(3)按行业企业标准发布常见的调度命令组织行车；

(4)掌握组织指挥行车设备检修以及各种施工、工程车运行的基本方法；

(5)进行客车清客、列车运行秩序紊乱等非正常情况下的运营调度指挥工作；

(6)运用调度管理信息系统进行调度工作分析，识读城市轨道交通运营日报。

2. 知识目标

(1)城市轨道交通调度指挥组织架构、行车调度工作任务；

(2)城市轨道交通调度工作流程；

(3)城市轨道交通调度指挥设备的配置及功能；

(4)城市轨道交通维修施工组织方法；

(5)城市轨道交通非正常情况下的运营组织；

(6)城市轨道交通常用调度命令格式；

(7)调度台账的内容及填报。

3. 素养目标

主要培养学生的城市轨道交通行车调度指挥全局意识，在正常和非正常情况下组织指挥列车运行、协调客运组织，树立高度的安全责任意识，提高协调生产和轨道交通运输组织管理素养。

四 职业技能鉴定相关规定

目前我国无论是铁路还是地铁职业技能鉴定标准对行车调度工种尚未有统一的文件规定，在城市轨道交通运营企业行车指挥控制中心调度规则和具体某线路的调度手册中规定了行车调度的基本工作任务。珠三角部分地铁公司规定调度的基本工作任务为：负责地铁运营的日常行车组织、指挥工作，按照运作命令和《运营时刻表》的要求组织行车，实现安全、准点和优质的运营服务；协调组织线间的客运组织；组织实施维修施工，组织开行工程列车、救援列车；进行各种故障、事件、事故情况下的降级运营及应急处理。

五 任务驱动

任务1 运用城市轨道交通调度指挥设备，调度指挥日常行车

【任务描述】

城市轨道交通行车调度基本任务之一是负责日常行车调度指挥，确保能按运作命令和《运营时刻表》的要求为乘客提供安全、准点和优质的运营服务。

【职业实景】

图8-3所示为地铁车站与控制中心联系的各种调度电话。

图8-3 地铁车站与控制中心联系的行调、维调、电调和环调电话

【职业岗位】

地铁行车调度员、铁路行车调度员需要掌握本任务。

【任务分析】

由于我国城市轨道交通近10年才步入快速发展阶段，适逢我国经济迅猛发展时期，经济条件好，各项行车调度设备均采用当今世界最先进的自动化设备，因此我国地铁行车调度自动化程度高。在现代化设备条件下，城市轨道交通调度指挥日常行车的关键是掌握调度工作流程和日常调度运营组织内容，同时充分掌握各项行车调度设备的功能。

因此完成本任务，首先需掌握调度工作流程和日常调度运营组织内容，其次是掌握城市轨道交通调度指挥设备的配置及各项行车调度设备功能。在此基础上，注意充分发挥行车调度的组织协调职责，调度指挥运输生产各单位优质完成运输生产任务，确保能按运作命令和《运营时刻表》的要求为乘客提供安全、准点和优质的运营服务。

【相关知识】

(一)城市轨道交通行车指挥层次及指挥原则

城市轨道交通调度控制中心是轨道交通企业日常运输组织的指挥中枢,担负组织行车、提高运输服务质量、确保运输安全的重要责任,对完成运输生产经营任务,提高轨道交通运输企业效益起着重要作用。城市轨道交通运营管理和行车组织工作,以安全运送乘客、满足设备维护的需要,按《运营时刻表》的要求,实现安全、准点、舒适、快捷的运营服务为宗旨。

城市轨道交通的行车组织指挥工作原则为"安全生产、高度集中、统一指挥、逐级负责"。此处以我国部分地铁公司为例,各地铁公司规定略有不同,使用时应注意细微差别。

我国城市轨道交通各地铁公司的行车指挥层次略有不同,但一般包括控制中心值班主任、行车调度员、环控调度员、电力调度员、其他部门调度员(包括维修调度员、车辆检修调度员等),如图 1-9 所示。

一般地,城市轨道交通运营指挥机构分为一级、二级两个指挥层级;二级服从一级指挥。一级指挥为行车调度员、供电调度员、环控调度员;二级指挥为车站值班站长、车辆段调度员、维修调度员。

在行车组织指挥时,车站由值班站长、车辆段由车辆段调度员统一指挥。列车在区间时,客车由司机负责指挥,工程车由车长负责指挥;列车在车站时,由车站值班站长负责指挥(或由行车调度员用无线电话直接指挥列车司机)。发生行车设备故障,车站值班站长(值班员)应及时报告行车调度员,由行车调度员通知维修调度员或车辆调度员派人组织抢修。

各级指挥根据各自职责任务独立开展工作,并服从控制中心值班主任总体协调和指挥。值班主任是调度班组的领导者,在值班中,接受控制中心主任的领导,负责统一组织指挥各工种调度及车站有关人员实现列车运行图。值班主任负责协调本班各调度工作,组织处理运营中发生的故障和事故。当发生事故和突发事件时,由值班主任指挥各调度员的工作,供电调度员、环控调度员负责了解相关设备的受影响情况,提供相关配合处理方案,经值班主任确认后各自执行。维修调度员负责组织相关专业技术人员对故障进行处理或抢修。

行车调度员是一个调度区段(一条运行线)行车工作的统一指挥者,在工作中受控制中心值班主任的领导,负责组织指挥所辖范围内的车站值班员、值乘司机进行行车工作。

行车工作必须严格执行单一指挥的原则。一般地,轨道交通企业规定凡指挥列车运行的命令和口头指示,只能由行车调度员发布。各级领导对区段内列车运行和车辆运用的指示，必须通过值班主任布置给行车调度员，由行车调度员下达执行，有关行车人员必须执行行车调度员的命令和指示，不得违反。

（二）调度工作流程

1. 交接班

（1）调度员应提前到岗了解交接班情况，内容主要包括执行时刻表、线路、车底、施工等情况。具体内容为：

①当日所执行的时刻表及有关要求。

②正线运营情况及车辆、信号、供电等设备运行情况。

③上线列车车底及对应无线电台编号。

④上一班的故障及处理情况。

⑤施工情况（上一班施工遗留情况、本班的施工计划及车厂内影响列车出入车厂的施工、接触网供电情况）。

⑥领导交办事项、本班重点工作及需跟进的工作和其他需关注事项。

（2）参加交班会，通报本岗位的工作情况及注意事项，听取控制中心值班主任布置本班工作任务及上级指示，学习新文件及规章制度，做好班前预想。

2. 白班

白班主要是运营时间内的调度监控，分早班和中班，工作内容主要如下。

（1）填写各类交接调度台账及记录本，主要包括行调工作日志、运营前准备工作检查及客流数据记录表、地铁施工情况控制表、停电通知单、送电通知单、挂/拆地线通知单、调度命令登记簿、施工统计等。

（2）跟进故障及处理情况。

（3）监控列车运行（特殊情况人工铺画运行图）、设备运作及客流情况。

（4）处理正线运营期间的突发事件，与各工种调度员进行维修组织、抢险组织工作。

（5）协调本线与邻线之间的客流组织。

（6）收集整理本班的运行资料及故障延误情况并做好记录。

（7）整理本班工作记录，填写交接班记录本。

（8）早班行车调度员交班时需与中班行车调度员交接本班运营和设备设施情况，需要跟进的工作任务等，并了解本班上夜班当日的施工计划。

（9）中班接班时需审核当晚的施工计划，于规定时间（例如17:00）开始向各站传真当晚施工日补充计划、临修计划及巡道表。了解晚上施工作业，掌握重点施工的准备情况并进行施工协调，提前准备好当晚需提前发布的工程车/调试列车加开的调度命令。

(10)中班与夜班行车调度员交接本班运营和设备设施情况，以及需要跟进的工作任务等。

3.夜班

夜班主要是在运营结束后组织夜间施工、设备调试、线路巡道等工作。工作内容主要如下：

(1)根据施工计划向相关车厂、车站发布书面调度命令。

(2)组织客车回厂。

(3)组织工程车/调试列车出车厂。

(4)按规定落实施工防护。

(5)组织符合条件的施工请点。

(6)督促施工按时销点。

(7)完成施工统计及铺画第二天的计划运行图(在需要人工铺画运行图的情况下)。

(8)组织符合条件的工程车/调试列车回车厂。

(9)收集客运量。

(10)发布送电通知及做运营前检查工作。

(11)按照《运营时刻表》的要求组织客车出车厂。

(12)监控列车运行(人工铺画运行图)、设备运作及客流情况。

(13)整理本班工作记录，填写交接班记录本，与早班行车调度员交接本班运营、设备设施情况及施工情况，以及需要跟进的工作任务等。

(三)行车调度设备

由于轨道交通的系统性，整个城市轨道交通犹如一个大的联动机，环环紧扣。而行车调度员就像交响乐团的指挥，如何使这部大联动机奏出和谐的乐章，与行车调度员能否熟练使用调度设备有很大的关系。运输调度指挥系统应能实时采集列车运行及现场信号设备状态信息。

一般地，城市轨道交通控制中心应配置列车运行图自动描绘装置、传真复印机、通信记录仪、运输管理信息系统、无线列车调度电话系统和调度命令无线传输系统。应备有下列规章及资料：《行车组织规则》、《控制中心调度管理规则》、《线路行车调度手册》、《行车事故处理规则》和相关规章、命令、电报、文件；列车运行图及有关资料；管辖范围内各站平纵断面示意图、接触网供电及信号、联锁、闭塞设备有关资料等。

城市轨道交通控制中心的设备主要包括行车、供电、环控中央监控终端设备，模拟屏，通信设备及信号子系统 ATS 的人机接口。各种设备按以行车指挥为中心的原则布置。

1. 模拟屏

城市轨道交通控制中心装设行车、供电、环控模拟屏。各模拟屏直接显示现场设备的状态，可显示轨道占用、供电系统供电情况和地下站环控设备工作状况。

行车调度模拟屏主要显示轨道电路、全线信号平面布置图、正线线路、列车车次及列车运行进路，如图 8-4 所示。

图 8-4　城市轨道交通调度控制中心

2. 监视器

在控制中心中央控制室设置了行车调度、环控调度监视系统。行车调度员配备若干监视器及一个操作盘，其中有一台监视器可以将监视画面录像。通过监视器行车调度员可以监视各车站的情况，可调出各车站站厅、站台的摄像画面，了解现场情况并可录像。

3. 调度通信设备

控制中心调度通信设备主要有有线调度电话、无线调度电话、调度直通电话、内线电话、市电、CCTV、PA。

(1)有线调度电话

行车调度工作台上设有调度电话总机(其中行车调度 1、2 各一套)，有线调度电话实现控制中心中央调度员与车站值班员、车厂调度员、派班室、信号楼、检修调度员等调度分机进行直接通话，行车调度员通过调度电话实现与行车各岗位的信息收/发和调度指挥工作。

有线调度电话是为列车运行、电力供应、防灾救护及维修施工等提供指挥手段的专用通信系统，调度电话系统一般设有自动录音装置，可实现单呼、固定组呼、自由选组和全呼等多项功能。

调度电话的主要功能有：呼叫号码的来电显示；选定已储存的组页，每组页可储存若干个号码；同时选定多个号码，进行电话会议，各方均可监听和送话；正在通话中，有另一方呼叫，运用 Hold 键可实现不挂断前者，即可与另一方通话功能；重复拨号;用扩音器通话;中断通话;储存若干个固定号码,由于调度电话已储存某一线路所有车站和车辆段信号楼、派班室及车辆段调度员的号码,通过调度电话的盘面,可进行单呼、组呼和全呼;待令状态(调度电话处于随时待令状态,直接拨号或按固定号码键,即可在扩音器对话,不需提话筒,不需按动免提)等。

(2)无线调度电话

①行车调度工作台上设有无线调度电话(其中行车调度1、2各一套),在车厂配备无线调度电话设备,在车站配备车站台及手持机,列车司机使用车载台或手持机与行车调度员通信。客车队正线轮值、车厂派班室、检修调度员各配备有一台手持机,当出现列车故障等情况时通过手持机进行协助处理。具体使用情况视设备调试进度而定。

②行车调度员使用无线调度电话实现与车站行车人员及列车司机、车长进行直接联络和行车指挥工作,可使用无线调度电话发布口头命令。

③无线调度电话设有自动录音装置,可实现列车广播、普通呼叫、紧急呼叫、单呼、组呼、全呼、转接、强插、拨打内线和角色转换等多项功能。

(3)调度直通电话

线路控制中心之间配备有调度直通电话,电话设置成热线直拨的方式。行车调度员使用该电话可以实现与另一线路控制中心行车调度员的直接沟通。

(4)内线电话

调度台设有公司内部程控电话,在调度电话所覆盖的范围以外,行车调度员使用内线电话与相关部门进行信息沟通。

(5)市电

使用市电实现与110、119、120、122等报警中心及公交公司的联络,并在内部通信网络故障时,指挥行车相关部门组织列车运行。

调度直通电话、内线电话、市电均可通过录音仪实现可控制的电话录音。

(6)CCTV

控制中心CCTV具备中央监视功能,能够实现调度员对列车运行、客流组织等情况的监视。

(7)PA

控制中心PA可以实现对车站不同区域有选择性地广播。

4.信号子系统ATS的人机接口

城市轨道交通控制中心一般设有信号子系统ATS的人机接口MMI(根据型号不同,简称不同,例如有的信号系统的人机接口称HMI,使用时注意区别),分别供值班主任和行车调度员使用。值班主任使用MMI对行车调度员的MMI进行操作权限分配。以部分轨道交通系统的设备为例,控制中心信号子系统ATS的人机接口使用规定如下。

1)信号子系统 ATS 的人机接口 MMI 的操作规定

①ATS 中央设备正常时,应实施中央监控,在需放权车站操作或中央 ATS 发生故障(含与车站 RTU 连接故障)时,方可授权联锁站实行站级控制。

②当中央设备恢复使用时,向车站收回控制权。需要对操作控制权下放或收回时,行车调度员必须向相关车站介绍或听取该联锁区的列车运行情况及已执行的相关操作命令。

③非安全相关命令由行车调度员或值班主任在 MMI 上操作,安全相关命令则授权相关的联锁站,在联锁工作站上操作。

④由联锁工作站操作的安全相关命令,行车调度员除听取车站的执行情况外,还需查看相关操作界面,在 MMI 上确认其有效性。

⑤对封锁的线路或正线接触网已停电的区域,行车调度员必须使用"封锁区段/道岔"的命令,防止客车误入封锁线路或无电区。

⑥当 ATS 不能自动取消运营停车点时,行车调度员使用 MMI 人工介入操作,取消运营停车点。

ATS 设备通常是自动操作,但在发生延误和突发事件时,调度员可通过 MMI 上的功能键对话框进行人工干预,如设置进路或人工调整列车的运行。行车调度员可通过 MMI 得到有关信号系统设备状况的显示和各种故障报警信息(伴有声响),用 MMI 来监视时刻表,通过装载列车图显示计划图和实迹运行图。

2)信号子系统 ATS 的人机接口 MMI 的主要功能

MMI 的基本信号窗如图 8-5 所示。

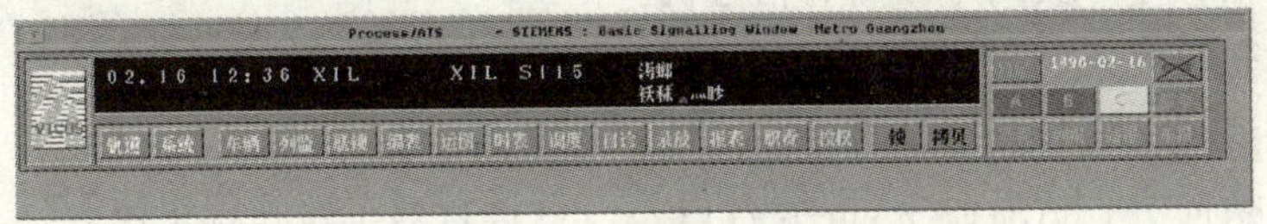

图 8-5 ATS 模式基本信号窗

基本信号窗包含总图选择按钮、对话按钮、维护功能按钮及信息功能按钮 4 个不同的功能键组。

(1)总图选择按钮组

总图选择按钮组分"轨道"和"系统"两个功能键。

①"轨道"功能键用于显示某一地铁线路的线路设备情况及在线列车情况,分轨道层、列车车次号层和详细层。

轨道层:用高集成的形式显示完整的轨道设备,可显示该线全线线路布置情况、车站位置、在线列车位置及部分信息(部分车次号和列车正晚点)。

列车车次号层:用高集成的形式显示带列车识别号的完整设备,可较轨道总图完整地显示列车车次。

详细层：按符号的类型准确地表示设备的结构，可显示相关车站详细的站场线路图（包括轨道电路、道岔和信号机的详细情况）及在线列车详细情况。

②“系统”功能键显示 ATS 工作站的配置及当前各工作站设备的状态。

(2)对话按钮组

对话按钮组分车辆、列监、联锁、编表、运图、时表、调度、自诊、录放、报表、职责、授权 12 个功能键。其中与列车运行有关的可操作的主要功能键是列监、联锁、运图、时表、调度等功能键。

①列监功能键：表示列车运行监控，利用该功能键，可进行输入、更换、删除、人工更正、搜索列车车次号，旅客信息系统(PIIS)运作，列车运行的时间修正等操作。

②联锁功能键：是较复杂且重要的功能键，主要用于对联锁站的联锁各因素(轨道元素、道岔、信号机、进路)进行相应的操作。

a. 对联锁站，主要可进行下列操作：

自排全开——全部信号机处于自动排列进路状态；

自排全关——全部信号机处于人工排列进路状态；

追踪全开——全部信号机由联锁自动排列追踪进路；

追踪全关——全部信号机取消由联锁自动排列追踪进路；

关区信号——关闭联锁区全部信号机；

交出控制——建议交出控制权；

接收控制——接收控制权；

关站信号——关闭车站所有信号机。

b. 对轨道元素(只在详细层)，可进行下列操作：

封锁区段——禁止通过轨道区段排列进路；

列车换向——折返命令，指示 ATP/ATO 进行列车驾驶端切换；

终止站停——取消运营停车点；

换上至下——换机车位置；

换下至上——换机车位置。

c. 对道岔(只在详细层)，可进行下列操作：

单独锁定——锁定单个道岔，阻止转换；

转换道岔——转换道岔；

封锁道岔——禁止通过道岔排列进路。

d. 对信号机(只在详细层)，可进行下列操作：

关单信号——设置信号机为关闭状态；

封锁信号——封锁在关闭状态下的信号机；

自排单开——设置单架信号机处于自动排列进路状态；

自排单关——设置单架信号机处于人工排列进路状态；

追踪单开——单架信号机由联锁自动排列进路；

追踪单关——单架信号机取消由联锁自动排列进路；

开放信号——设置信号机为开放状态。

e. 对进路(只在详细层)，可排列进路、取消进路及变更进路。

③运图功能键：用于表示列车运行图，进行有关列车运行图操作。可关闭或硬拷贝当前的运行图，可调整或显示运行图。

④时表功能键：用于时刻表的操作和人工列车运行调整。调度员可装入一个新的时刻表，或调整实际上已经装入的时刻表，可插入或删除一个新的车次以及打印时刻表。

⑤调度功能键：可进行人工列车运行调整的操作(列车操作对象为一列或所有列车)。

a. ATR(列车)：激活或停止自动列车调整。

b. ATR(列车和车站)：释放车站停车点、确定停站时间、给区间确定运行时间。

c. 命令(车站)：列车跳停、扣车、列车放行。

此外，还有维护功能按钮组和信息功能按钮组，用于锁住和复制屏幕以及生成里程报表、列车报表等功能。

【任务实践】

行车调度日常运营组织主要包括运营调度前的准备工作、运营服务期间的运营调度指挥两个方面。

运营调度前的准备工作主要有：检查夜班施工情况、确认接触网送电情况、试验进路和道岔、检查中央监控调度设备、确认当日执行时刻表并核对时间、进行客车出车辆段组织等内容。

(1)检查夜班施工情况：根据《线路施工情况控制表》等表格检查确认当晚的所有维修施工及调试作业已完毕，并已销点。

(2)检查线路巡视作业已完成，并确认线路已符合行车条件。

(3)运营前规定时间，例如运营前30min，行车调度员需检查各车站和车辆段运用前的准备工作。各站值班站长(或值班员)进行以下准备工作：

①运营线路空闲、施工结束、线路出清、车站供电及环控系统正常。

②行车设备、备品齐全完好。

③道岔功能正常，站台无异物侵入限界，屏蔽门(安全门)开关正常。

④当日使用客车、备用客车安排及司机配备情况。

(4)行车调度员与电力调度员共同签名确认接触网送电情况

行车调度员确认《线路施工情况控制表》有关停电施工已销点，地线已拆除，信号系统人机接口 MMI 及背投显示屏上显示的接触网成带电状态，并确认“送电通知”已向相关车站/车厂发布。

(5)试验进路、道岔的要求

行车调度员接到巡道完毕报告，确认线路出清后，通知车站进行试验进路、道岔的工作。试验发现异常，应及时通知维修调度员，派人检查抢修；无法修复时，应立即采取应急措施，目标是尽可能把对运营的影响降到最小。

(6)检查中央监控调度设备

确认中央监控设备的各种元素显示正确无误，并确认各种故障报警信息。如发现显示异常，及时通知维修调度员派人处理。

(7)客车出入车辆段的组织

我国城市轨道交通系统大部分在夜间停止运营，凌晨开始每天的运营服务时或由运营低峰期转高峰期时需要组织客车从车辆段进入正线投入运营，夜间收车时或由运营高峰期转低峰期时需要组织客车从正线退出运营进入车辆段。

各地铁公司为确保安全，对客车出入车辆段进行了严格规定。首先规定了客车出入车辆段的时机，规定行车调度员应利用运营间隙组织客车从出/入车辆段线进出车辆段，运营期间客车出/入车辆段不能影响正线的客车运营。

其次，对客车进出车辆段的运行模式进行了规定。以珠三角某地铁公司为例，要求投入运营的客车出车辆段在转换轨一度停车，司机按规定转换受电模式，按《运营时刻表》的要求，列车从出/入车厂线开往规定车站指定站台投入运营服务。司机在出/入车厂线必须凭规定的信号按信号条件采用相关的驾驶模式驾驶。出/入车厂时需严格按规定控制速度，列车进入正线后以正常速度开往指定车站。

客车入车辆段时车站必须严格执行清客程序，广播通知乘客并确认乘客全部下车后关好车门；车站需和司机共同确认把关，防止带乘客进入车厂。客车返回车辆段时，按原驾驶模式进入转换轨，在转换轨按规定转换受电模式及驾驶模式，凭入车厂信号机的显示驾驶进入车厂。

任务2　出现列车运行秩序紊乱时，调整列车运行，恢复列车运行秩序

【任务描述】

我国城市轨道交通自动化程度高，正常情况行车调度的日常作业主要是监视

各项运输设备和列车运行状态是否正常。但是特殊情况会引发列车运行秩序紊乱,例如在线路运营初期,由于信号设备和车辆等设备调试不完善导致运行秩序紊乱;车辆故障或信号设备故障,列车无法继续运行或需要运用信号系统的降级模式继续运营;火灾以及其他原因引起列车运行秩序紊乱。

由于城市轨道交通行车间隔短、行车密度大,肩负输送市民上班、上学等城市公共交通运输任务,一旦出现列车运行秩序紊乱,会严重影响市民的出行情况,同时给城市轨道交通运营企业带来较大的负面影响。因此当列车运行秩序紊乱时,需要行车调度员周密组织,运用各种方法调整列车运行,尽快恢复列车运行秩序。本任务要求学生掌握常见调整列车运行方法。

【职业实景】

图 8-6 所示为列车因车辆故障,迫停于区间内。

图 8-6　一列因车辆故障,迫停于区间内等候救援的列车

【职业岗位】

地铁和铁路行车调度员岗位需要掌握本任务。

【任务分析】

列车运行调整的主要方法不外乎组织列车始发正点和组织列车运行正点两大方法,具体的有在始发站提前或推迟发出列车、扣车、抽线等方法。要完成本任务,需要掌握列车运行调整原则,重点掌握扣车、抽线等列车运行调整方法。

【相关知识】

(一)列车运行调整原则

1.坚持按图行车,提高列车正点率

轨道交通运输产品质量的重要技术指标之一就是列车正点率。列车正点率不但是运输质量和组织管理水平的综合反映,也是社会舆论关注的热点。在列车运行调整中,要加强调度指挥和运行调整,严格按图行车,提高列车正点率,确保列车

正点运行，尤其是首班车和末班车。

2. 单一指挥

在列车运行调整中，行车各有关部门必须服从所在区段的行车调度员的集中统一指挥，各级领导对列车运行的指示，必须通过所在区段的行车调度员实现，坚决禁止令出多口或多头指挥，维护调度命令的严肃性和权威性。

3. 安全生产

调度指挥必须坚持安全生产，正确、及时地指挥列车运行，防止因指挥不当造成的事故隐患。遇突发紧急事件时，要冷静、正确、及时处理，努力提高业务水平，提高应变能力。发布调度命令要正确、完整、清晰。

4. 按列车等级进行调整

在发生列车运行秩序混乱的情况下，行车调度员须进行列车运行调整。对不能按列车运行图运行的列车，应按下列等级顺序进行运行整理：专运列车、旅客列车、调试列车、回空列车、其他列车。

(二)列车运行调整方法

列车正点始发是保证列车正点运行和实现列车运行图的基础。对始发列车，行车调度员应在列车出库、列车折返交路和客流情况等方面进行具体掌握和组织，保证正点发车。列车运行晚点时，行车调度员应根据列车运行的实际情况，按规定的列车等级顺序进行调整，对同一等级的旅客列车可根据列车的接续车次和乘客的多少等情况进行调整，尽可能在最短时间内使列车恢复按图运行。

调度实践证明，调度指挥的主要困难在于发生列车运行秩序混乱。这时需要在短时间内根据变化的情况，选择出在区段内放行列车的最优决策。在区段通过能力使用紧张和高速行车的条件下，选择和实现放行列车的决策常常在时间非常紧迫的情况下进行，因此行车调度员必须掌握列车运行调整的基本方法，进行专业训练。

一般地，列车运行调整主要有组织列车始发正点和组织列车运行正点两大方法。具体调整方法如下。

(1)始发站提前或推迟发出列车。

(2)组织列车赶点：根据车辆的技术性能、司机操作水平和线路允许速度，组织列车加速运行，恢复正点。

(3)压缩中间站停站时间：通过组织车站快速作业，压缩停站时间。

(4)组织列车不停车通过某些车站：列车不停车通过可分为列车载客通过和列车放空通过两种情况。应严格控制列车载客通过车站，仅因车辆、设备故障或车站因乘客滞留造成人多拥挤等原因引起运行秩序紊乱，或特殊需要时，方准列车载客通过车站，末班车不能载客通过车站。在组织列车通过车站时，行车调度员应提前下达命令。司机和车站有关人员应对乘客做好宣传解释工作，以防乘客恐慌。车站应维持秩序，严密组织好乘客乘降，确保乘客安全。

(5)变更列车运行交路：组织列车在有条件的中间站折返。

(6)组织列车反方向运行：在双线线路上，如一个方向列车密度较大，另一个方向列车密度较小，为恢复正点运行，可利用有道岔的车站的渡线，将列车转到列车密度较小的线路上反方向运行。

(7)扣车：当一条线路的列车由于车辆、设备故障或其他原因不能正常运行，造成换乘站站台上乘客拥挤时，行车调度员可采取扣车措施，即将另一条线路的列车扣在换乘站附近的各个车站，以缓解换乘站的压力。扣车时间一般应控制在10min内，如果堵塞线路的列车在短时间内不能恢复正常运行，可组织扣下的列车在换乘站通过。

(8)调整列车运行行车间隔：当换乘站由于客流剧增造成作业困难时，行车调度员可根据列车的运行情况，适当调整列车运行时间间隔，尽量避免各线列车同时到达换乘站。

(9)抽线停运列车：行车调度员调整列车运行，可根据列车运行的实际情况进行选择，也可将上述列车运行调整方法综合使用。

【任务实践】

当出现列车运行秩序紊乱时，首先判断引发列车运行秩序紊乱的原因，是车辆故障、信号故障、发生火灾还是供电设备故障，从而决定采取的措施、联系的相关人员，决定是否需要救援、是否需要清客等。其次，果断采用各种调整列车运行方法，恢复列车运行秩序。

日常工作中注意积累，并进行分析和总结，有效提高行车调度水平，这样在城市轨道交通出现列车运行秩序紊乱时，才能迅速调整列车运行，恢复列车运行秩序。

具体的流程如下：

(1)发生运行秩序紊乱时，行车调度员应报告值班主任，并向相关岗位了解原因。

(2)当客车延误规定的时间，例如4min以上时，应通知沿途各站加快旅客乘客作业，减少停站时间，如在下一个往返不能恢复正点时，在有备用车的情况下可利用备用客车在始发站正点替开的方式调整客车运行。

(3)同一方向多个客车发生运行秩序紊乱时，除按上述办理外，还可安排个别客车到折返线退出服务或中途折返，或在始发站调整客车服务号(改车次)，变更列车目的地，恢复按图运行。

(4)采用抽线停运调整客车运行时，需经值班主任同意，行车调度员向有关车站和司机发布停运命令。

(5)当运营发生秩序紊乱时，行车调度员应灵活组织，尽快恢复列车正点运营。

组织方法包括组织司机赶点，减少停站作业，加快折返作业速度，压缩折返时间；通知车站做好乘客广播，加快乘客上、下车速度；组织列车按均匀的间隔运行；晚点严重时，组织列车抽线运行。

【拓展知识】

城市轨道交通正常情况是列车按照计划运行图运行，列车行车间隔均匀，在不同的客流峰值时采用合理的列车运行间隔，满足旅客运行需要。为实现按图行车，行车调度员必须熟悉主要行车人员情况，掌握车辆、线路、设备、供电等方面的知识，熟悉相关的行车规章，掌握与其他调度的工作衔接，概括起来为“人、车、天、地、电、设备、接口、规章”几大要素。

人：了解各站行车值班员及司机的基本情况，包括业务能力、工作习惯、家庭情况、个性特点等，便于更好地组织工作。

车：了解车辆结构、动车组的基本工作原理，车辆制动系统、转向架系统等车辆主要系统常见故障处理，便于在列车出现车辆故障时能胸有成竹、沉着冷静地进行合理调度，使故障的影响降到最小。

天：了解天气变化，在雨、雪天防止因雨具导致站厅、站台地面潮湿而发生旅客伤亡；对于露天线路，须随时了解和掌握天气变化可能给行车工作带来的影响，以便根据不同情况采取有效的调整措施，取得计划指挥的主动权。

地：指轨道交通线路的横、纵断面，信号机的布置，桥隧及建筑物限界等。行车调度员应熟悉列车运行过程中途经线路的曲线、坡度、信号机布置、桥隧及建筑物限界等情况。

电：掌握所辖线路的牵引供电区域的划分。

设备：主要指信号设备及环控设备、防灾报警设备、车站监控设备、售检票设备、电扶梯系统、动力照明系统、屏蔽门等。城市轨道交通正线一般采用微机联锁，并装设了ATC系统。行车调度员必须掌握微机联锁的功能及操作，掌握ATC系统的三大子系统ATP、ATO、ATS的功能及操作。

接口：主要是指与电力调度、环控调度、维修调度的接口。行车调度与电力调度的接口主要体现在接触网停(送)电、牵引变电所跳闸或故障处理，以及供电设备的维修施工组织等方面；行车调度与环控调度的接口主要体现在环控系统开启和关闭、隧道风机的开启，以及环控系统的施工协调等方面；行车调度与维修调度的接口主要体现在影响行车的设备(如信号、通信、线路、车站设备、供电)故障和

ATS系统故障的维修，以及抢修的组织衔接等方面。

规章：行车调度员应全面了解并掌握以下规章——《技术管理规程》、《行车组织规则》、《行车调度规则》、《行车事故处理规则》、《行车设备维修施工管理规则》、《突发事件应急处理办法》等。

任务3 组织开行一列救援列车，并按企业标准发布救援调度命令

【任务描述】

当客车故障或客车因信号系统故障，迫停于区间需要救援时，行车调度员需组织开行救援列车，向救援客车和故障客车司机、相关车站发布调度命令，组织救援。

【职业实景】

图8-7所示为美国地铁列车相撞。

图8-7 2009年6月22日美国华盛顿地铁托滕堡站一塔科马公园站区间地铁列车相撞

【职业岗位】

行车调度员岗位需要掌握本任务。

【任务分析】

(1)组织开行救援列车，首先需要判断是否需要开行救援列车，曾经发生过因司机或行车调度业务不精，导致不必要开行救援列车的情况出现，严重影响了正线行车。

(2)确定必须开行救援列车时，需要判断运用什么车承担救援任务，是后行客车，还是前面的客车，或者是备用客车，是否需要清客。

(3)向故障客车司机和救援客车司机发布调度命令，由于正常情况下规定空车救援，故需要下达清客救援命令。

(4)向相关的车站发布调度命令，要求车站做好救援配合工作。

【相关知识】

(一)城市轨道交通客车清客的规定

(1)遇下列情况,须组织客车清客:

①客车担任救援列车时,在前方车站组织清客。

②客车发生故障不能继续维持运营时,需清客后退出服务。

③客车在中途站折返时,行车调度员须组织列车清客。

④客车因故被迫在隧道内停车,预计在规定时间(例如 30min)内无法到达车站时,行车调度员须组织隧道清客。

⑤遇道岔故障需要添乘客车进区间人工钩锁道岔时,行车调度员必须组织列车在车站清客。

⑥遇客车发生火灾等危及乘客人身安全的紧急情况发生时,行车调度员应立即组织清客。

(2)清客时,需控制中心值班主任同意,由行车调度员发布清客命令。

(3)客车在车站清客时,行车调度员通知车站和司机执行清客命令。

(4)客车在区间隧道清客时,行车调度员除通知车站和司机执行清客程序外,还需进行以下处理:

①扣停开往疏散区域的后续列车。

②设备故障情况下的乘客疏散应通知邻线运行的客车司机加强瞭望,注意安全。

a.若本线及邻线均不具备行车条件时,采用乘客步行疏散的方式。

b.若至少一条线路具备行车条件,但故障列车停车位置与车站的距离小于运营公司规定的临界距离(例如 1500m)时,采用乘客步行疏散的方式。

c.若本线具备行车条件,但故障列车停车位置与车站的距离大于运营公司规定的临界距离(例如 1500m)时,采用本线来车驳运疏散的方式。

d.若本线不具备行车条件但邻线具备行车条件,且故障列车停车位置与车站的距离大于运营公司规定的临界距离(例如 1500m)时,采用邻线来车驳运疏散的方式。

③列车火灾等紧急情况下应扣停邻线列车。

④通知环控调度员执行相应的隧道通风模式。

⑤必要时通知电力调度员停止相关区段的接触网供电。

(二)调度命令的发布

调度命令是轨道交通运输工作实行集中领导、统一指挥的具体体现和保证之一。

行车调度是一个调度区段(一条运行线)行车工作的统一指挥者,行车工作必须严格执行单一指挥的原则。凡指挥列车运行的命令和口头指示,只能由行车调度员发布,有关行车人员必须坚决执行,不得违反。行车调度员发布调度命令时应严格按《技术管理规程》、《调度规则》等规章办理,按《运营时刻表》指挥行车。

调度命令在发布前行车调度员应详细了解现场情况,听取有关人员意见。发生事故时应特别注意事故列车的停留位置、区间双线是否影响邻线。发布调度命令时,必须先拟后发,不得边拟边发。发布调度命令应按"一拟、二签、三发布、四复诵核对、五下达命令号码和时间"的程序办理。命令应一事一令,不得一令多用和用口头指示代替书面命令。

(1)一般地,城市轨道交通运营企业规定下列情况须发布口头调度命令:

①临时加开或停开列车(包括客车、工程车及救援列车)。

②客车推进运行、退行,工程车退行。

③停站客车临时变通过。

④改变列车驾驶模式。

(2)下列情况须发布书面调度命令:

①封锁(或开通)区间。

②线路限速(或取消)。

③采用或停止站间电话闭塞法。

④行车调度员认为有必要记录的命令。

调度命令根据不同的调度种类使用不同的调度命令号码,例如值班主任使用101～199;行车调度员使用901～999等。

【任务实践】

我国城市轨道交通企业标准目前尚未统一,本项目以珠三角比较成熟的地铁公司的企业标准实践开行救援列车,使用时需注意与学生所在地的地铁公司开行救援列车相关规定的细微差别。

(一)组织开行救援列车的基本步骤

(1)行车调度员接到司机(车长)的救援请求后,向有关车站发布开行救援列车的命令,故障列车在区间时还需发布封锁站间线路的命令。

(2)已申请救援的列车不准动车,司机(车长)应打开被救援列车两端的标志灯作为防护信号,并注意与救援列车的连接。

(3)客车救援优先使用电客车担任,救援列车应距被救援列车15m外停车,听从救援负责人(被救援列车司机)的指挥,在接近被连挂车辆1m处停车,然后再进行连挂。在连挂之前还可继续排除故障,但不能起动列车,如故障排除则报告行车调度员取消救援。

(4)向封锁线路发出救援列车时，不办理行车闭塞手续，以行车调度员命令作为进入该封锁线路的许可。

(5)在未接到开通封锁线路的调度命令前，不得将救援列车以外的其他列车开往该线路。

(6)若使用工程车救援客车时，应采用双机重联的方式，并执行相关限速要求及规定。

(7)采用电话闭塞法行车时，开行救援列车的规定如下。

①向故障车占用的闭塞区段线路发出救援列车时，凭封锁命令行车。

②救援列车连挂后，推进或牵引通过车站时，中途站不办理行车闭塞手续，以行车调度员命令作为进入闭塞区段线路的许可；进入救援终点站时，须在进入存车线前一度停车。行车调度员向救援列车司机发布允许列车通过车站的命令前，须与前方站共同确认区段线路空闲后，方可发布。

③故障列车位于转换轨，无后续列车救援推送回车辆段时，行车调度员发布命令，车辆段以调车方式将故障列车牵引回车厂。

(8)组织客车救援，原则上不允许组织载客列车担任救援列车。

(二)发布救援调度命令

根据实际情况发布救援调度命令。

为使行车调度命令格式规范化，调度命令内容更加准确、简练、清晰、完整，从而提高工作效率，确保生产安全，城市轨道交通运营企业会对常用的调度命令格式进行严格规定，以下为珠三角某地铁企业救援调度命令格式。

1. 不需发布封锁命令时救援列车加开命令的格式

<table>
<tr><td rowspan="2">受令处所</td><td rowspan="2">××站～××站（车厂信号楼、派班室），××站（车厂）交6××次司机</td><td>日期</td><td>命令号码</td><td>行车调度员代号</td><td>发令时间</td></tr>
<tr><td>×××</td><td>×××</td><td>×××</td><td>×××</td></tr>
<tr><td>命令内容</td><td colspan="5">1. ××××次改开6××次担任救援，到××站上/下行线（××站～××站上/下行线××km+××m）连挂故障车，推送（或牵引）到××折返线/存车线（或经出/入车厂线回厂）。
2. 6××次凭信号显示行车。
3. 准6××次到××站/区间连挂故障列车</td></tr>
</table>

注：1. 当救援列车到区间连挂故障车时，里程标应注意考虑列车长度。

2. 命令第3点适用于救援列车没有ATP的情况下使用。

3. 括号中的内容视实际情况选择发布，不用字句划销。

4. 该企业救援列车车次为三位数，以数字“6”开头。

2. 需要发布封锁线路命令时救援列车加开命令的格式

<table>
<tr><td rowspan="2">受令处所</td><td rowspan="2">××站～××站(车厂信号楼、派班室),××站(车厂)交6××次司机</td><td>日期</td><td>命令号码</td><td>行车调度员代号</td><td>发令时间</td></tr>
<tr><td>×××</td><td>×××</td><td>×××</td><td>×××</td></tr>
<tr><td>命令内容</td><td colspan="5">1. ××××次改开6××次担任救援[或准××站(或车厂)～××站上/下行线××km＋××m加开6××次],到××站上/下行线(××站～××站上/下行线××km＋××m)连挂故障车,推送(或牵引)到××折返线/存车线(或经出/入车厂线回厂)。
2. 6××次凭封锁命令进行连挂。
3. 连挂完毕凭行车调度员指令行车</td></tr>
</table>

注:1. 当救援列车到区间连挂故障车时,里程标应注意考虑列车长度。
2. 括号中的内容视实际情况选择发布,不用字句划销。
3. 此命令适用于联锁故障客车区间故障救援或工程车区间故障救援时使用,一般以口头命令形式发布。

3. 封锁命令的格式

<table>
<tr><td rowspan="2">受令处所</td><td rowspan="2">××站～××站,××站交6××次司机</td><td>日期</td><td>命令号码</td><td>行车调度员代号</td><td>发令时间</td></tr>
<tr><td>×××</td><td>×××</td><td>×××</td><td>×××</td></tr>
<tr><td>命令内容</td><td colspan="5">自发令时起,××站～××站上/下行正线线路封锁。
准6××次进入该封锁线路进行救援工作</td></tr>
</table>

4. 解封命令的格式

<table>
<tr><td rowspan="2">受令处所</td><td rowspan="2">××站～××站,××站交6××次司机</td><td>日期</td><td>命令号码</td><td>行车调度员代号</td><td>发令时间</td></tr>
<tr><td>×××</td><td>×××</td><td>×××</td><td>×××</td></tr>
<tr><td>命令内容</td><td colspan="5">自发令时起,前发×××号令取消,××站～××站上/下行正线线路开通</td></tr>
</table>

【拓展知识】

(一)常用城市轨道交通调度命令的格式

1. 开行工程车进行施工或故障抢修作业的格式

(1)加开工程车的命令格式

<table>
<tr><td rowspan="2">受令处所</td><td rowspan="2">车厂派班室、信号楼、××～××各站,车厂派班室(××站)交×××次司机</td><td>日期</td><td>命令号码</td><td>行车调度员代号</td><td>发令时间</td></tr>
<tr><td>×××</td><td>×××</td><td>×××</td><td>×××</td></tr>
<tr><td>命令内容</td><td colspan="5">因××单位/分部施工(作业)需要,准××站(车厂出/入厂线)～××站上/下行正线加开×××次,返程××站～××站(车厂出/入厂线)加开×××次。
×××次车厂(××站)开×时×分。
×××次凭地面信号显示行车。
×××次到××站上/下行线待令</td></tr>
</table>

(2)两工程车连挂后加开到某一地点解除连挂分开运行的命令格式

受令处所	车厂派班室、信号楼、××～××各站，车厂派班室(××站)交×××次、×××次司机	日期	命令号码	行车调度员代号	发令时间
		×××	×××	×××	×××
命令内容	因××单位/分部施工(作业)需要，准××站(车厂出/入厂线)～××站上/下行正线加开×××次，×××次与×××次连挂运行。 ×××次到达××站后，××站～××站上/下行正线加开×××次；××站～××站上/下行正线加开×××次。 ×××次车厂(××站)开×时×分。 ×××次凭地面信号显示行车。 ×××次到××站上/下行线待令				

(3)工程车进入封锁线路作业、中途折返的命令格式

受令处所	××站～××站，××站交×××次司机	日期	命令号码	行车调度员代号	发令时间
		×××	×××	×××	×××
命令内容	自发令时起，××站～××站上/下行正线线路封锁。 准×××次进入该封锁线路并往返运行。 ×××次作业完毕到××站上/下行线待令				

(4)开通线路的命令格式

受令处所	××站～××站	日期	命令号码	行车调度员代号	发令时间
		×××	×××	×××	×××
命令内容	自发令时起，前发×××号令取消，××站～××站上/下行正线线路开通				

2. 限速/消限命令的格式

(1)限速命令的格式

受令处所	车厂派班室、车厂调度员、××站～××站，车厂派班室交各次列车司机(××站交××××次司机)	日期	命令号码	行车调度员代号	发令时间
		×××	×××	×××	×××
命令内容	根据×××的要求，自发令时起至另有通知时止，××站～××站上/下行线(××km+××m～××km+××m，计轴区段×××)，限速××km/h。 各次列车司机加强瞭望，注意安全，出现问题及时采取措施，及时与行车调度员联系				

(2)消限命令的格式

受令处所	车厂派班室、车厂调度员、××站～××站，车厂派班室交各次列车司机	日期	命令号码	行车调度员代号	发令时间
		×××	×××	×××	×××
命令内容	自发令时起，前发×××号令取消，××站～××站上/下行线(××km+××m～××km+××m，计轴区段×××)限速取消，恢复正常速度运行				

3. 开行调试列车的格式

(1)需发加开时的调试命令格式

受令处所	车厂派班室、信号楼、××车站，车厂派班室(××站)交××××次司机	日期	命令号码	行车调度员代号	发令时间
		×××	×××	×××	×××
命令内容	因××调试需要，准车厂出/入厂线(××站)～××站上/下行正线加开××××次，××站～××站上/下行线加开××××/××××次、××××/××××次……××站～××站(至车厂出/入厂线)开××××次。 各次列车按信号显示及调试负责人的指示动车。 ××××次到××站上/下行线待令				

(2)需发封锁时的调试命令格式

受令处所	××站～××站，××站交××××次司机	日期	命令号码	行车调度员代号	发令时间
		×××	×××	×××	×××
命令内容	自发令时起，××站～××站上/下行正线线路封锁。 准××××次进入该封锁线路并往返调试。 ××××次作业完毕到××站上/下行线待令				

注意：车次按调试时刻表；若无时刻表时，封锁线路的调试，上、下行各给一个车次；不封锁线路的调试，先联络负责人，确定跑几个往返后编定车次。

4. 调车命令的格式

受令处所	车厂信号楼(××站)、××站，车厂(××站)交×××次司机	日期	命令号码	行车调度员代号	发令时间
		×××	×××	×××	×××
命令内容	自发令时起，准×××次占用××站～××站上/下行正线进行调车作业。 加强瞭望，注意安全				

5. 电话闭塞法的格式

(1)采用电话闭塞法的命令格式

受令处所	××站～××站，××站交××××次司机	日期	命令号码	行车调度员代号	发令时间
		×××	×××	×××	×××
命令内容	因××站信号计轴设备故障，自发令时起，××站～××站上/下行正线/车厂采用电话闭塞法组织行车				

(2)停止使用电话闭塞行车法的命令格式

受令处所	××站～××站，××站交××××次司机	日期	命令号码	行车调度员代号	发令时间
		×××	×××	×××	×××
命令内容	自发令时起，前发×××号令取消，××站～××站/车厂恢复正常信号行车				

(二)铁路调度命令的相关规定

铁道部、铁路局调度在组织指挥日常运输工作时，应及时正确发布与运输有关的调度命令，下级调度以及行车有关人员必须坚决执行。

1.发布调度命令的基本规定

(1)调度命令发布前，应详细了解现场情况，听取有关人员的意见，书写命令内容、受令处所必须正确、完整、清晰。

(2)采用计算机发布调度命令时，必须严格遵守"一拟、二审核(按规定须监控人审核的)、三签(按规定须领导、值班主任签发的)、四发布、五确认签收"的发布程序。受令人必须认真核对命令内容并及时签收。

(3)采用电话发布调度命令时，必须严格遵守"一拟、二审核(按规定须监控人审核的)、三签(按规定须领导、值班主任签发的)、四发布、五复诵核对、六下达命令号码和时间"的发布程序办理。发布、接收调度命令时，应填记《调度命令登记簿》，并记明发收人员姓名及时刻。

(4)采用"常用行车调度命令用语"拟写的命令，计算机编辑时"用语"中未用到的字句删除，书面拟写时"用语"中未用到的字句圈掉。

(5)调度命令书写不正确时，应重新书写。

(6)已发布的调度命令，遇有错、漏或变化时，必须取消前发命令，重新发布全部内容的调度命令。

(7)使用调度命令无线传送系统、计算机或传真机发布行车调度命令时，必须认真执行确认和回执制度。

(8)发布运行揭示调度命令时，不准夹带与受令处所无关的内容和命令。

(9)发布有关线路、道岔限速的调度命令时，必须注明具体地点(包括站内线别、道岔号码)、起止里程及时间。发布事故救援命令有关线路、道岔时必须注明里程。

(10)指定时间段内的维修作业,车站值班员在维修作业完毕销记后应立即报告行车调度员,行车调度员不再发布维修作业结束恢复行车的命令。如需延长作业时间须行车调度员发布调度命令批准。

2.发布行车调度命令的规定

(1)指挥列车运行的命令和口头指示,只能由行车调度员发布。

(2)铁路局行车调度员发布行车调度命令,要一事一令,不得发布无关内容。一事一令是指对一个独立事件发布一个命令,该独立事件包括单因素事件和多因素事件两类。单因素事件是指不与其他工作发生关联的简单事件;多因素事件是指涉及两项及其以上工作内容,且因此及彼、因果相关、时间相连的复杂事件,可发布一个调度命令。

(3)设有双线双向闭塞设备且作用良好的区间,需要连续反方向行车时,可发布一个调度命令。

(4)交付调度命令的规定如下:

①具备调度命令无线传送系统的,应使用调度命令无线传送系统向值乘司机发布调度命令;受令人涉及运转车长的,由司机向运转车长转达。

②在具备良好转接设备和通信记录装置的条件下,符合使用列车调度电话发布、转达调度命令内容的,行车调度员(车站值班员)可使用列车调度电话向列车司机发布(转达)调度命令。

③不具备上述条件时,本区段有停车站,行车调度员指定车站值班员在进入关系地点前的停车站交付调度命令;本区段无停车站或来不及时,在进入关系地点前的车站停车交付调度命令。

(5)交付和核对限速调度命令的规定如下:

①限速调度命令,须在进入限速地点前发布(转达)、复诵完毕,如来不及,必须在进入限速地点前的车站停车转达调度命令。

②具备使用调度命令无线传输系统或提前在停车站交付调度命令条件的,须传输(交付)书面调度命令。

③不具备使用调度命令无线传输系统或提前在停车站传输(交付)书面调度命令,需使用列车调度电话发布(转达)调度命令时,行车调度员除发给限速地点关系站(限速地点在区间内,关系站为区间的两端站;限速地点在车站站内或站内跨区间,关系站为限速地点车站和相邻车站)外,还应发给转达调度命令车站和进入限速地点前的第二个车站,转达调度命令车站应在列车进入限速地点前的第二个车站以前传达、复诵完毕。

④对限速的调度命令，列车进入限速地点前的第一个车站的车站值班员应逐列与司机核对限速内容。

⑤限速地点在车站站内，限速车站的车站值班员在列车进入车站前要与司机核对限速内容。

⑥使用列车调度电话发布、转达限速调度命令，进入限速地点前的第二个车站时须与司机核对限速内容。

⑦核对不一致时，司机应在进入限速地点前的车站停车并向车站值班员报告，车站值班员立即向行车调度员报告，经行车调度员核实后，发布正确的限速调度命令。

(6)对跨铁路局的列车，接车铁路局行车调度员可委托发车铁路局行车调度员发布调度命令，委托铁路局将需转发的调度命令号码、内容和具体车次发给受委托铁路局，受委托铁路局在时间的允许情况下，不得拒绝委托。

(7)使用"常用行车调度命令用语"发布行车调度命令时，涉及限速内容须一并下达(司机事先已有限速调度命令除外)。

3.使用列车调度电话发布、转达调度命令内容的规定

(1)临时变更(改按电话闭塞法行车除外)或恢复原行车闭塞法。

(2)设有双线双向闭塞设备且作用良好的区间，双线反方向行车。

(3)有计划封锁施工开通后，指定1、2、3…列限速。

(4)临时限速(指未纳入运行揭示调度命令的限速，下同)。

(5)临时停运列车、加开单机。

(6)旅客列车以外的列车在非到发线上接车或发车。

(7)半自动闭塞区间，超长列车头部越过出站信号机(未压上出站方面的轨道电路)发车。

(8)进站(接车进路)信号机故障的引导接车。

(9)机车信号、列车运行监控记录装置、列尾装置故障。

(10)列控车载设备转入或退出隔离模式。

(11)列控车载设备控车人工转换LKJ方式行车或LKJ方式行车人工转换列控车载设备控车。

(12)动车组在区间被迫停车后，准许返回后方站。

(13)特殊情况下，不能在基本进路上接发动车组旅客(检测)列车。

(14)调度集中区段，由行车调度员办理接、发列车，调度命令用作允许列车运行的行车凭证。

(15)铁路局《行车组织规则》规定可以利用列车调度电话发布、转达的调度命令。

4.发布列控限速命令的规定

(1)在既有线CTCS-2区段运行的动车组,遇区间或站内正线有限速时,行车调度员必须提前向相关车站发布列控限速调度命令(数据格式)。遇临时产生的限速或施工等实际产生的限速与运行揭示调度命令限速不符时,行车调度员还应通过调度命令无线传送系统向动车组司机发布限速调度命令。所有列控限速调度命令的设置及取消必须经调度台监控人员审核后方可发布。

(2)遇列控中心故障或列控限速调度命令(数据格式)未正确设置时,行车调度员应及时发布调度命令,指示动车组改按LKJ方式行车越过限速地点。

(3)跨铁路局限速调度命令涉及两个铁路局的相邻车站,特别是站内限速调度命令需要同时发送给本站及其相邻的两端车站时,由限速地点所在铁路局列车调度台的调度员拟订列控限速调度命令,发布给本局管辖的车站和相邻铁路局的一个站。

5.列车调度员不发布行车调度命令的规定

(1)自动闭塞区间,出站(发车进路)信号机故障、停用时发出列车(调度集中区段,由行车调度员办理接发列车时除外)。

(2)在未设出站信号机的正线、到发线上,向自动闭塞区间发出列车。

(3)自动闭塞区间一架通过信号机故障(站间区间仅设一架通过信号机的除外)。

(4)旅客列车在技术停车站(不办理客运业务和技术作业)临时变更通过。

6.发布施工调度命令的有关规定

施工调度命令是指施工当日由行车调度员发布的准许施工开始、确认施工结束等与实际施工有关的调度命令。

(1)施工调度室负责拟写次日施工调度命令,经一人拟写、另一人核对后,传(交)列车调度台。

(2)行车调度员发布施工调度命令前,须经在调度台的施工监控人员审核。

(3)施工当日,行车调度员根据施工日计划与车站值班员的施工请求(CTC区段无车站值班员的车站,由施工单位负责人请求)核对一致后,方可拟订并下发施工调度命令。

(4)施工完毕后,行车调度员根据车站值班员请求(CTC区段无车站值班员的车站,由施工单位负责人请求),发布施工开通(结束)的调度命令。

(5)封锁施工开通后有第1、2、3…列限速要求的列车,由行车调度员发布调度命令。

(6)因施工提前、延迟或其他原因造成与运行揭示调度命令不符时,行车调度员须在取消前发运行揭示调度命令的同时，向有关车站值班员、司机、运转车长、施工负责人重新发布全部内容的调度命令；相符时仍按前发运行揭示调度命令执行。

7. 发布运行揭示调度命令的有关规定

运行揭示调度命令是指由施工调度室编制的涉及限速、行车方式变化和设备变化的调度命令。

(1)施工调度室须依据施工日计划和主管业务处提报的灾害、故障涉及限速、行车方式变化的申请及"常用运行揭示调度命令基本用语"编制运行揭示调度命令，命令中未用到的字句删除。

(2)铁道部发布的"常用运行揭示调度命令基本用语"未涉及的项目，由铁路局制订"补充运行揭示调度命令用语"。

(3)运行揭示调度命令内容应包括"时间、地点、因由、速度、行车方式变化、设备变化"六要素。

(4)运行揭示调度命令须一人拟写、另一人核对，施工调度室主任(副主任)、调度所副主任逐级审核(签字备查)，于施工前一天 12:00 前(其中 0:00～4:00 执行的运行揭示调度命令为前一天 8:00 前)发布至有关机务段、运转车长所属单位、车务段(直属站)、主管业务处，传(交)行车调度员。车务段(直属站)应根据施工及车机联控要求转发给相关车站；主管业务处转交施工单位。

(5)列车运行途中因遇跨越运行揭示调度命令有效时段或其他原因，造成列车运行没有可依据的运行揭示调度命令时，司机须提前向本次乘务出勤派班室和车站值班员报告，车站值班员立即向行车调度员报告，行车调度员安排列车停车交付运行揭示调度命令(可在一个行车调度命令中下达)，跨区段(局)运行时，须通知相邻区段(局)行车调度员。

(6)运行揭示调度命令发布的限速条件需转变为 LKJ 基础线路数据时，除按有关 LKJ 基础线路数据管理工作规定程序办理外，本着"谁申请(登记)、谁取消"的原则，由申请(登记)部门按 LKJ 车载固定基础数据文件换装电报的终止时间，向施工调度室、车站申请取消限速，施工调度室须在得到申请(登记)部门取消限速的申请后，方准发布调度命令取消该限速的运行揭示调度命令。

(7)发生灾害、设备故障等影响行车的突发情况(含施工开通后未达到规定的放行列车条件)时，行车调度员在接到报告后，须立即采取应急处理措施，向有关车站、司机、运转车长发布调度命令；主管业务处可根据设备管理单位的施工申请，审核提报，由施工调度室发布运行揭示调度命令。

(8)涉及铁路局间分界站的施工日计划和运行揭示调度命令，由发布局施工调度台委托相关邻局施工调度台转达；相关邻局施工调度台向本局所属相关车务段(直属站)下达[车务段(直属站)负责向相关车站下达]，并转交本局相关行车调度员;邻局施工调度台及时向发令局施工调度台反馈施工日计划和运行揭示调度命令的交递情况。

8.其他相关规定

(1)旅客列车的加开、停运、折返、变更径路及车辆甩挂的命令,须经铁路局值班主任同意签字,跨铁路局的还须经铁道部值班处长同意签字后,方准发布。

(2)铁道部规定的"常用行车调度命令用语"以外确需发布行车调度命令的事项,由铁路局制订"补充行车调度命令用语"。

(3)调度命令号码的编制应按不同工种分别规定。铁路局行车调度命令按日循环,运行揭示调度命令及其他专业调度命令按月循环;铁道部各工种的调度命令按月循环(其中铁道部货运和列车工作日计划命令按年循环)。

(4)调度命令日期的划分,以0:00为界。调度命令循环号码的起讫时间,以18:00区分。各级调度命令应保管一年。

铁道部调度命令号码见表8-1。铁路局调度命令号码由各铁路局自定。

铁道部调度命令号码 表8-1

序号	相关调度命令	调度命令号码
1	货运和列车工作日计划命令号码	0001～0366
2	车流调整命令号码	0401～0499
3	行车调度命令号码	0501～1499
4	客运调度命令号码	1501～1999
5	动车调度命令号码	2001～2299
6	货运调度命令号码	2301～2499
7	行包调度命令号码	2501～2599
8	机车调度命令号码	2601～2899
9	车辆调度命令号码	2901～2999
10	军运调度命令号码	3001～3299(其中D型车使用命令号码3001～3199、超限超重调度命令号码3201～3299)
11	特运调度命令号码	3301～3599(其中机械冷藏车使用及回送命令号码3301～3399,重点石油装车命令号码3401～3499,部属罐车调整命令号码3501～3599)
12	供电调度命令号码	3601～3699
13	跨铁路局的站对站停、限装及恢复装车命令号码	3701～3999
14	备用车命令号码	4001～4599

(三)铁路救援列车开行的有关规定

当铁路区间发生行车事故、自然灾害及线路设备故障需请求救援时:

(1)车站值班员接到运转车长、司机或工务、电务、供电等人员的救援请求后,应立即报告行车调度员。行车调度员应向有关车站发布命令封锁区间,并派出救援列车。

(2)向封锁区间发出救援列车时,不办理行车闭塞手续,以行车调度员的命令作为进入封锁区间的凭证。

(3)当列车调度电话不通时,应由接到救援请求的车站值班员根据救援请求办理,救援列车以车站值班员的命令作为进入封锁区间的凭证。

(4)司机接到救援命令后,机车乘务员必须认真确认。命令不清、停车位置不明确时,不准动车。

(5)救援列车进入封锁区间后,在接近被救援列车或车列 2km 时,严格控制速度,同时使用列车无线调度通信设备与请求救援的机车司机进行联系,或以在瞭望距离内能够随时停车的速度运行(最高不得超过 20km/h),在防护人员处或压上响墩后停车,联系确认,并按要求进行作业。

(6)救援列车的出发或返回,均应通知行车调度员及对方站。

(7)在事故调查处理委员会人员到达前,站长或车站值班员应随乘发往事故地点的第一列救援列车到事故现场,负责指挥列车有关工作。

(8)当车站一切电话中断,非优先发车站车站值班员接到救援请求,须开行救援列车时,可发布进入封锁区间命令,但应派胜任人员携带停车手信号及书面通知书(在红色许可证空白处写明区间发生事故、故障,由××站至××km 处开出救援列车,其他字句抹消)随救援列车到事故地点,再步行到前方站,当走出防护地段后,应向可能来车方向显示停车手信号。

任务4　调度信息系统运用及运营信息分析

【任务描述】

城市轨道交通系统列车行车密度大、行车间隔时间短、运行速度快,但怎样实现列车运行安全、有序?列车运行是一个很复杂的过程,需要利用多种技术设备,要求各个部门、各个工种和各项作业技术相互协调配合。为统一指挥、有序组织运输生产活动,保证列车安全、准点地运行,轨道交通系统设立运营调度控制中心。调度控制中心实行分工管理原则,按业务性质设置不同的调度工种。如在控制中心通常设有行车调度、电力调度和环控调度等调度工种,而行车调度又是城市轨道交通控制中心的核心。目前,行车调度员采用现代信息技术和控制技术设备监视列车运行,实现行车指挥自动化,调度信息系统运用及运营信息分析将直接影响旅客运输生产任务的完成质量。

【职业实景】

图 8-8 所示为地铁某线控制中心调度台。

图 8-8 地铁某线控制中心调度台

【职业岗位】

地铁车站值班员(站长)、车辆段调度员,铁路车站值班员、行车调度员岗位需要掌握本任务。

【任务分析】

(1)调度信息系统运用及运营信息分析要求行车调度等相关行车工作人员熟悉城市轨道交通调度信息系统的运用,掌握人工调度指挥系统、电子调度集中系统、计算机控制的自动调度设备(ATC 系统与 CATS 系统),以便更好地指挥生产运营。

(2)熟知调度运营信息分析的主要内容及行车调度工作考核指标。通过分析,提出改正意见和措施,以提高调度指挥水平。

【相关知识】

(一)调度工作分析的作用及分类

调度工作分析是指通过对日常运输工作进行综合分析,肯定成绩,总结和推广先进工作经验,及时发现日常运输工作中存在的问题,查明原因,并针对问题对症下药,提出相应的解决措施。

因此,调度工作分析不仅仅是对日常运输工作进行事后分析,而且要通过分析研究,预见运输工作发展的趋势和可能出现的问题,要走在运输工作的前面,充分发挥参谋部的作用。

调度工作分析,可分为日常分析、定期分析和专题分析。

日常分析每日进行,于班工作或日工作终了时对日班计划的执行情况及日常运输中的先进经验和存在问题进行简要的分析。对运输中存在的问题应查明情况及原因,以便及时采取措施。

定期分析有旬分析和月分析。在日常分析的基础上,收集和积累有关资料,建立必要的台账和报表,如运营日报、故障报告等,按时作出旬、月分析,总结经验,发现问题,并提出改进意见。

专题分析是指当运输工作在某一方面或某一指标有比较突出的变化，且对运输生产产生较大影响时，分析人员深入现场调查研究，对某一方面或某一指标作出专题分析，并提出改进意见和措施，以改进运输工作。

(二)调度工作分析的主要内容

作为运营管理指挥中心，轨道交通控制中心每天均应对行车组织、客运组织及票务管理等方面进行总结分析，以适应及改善日后的工作。一般地，控制中心的运营调度工作分析主要包括以下内容。

1.运行图分析

(1)日运行图分析

一般情况下，由当班调度员进行分析，对列车运行计划完成情况、车辆运用情况、检修施工情况、电力运行情况、环控运行情况进行统计，并对列车晚点原因分类说明。

(2)旬运行图分析

旬运行图分析是由控制中心(调度所)分析调度员在日常运行图分析的基础上，对列车运用、走行里程、正点率、计划兑现率及调度调整手段的分析。

(3)月运行图分析

月运行图分析是在控制中心(调度所)主任的主持下，对列车运用、走行里程、正点率、计划兑现率、运用里程、空驶里程、技术速度、行车事故次数等指标的分析。

(4)运输专题分析

如一段时间内，运输工作在某一方面或列车运行图某一指标有比较突出的变化，且对运输安全生产影响较大时，要深入调查研究，对出现的问题或指标进行专题分析，并提出改进意见和措施，以改进运输工作。

2.运营日报

值班主任每日均须编写运营日报，报告前一天运营计划的完成情况。运营日报主要内容有：

(1)当日完成运送客运量、客车开行情况、兑现率、正点率和月度累计指标。

(2)车辆调度提供的运用客车数及投入使用客车数。

(3)客车加开、停运及中途退出服务情况。

(4)耗电量和温湿情况。

(5)客车服务情况，包括事故、故障和列车延误及处理等。

(6)有关工程列车、试验列车运行方面的信息。

3.故障和延误报告

故障和延误报告作为编写运营日报原始资料的一部分，行车调度员应在行车设备发生故障及造成列车延误时，及时编写故障和延误报告。故障和延误报告主要包括如下内容：

(1)发生故障的时间、地点、列车编组报告员及概况(故障现象)等情况。

(2)发生故障导致行车延误、影响情况。

(3)所采用的调整列车运行措施。

(4)恢复正常运作的时间。

4.行车事故概况

行车调度员应根据每件行车事故及时填写“行车事故概况”，并按规定的时间报运营公司安全监察室和运营主管部门。

5.统计分析工作制度

(1)客车统计分析

在运营结束后，控制中心值班主任负责客车统计分析。其分析内容为：计划开行列数、实际开行列数、救援列次、清客列次、下线列次、晚点列数和正点率、列车运营里程(列公里)。

行车调度员对发生晚点的客车记录晚点原因。晚点原因分为：车辆故障、线路故障、供电故障、通信故障、信号故障、客流过多、调度不当及其他等方面。

(2)工程车统计分析

(3)调试列车统计

(4)检修施工作业及统计分析

首先对前一天的正线、辅助线的检修计划件数和完成情况进行统计，其次对检修施工完成情况进行分析，分析内容包括：

①日计划、临时计划兑现率。

②临时计划占全日比例。

③各单位施工计划完成情况分析。

④检修施工作业请点件数的统计。

6.月度运营技术分析

地铁企业一般都有月度运营技术分析工作制度，通常每月上旬对上月的运营情况进行技术分析。调度部门根据各部、室相关网络提供的资料，重点对月度运营指标完成情况、行车组织、客运组织、票务管理等情况、设备故障和当月典型事件、故障、事故等进行技术分析，找出存在问题，提出完善建议。

(三)行车调度工作的考核指标

1.列车运行图的兑现率

列车运行图兑现率是指实际开行列车数(不包括临时加开的列车数)与列车运

行图计划开行列车数之比。

$$列车运行图兑现率=\frac{实际开行列车数}{计划开行列车数}\times 100\%$$

2. 列车正点率

列车正点率是指按列车运行图车次、时间正点开行列车数与全部开行列车数之比。

$$列车运行正点率=\frac{正点运行列车数}{全部开行列车数}\times 100\%$$

列车正点率包括列车始发正点率和列车到达正点率。

3. 平均满载率

平均满载率是指单位时间内，车辆运能的平均利用率。

$$平均满载率=\frac{日客运量\times 平均运距}{输送能力\times 线路长度}\times 100\%$$

【任务实践】

根据学习掌握的知识，到地铁控制中心、铁路或高速铁路调度指挥中心、地铁或铁路车站实习、观摩，理论联系实际，巩固和提高所学的专业知识、业务水平。

(1)了解控制中心(调度所)、车站两个指挥层调度指挥系统的调度设备状态，如配置的调度集中控制的模拟屏、监视器及操作盘，通信设备的调度电话、无线调度电话、PA 等。

(2)了解信号子系统 ATS 系统的人机接口(MMI)的主要功能和操作规定。

(3)熟知调度工作分析的作用和要求，现场观摩了解运营日报等统计报表、台账资料。

(4)识读一份地铁运营日报。

【拓展知识】

铁路列车调度指挥系统(Train operation Dispatching Command System，简称 TDCS)，原名为铁路运输调度指挥管理信息系统(Dispatch Management Information System，简称 DMIS)，是实现铁路各级运输调度对列车运行实行透明指挥、实时调整、集中控制的现代化信息系统。

分散自律的新一代 CTC 调度集中系统，是一种新型的行车指挥和信号控制设备，也是一种高效的运输组织管理模式。所谓分散自律，就是既调度集中控制，又分散车站自控，是在传统类型 CTC 调度集中系统和 TDCS 成功实施的基础上发展起来的调度集中系统。新一代 CTC 调度集中系统，包含了 TDCS 的所有功能，如列车运行的监视、车次号自动跟踪、到发点自动采集、实际运行图自动生成、阶段计划的自动调整、调度命令的网络下达、行车日志自动生成等，在此基础上进一步实现了车站信号设备的集中控制、列车进路的按图排列和调车控制。

TDCS的实施，改变了我国铁路调度指挥传统的人工绘制运行图、人工报点、电话下达计划和命令、手抄复诵和手工填写行车日志的作业方式，实现了自动采集列车运行时刻、自动绘制列车实迹运行图、自动采集和跟踪列车车次号，无线车次号校核、阶段计划自动调整、车站行车日志自动生成、通过网络向车站和机车下达阶段计划和调度命令等功能，大大降低了出错率，并提高了工作效率。它改变了运输指挥管理手段，将列车在区间和车站的运行信息实时反馈给铁路局调度员和车站值班员，使之对管辖范围的列车运用情况一目了然，提高了调度管理水平和运输效率，改善了调度指挥人员的工作条件。

新一代CTC分散自律调度集中的控制模式具有分散自律控制模式和非常站控制模式。它的实施，对运输组织管理模式实现了结构重组、职能重划、分工重调、岗位重定，在没有客货运作业的中间站，可实现行车指挥无人化；在无人值守的车站，可实现行车作业和调车作业协调办理，进行无人值守车站调车作业。在目前TDCS的基础上，实现列车运行计划自动调整、运行图自动描绘、调度命令多媒体下达（可根据列车运行计划执行情况自动向有关列车发送信息）、事件自动记录，为统计分析提供原始数据，可使行车调度员彻底摆脱“老三件”，将主要精力、主要工作专用于行车计划管理、调整，确保列车按图运行，安全运行，提高运输效率。

TDCS和新一代CTC分散自律调度集中的实施，使行车调度员管辖范围由传统的100km左右增加到300km。目前，在全路18个铁路局、6000多个车站、50000余公里线路上大面积推广使用。

(1)沈秦客运专线（沈阳—秦皇岛）段，全长300多公里线路，采用CTC调度集中控制的车站共28个，其中无行车人员值守车站22个。

(2)胶济线（青岛—济南）段，全长384.619km，采用CTC调度集中控制的车站共32个，其中无行车人员值守车站2个。

(3)陇海线（郑州—徐州）段，采用CTC调度集中控制的车站18个，其中无行车人员值守车站2个。

(4)2006年7月1日开通的世界海拔最高(5072m)的青藏铁路，青藏线（格尔木—拉萨）段，全长1142km，其中冻土550km，采用CTC调度集中控制的车站45个，其中无行车人员值守车站38个。

(5)2008年8月1日，我国第一条时速350km的高速铁路——京津城际铁路开通。京津线（北京南—天津）段，全长120km，列车运行时间28min。应用新一代CTC调度集中控制，指挥站车一体管理，自动实现运行图编制、进路控制、车次追踪、终点站折返及转线等功能，最小列车追踪间隔达到5min，列车正点率达98%。

(6)2009年12月26日开通的武广（武汉—广州）高速铁路，是目前世界上线路最长、时速最高的高速铁路。武广高速铁路全长1068.6km，时速350km。采用

CTC 调度集中控制的车站 18 个(客运站 15 个、越行站 3 个)。每站装一套调度集中系统设备,调度集中的中心设备分别安装在武汉、广州高速铁路调度中心。

(7)目前正在开通的广深线(广州一深圳)段,共 18 个车站,全长 147km,除广州站、平湖南站驼峰调车场、下元站驼峰调车场、深圳北站驼峰信号楼控制范围外,正线、到发线和集中联锁的调车线均纳入新一代 CTC 调度集中控制和指挥行车。

六 复习思考

(1)城市轨道交通运营行车指挥执行层次是怎样的?

(2)城市轨道交通行车控制中心各级指挥的职责分工是什么?

(3)城市轨道交通行车指挥原则是什么?

(4)行车调度员发布调度命令有何规定?

(5)调整列车运行主要有哪些方法?

(6)控制中心的运营分析主要包括哪些内容?

(7)控制中心行车调度模拟屏的显示内容有哪些? 有何作用?

(8)控制中心使用的通信设备主要有哪些?

(9)调度电话的主要功能有哪些?

(10)无线调度电话的主要功能有哪些?

七 实训演练

(1)模拟实训运用城市轨道交通调度指挥设备,监视列车运行,调度指挥日常行车。

(2)模拟实训列车运行秩序紊乱,调整列车运行。有条件的学校可利用地铁调度指挥仿真系统,通过教师设置信号故障、车辆故障等设备故障,组织学生进行调整列车运行秩序实训。

(3)假设客车故障迫停区间,桌面演练组织后行客车清客救援,并按企业标准发布调度命令。

(4)识读所在城市的地铁控制中心运营日报。

八 交流与讨论

参观地铁、铁路或高速铁路调度指挥控制中心,分析交流当日的运营调度信息。

项目九　城市轨道交通运输能力计算

一 案例导入

2008年1月底，临近春节，由于受雨雪寒冷天气影响，南方很多地区电力供应出现中断，电气化铁路的运营受到影响，导致不同线路列车大面积晚点，大批准备回乡过节的乘客延时甚至无法乘车，滞留在各地的车站，其中最受瞩目的是铁路广州火车站，在最高峰的时候滞留乘客达到几十万之众。怎样在寒冷的夜晚将停留在露天广场的乘客安全而有序地送到琶洲会馆等旅客安置点休息，又能在铁路恢复旅客运送能力的时候，迅速地把安置点的乘客接回车站乘车？按照上述要求，地铁是个很好的选择，它安全、快捷、准点，更关键的是，相比较其他城市交通方式而言，地铁乘客输送能力大。得益于广州地铁及春运各相关部门的配合和大力支持，铁路广州火车站在节前将所有持票并坚持坐火车回家的乘客发送完毕，无一滞留。

上述案例中，城市轨道交通在广州火车站节前春运能为社会交上一份比较满意的答卷中功不可没，然而为什么地铁可以在几种不同的交通方式中脱颖而出？以地铁为主要形式的城市轨道交通系统输送能力大，那么它的输送能力是怎样计算的呢？

二 项目概述

我国城市轨道交通系统起步不晚，但在之前的几十年时间发展缓慢，直到20世纪末，随着国内经济和城市化发展，城市交通拥堵问题越来越突出，由于城市轨道交通具有运量大、安全、迅速的特点，能有效解决特大城市的交通拥堵问题，目前已在我国进入历史性的快速发展时期。北京、上海、广州、深圳等城市纷纷投入巨资扩建或新修城市轨道交通线路，随后，国内综合实力靠前、经济实力出众的其他城市，如南京、武汉、天津、杭州、成都、西安等也开始发展城市轨道交通。随着城市轨道交通的发展，轨道交通发展中各类问题的研究也逐渐增多，但就目前而言，关于城市轨道交通运输能力的理论研究还不成熟，现今已出版的教材所阐述的内容主要来源于铁路运输组织系统。援引铁路运输组织的理论，城市轨道交通运输能力一般涵盖通过能力和输送能力两层含义。

城市轨道交通的运输能力是通过能力和输送能力的总称，本项目的出发点是联系城市轨道交通运营的实际，参考比较成熟的既有铁路线运输组织系统理论，并考虑铁路与城市轨道交通的区别与联系，通过探讨城市轨道交通运输能力的计算来学习。

三 学习目标

按照珠三角地铁车站值班员职业技能考核大纲，铁路车站值班员国家职业标准的规定，明确本项目学习目标如下。

1.技能目标

(1)推算城市轨道交通的通过能力；

(2)计算具体线路(或区间)的通过能力；

(3)推算列车的乘客输送能力；

(4)计算给定城市轨道交通线路列车的乘客输送能力。

2.知识目标

(1)影响城市轨道交通运输能力的各种因素；

(2)通过能力和输送能力的计算方法。

3.素质目标

树立城市轨道交通运输生产全局意识，会分析轨道交通的运能运量，并据此提出更为合理的运输组织对策。

四 职业技能鉴定相关规定

1.地铁职业技能鉴定标准相关规定

珠三角城市轨道交通系统车站值班员职业技能鉴定标准规定："掌握列车运行基本概念，包括列车进路、最小行车间隔时间、折返方式与折返时间、列车运行周期、列车运送速度、行车通过能力、列车运行图"。

2.车站值班员国家职业标准相关规定

国家职业标准中对技师级别的车站值班员的技能要求中规定："要能计算车站咽喉道岔通过能力，能计算车站到发线通过能力，其相关知识要求包括但不限于查定车站能力的知识，以及计算到发线、咽喉道岔通过能力的方法"。

五 任务驱动

任务1 计算城市轨道交通线路在规定列车间隔时的通过能力

【任务描述】

城市轨道交通由于自成系统，与城市其他交通方式交叉干扰少，受城市其他交通方式的影响较小，因此其线路的通过能力主要受其自身的因素影响。

参考铁路运输组织理论中通过能力的定义，可以这样探讨定义城市轨道交通通过能力：城市轨道交通的线路（或区间）通过能力为在一定类型的城市轨道交通车辆和一定的行车组织方法下，城市轨道交通线路内的各种固定设备，在一定时间内该线路所能通过的最大列车数（单方向）/对数（双方向）。考虑到城市轨道交通运营以服务城市居民出行为主，与城市居民生活习性密切相关，一般不会24h运营，因此通过能力衡量计算通常以1h为限。因此，城市轨道交通系统的运输能力一般可定义为：某条线路某一方向1h内所能输送的总旅客数。

计算城市轨道交通一条线路的通过能力，可以理解为求解1h之内在一定的固定设备条件及行车组织方法条件下，一条轨道交通线路一个行车方向的某一个断面上通过的最大列车数（假设该条线路列车都实行长交路，即由线路始端到终端运行，无中间站折返情况出现）。

【职业实景】

表9-1所示为某城市轨道交通1号线行车间隔。

某城市地铁行车间隔 表9-1

1号线行车间隔			
星期	峰期	时间段	时间间隔
周一～周五	高	6:30～9:00,16:00～19:30	3min
	中	6:00～6:30,9:00～16:00,19:30～21:00	4min
	低	21:00～22:55	6min30s
周六、周日	高	9:30～18:30	3min
	次高	8:30～9:30	3min30s
	中	7:30～8:30,18:30～21:00	4min
	低	6:00～7:30,21:00～22:55	6min30s

【职业岗位】

地铁车站值班员、行车调度员岗位需要掌握本任务。

【任务分析】

按照任务所描述的，为方便计算，选择车站作为观测点来计算一条线路的通过能力。如前所述，线路通过能力的计算是在一定的固定设备条件及行车组织方法条件下的计算。通过分析，可知影响线路通过能力的主要因素有两大类：一类是固定设备条件，主要有车辆编组、车门数量、开关效率与宽度、车站有效长、站台高度、站台乘车指引、车站验票的流程与方式，这类设备的条件决定了列车停站时间及运载能力；另一类是行车组织方法，主要有线路所采用的行车闭塞方式、信号系统参数、闭塞分区长度、列车长度、交叉口、折返方式与时间等，这类设备的条件决定了列车的间隔时间。

【相关知识】

列车的运行间隔在实际中并不能与运行图铺画的完全一致，会受到列车、车站设备及司机状态的影响。

城市轨道交通系统在运营时间内，两列车非车站内经过同一条线路横断面的时间间隔称为行车间隔时间；城市轨道交通市郊铁路车站在办理两列车的到发或通过作业所需要的最小间隔时间称为车站间隔时间。

对一条轨道交通线路的通过能力起决定性作用的是通信信号设备、车辆设备、线路设备(包括区间与车站)和终点站的折返设备。

以铁路运输组织理论系统中的列车运行图来解释计算通过能力的原理。图 9-1 中横坐标是时间 t，为满足城市居民日常出行需要，城市轨道交通系统的发车间隔较小，以 s 或 min 作单位；纵坐标是距离 S，以 m 或 km 作单位，a、b、c、d 等为分界点中心线(在城市轨道交通系统中，分界点一般选车站)，水平线间的间距表示分界点间的距离。图中的斜线表示列车运行线，斜线在横坐标上投影的横坐标之差的绝对值为列车在该区段的运行时分，斜线与横线的交点为列车到分界点的到发或通过车站的时刻。图中 I 表示两列车在同一区间运行的行车间隔。参考铁路行车组织中运行图的理论，可以判断城市轨道交通的列车运行图一般为追踪平行运行图，因此可推出城市轨道交通某条线路的通过能力计算公式为：

$$n=\frac{3600}{I} \tag{9-1}$$

式中：n——1h 内该线路所能通过的最大列车数(列)；

I——城市轨道交通追踪运行列车行车间隔(s)。

显然，城市轨道交通线路通过能力计算的关键是列车追踪间隔时间的计算。在行车组织方法一定的条件下，列车追踪运行时，续行列车的运行位置及速度取决于前行列车的运行位置，因此，追踪列车间隔时间的计算应从分析追踪运行列车间的空间间隔开始。由于轨道交通车站一般情况下一个方向只有一条正线可供乘客上下车，列车必须以排队方式进站停车办理作业，即在任何时候，在同一个车站，同一运行方向最多只能有一列车在车站，因此可以把车站和区间作为一个整体来研究。

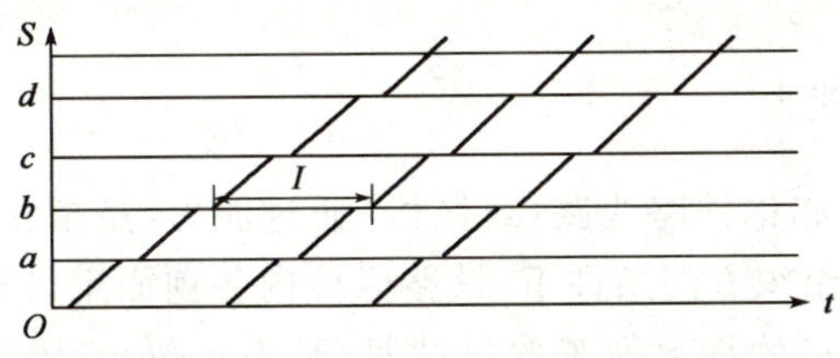

图 9-1　列车通过能力计算原理图

由图 9-1 可知，续行列车从初始位置运行到前行列车所处位置（以 b 站为例），至少需经历加速出站、区间运行、停站作业（乘客上下车等）和制动停车 4 项作业过程，即追踪列车间隔时间 I 至少应由上述 4 个单项作业时间组成，计算公式为：

$$I = t_{加} + t_{运} + t_{制} + t_{站} + 其他 \qquad (9\text{-}2)$$

式中：$t_{加}$——列车从车站起动加速时起至出清车站止的时间；

$t_{运}$——列车从出清车站后至列车开始进站制动前的运行时间；

$t_{制}$——列车开始进站制动后至列车在站内规定位置停稳的时间；

$t_{站}$——列车在车站的停站时间；

其他——为确保安全对行车间隔所做的其他规定。

由上，对于同一列车，在起动加速和制动减速行经不同车站时，由于不同车站间区间距离的不同及停站作业时间的不同，可能导致列车的追踪间隔不一致，因此，严格来说，按车站为分界点来划分追踪和闭塞分区并不十分科学。但在城市轨道交通的实际中，由于站间区间的距离较短，车站停站时间在整个 I 中所占比例较大，故在多数状态下，前行列车与后续列车间的追踪间隔里都会涵盖一定数量的车站。一般说来，城市轨道交通线路通过能力的控制点在于车站而不是区间，而且是“木桶装水理论”中的少数几个车站。

城市轨道交通在实际的运营中，由于居民出行目的、消费习惯、生活作息等因素的影响，即使是同一条线路、同一行车方向，在一天中的不同时段客流波动也非常明显。在早晚的一些时段有比较明显的高峰期，而在其他的一些时段，客流明显回落，因此在一个运营周期内仅采用一种行车间隔无法很好地满足居民的出行需要。行车间隔小，能满足客流需求，但运营成本高；行车间隔大，能将运营成本降下来，但无法满足高峰期的客流需求。因此，在客流预测的基础上，在不同的时期、不同的时段城市轨道交通行车采用不同的发车间隔。

【任务实践】

计算行车间隔为 3min20s 的城市轨道交通通过能力。

根据式(9-1)，3min20s＝200s。

$$n=\frac{3600}{I}=\frac{3600}{200}=18(列)$$

【拓展知识】

(一)铁路通过能力

铁路通过能力,亦称铁路线路(或区段)通过能力,是指在一定的机车车辆类型、信号设备和行车组织方法条件下,铁路区段内各项固定设备在单位时间内(通常为一昼夜)所能通过的最大列车数(以"对/d"为单位)。固定设备包括区间、车站、机务段设备及整备设备、给水设备和电气化铁路供电设备。按照铁路区段各项固定设备计算的铁路通过能力又称为区间通过能力、车站通过能力等,其中的最小值即为铁路区段的最终通过能力。

铁路通过能力,受到线路或区段的区间、车站、机务设备、给水设备、供电设备(电气化铁路)能力的限制。铁路所能实现的通过能力,为上述设备中最薄弱部分所限制的通过能力,即以其中最小的那项设备通过能力作为该线路或段区的通过能力(限制通过能力),即"木桶装水理论"。设计铁路新线时,一般是根据区间通过能力,设计其他设备能力,使之相互协调,且都不小于区间通过能力。

提高铁路既有线(旧线)通过能力的有效方法是:提高线路标准,改善线路平面与纵断面,削减限制坡度,增大曲线半径,增设车站,延长站线或部分区间复线,全线修建第二线或第三线;改变牵引动力,采用大功率机车或双机、多机加力牵引;改用先进的信号、联锁、闭塞装置;修建电气化铁路;采用科学的运营管理方法及实行自动行车调度指挥系统等。

(二)铁路输送能力

铁路输送能力是铁路单方向每年能运送货物的吨数。铁路的输送能力应当大于铁路需要完成的货运任务,并保留一定的储备能力,以适应国民经济部门不断增长的运输需求。

铁路输送能力一般按扣除旅客列车后的货物列车对数计算,求出其一年可输送的货运量(万 t/年)。计算公式为:

$$S=\frac{365\times N_{货}\times Q\times \gamma}{\beta\times 10^{4}} \tag{9-3}$$

式中:$N_{货}$——货物列车通过数(列/d);

Q——列车牵引质量(t);

γ——列车净载重系数,指每列车扣除车辆自重后的实际载货质量,一般取0.60~0.70,视不同线路运输货物种类而定,如运输煤炭、矿石等为主的线路取值就高;

β——货运波动系数，一般取 1.1～1.3。

任务 2 计算城市轨道交通线路的旅客输送能力

【任务描述】

已知某城市地铁车辆的载客量：满座为 56 人；满载为 310 人(6 人/m^2)；超载为 448 人(9 人/m^2)，计算其旅客输送能力。

【职业实景】

图 9-2 所示为乘客搭载某城市轨道交通方式出行。

图 9-2 乘客搭载某城市轨道交通方式出行

【职业岗位】

地铁车站值班员、行车调度员岗位需要掌握本任务。

【任务分析】

计算城市轨道交通线路的旅客输送能力，有两个关键点：一是该线路上运行的列车编组辆数，影响编组辆数的主要因素有线路客流、站台长度、车站能力等；二是车辆定员数，它受到车辆长、宽等基本参数影响，与车厢能用来载客的面积大小及座位密度、座位利用率等相关。参照前述的轨道交通通过能力，本项目中的旅客输送能力也以 h 为计算点。

一列车的旅客输送能力等于该列车每节车厢所能装载的最多人数之和。

$$C_t = \sum_{i=1}^{n} B_i \tag{9-4}$$

式中：B_i——列车中第 i 辆的车辆载客人数(人)。

如前所述，在引进发散系数情况下，有：

$$C_t = B_s \times J \times \eta \tag{9-5}$$

式中：B_s——每辆车的实际载客人数(人)；

η——发散系数；

J——列车编组车辆数(辆)。

为便于理解，这里用另外一个符号来定义每辆车的实际载客人数与发散系数的积，这个符号在数值上与每辆车的实际载客人数与发散系数的积相等，即：

$$B=B_s\times\eta \tag{9-6}$$

因为实际的载客人数变化很大，为简化计算，通常用车辆定员数乘以列车编组数来求列车的旅客输送能力。

$$C_t=B_d\times J \tag{9-7}$$

式中：C_t——列车旅客输送能力(人)；

B_d——列车中的车辆定员(人)；

J——列车编组车辆数(辆)。

城市轨道交通的旅客输送能力(人/线路)等于列车输送能力(人/列)乘以线路通过能力(列)。

$$C=C_t\times n \tag{9-8}$$

由式(9-7)、式(9-8)可得：

$$C=B_d\times J\times n \tag{9-9}$$

【相关知识】

城市轨道交通运输能力的主要影响因素如下。

(一)线路能力

线路能力或称线路通过能力，是指在一定的固定设备条件及行车组织方法条件下，一条轨道交通线路同一行车方向的某一个断面上通过的最大列车数。线路通过能力主要取决于列车间隔时间和列车在站停留时间，而列车间隔时间受到行车组织方法(闭塞法)、列车长度、折返时间等因素影响，列车在站停留时间则与站台高度、车门数量与宽度、验票方式与车站能力限制相关。列车在站停留时间包括以下三部分：①等待时间，包括列车到站停稳后的等待开门时间和旅客完成上下车车门关闭后的等待开车时间；②开关门时间；③旅客上下车时间。

(二)列车能力

列车能力是指列车中每辆车的载客量之和。车辆车内设备布置及可使用载客面积一致的，可以理解为列车能力是每辆车载客数量与每列车编组辆数的积。由于旅客到达的不均衡性及旅客自身的习惯，实际上不能保证每辆车的载客数量一致，通过发散系数，可以把多车辆列车中的负荷利用系数将不均匀的情况考虑进来

换算为实用能力,如下式所示:

列车能力=每辆车旅客数×列车的编组辆数×发散系数(旅客数/列车)。

由于每辆车的实际旅客数受多个因素的影响,现今的车辆载客数(车辆能力)一般用拥挤水平来评价。例如广州地铁1号线的满载为6人/m^2,超载情况下为9人/m^2(指在扣除座位面积、设备面积后的指标)。实际情况中考虑到旅客随身物品、舒适程度、性别差异、行为习惯等,车辆的站立密度未必能达到6人/m^2。

(三)车站能力

车站能力应与列车能力相匹配。车站能力主要与站台供旅客使用的有效面积、站台旅客的拥挤度、站台客流控制程度等因素相关,车站能力的大小决定了客流到达站台以及上车的效率,从而对列车的运输能力产生影响。

(四)其他实际影响因素

不同人群的行为习惯、文化背景和期望值等均存在差异,如在繁忙车站上车的乘客可能比始发站上车的乘客有更好的拥挤承受程度;即使是同一列车,不同车辆之间也不会有同样的拥挤度;乘客需求不是平均分布的,存在需求高峰和低谷等。

【任务实践】

根据任务已知和式(9-9),假设高峰小时行车间隔为2min,则高峰小时城市轨道交通该线路的旅客输送能力计算如下。

(1)满载情况下

$$n=1\text{h}\div 2(\text{min/列})=60\text{min}\div 2(\text{min/列})=30(\text{列})$$

$$C=B\times J\times n=310\times 6\times 30=55800(\text{人/h})$$

(2)超载情况下

$$C=B\times J\times n=432\times 6\times 30=77760(\text{人/h})$$

【拓展知识】

(一)城市轨道交通列车的编组

城市轨道交通普遍采用动车组,采用不同的车型组合进行编组,一般一个单元的列车由拖车、动车等不同车型组成,而整列车又由若干个单元组合而成。以6辆车为一列车编组为例,每3辆车为一个单元,具体编组形式为-A*B*C=C*B*A-,其中"A"为带驾驶室拖车,"B"和"C"为带受电弓和不带受电弓动车,"-"表示自动车钩,"*"表示半永久性牵引杆,"="表示半自动车钩。又例如广州地铁4号线采用直线电机车辆L型车,由4节车厢组成,构成可控制的整体(4动车)。一列客车的具体编组形式为-A+B=B+A-,其中"-"表示自动车钩,"+"表示半永久性牵引杆,“=”表示半自动车钩。“A”为带驾驶室的动车,“B”为动车;受电弓(共 2 个)安装在 A 车顶部,集电靴(共 8 个)安装在每节 A 车的转向架Ⅰ端、每节 B 车的转向架Ⅱ端。不同城市的轨道交通列车编组略有不同。我国常见的城市轨道交通列车编组多在 4～8 辆之间。

(二)车辆定员

在一般的运输工具中,车辆定员通常指一个车厢面积内,提供给旅客乘坐或休息的固定座椅或是铺位所能容纳的人数。

影响车辆定员的因素主要包括:车辆长度、宽度等车辆设计参数,车辆内部设备的布置方式、座位密度、站立密度等。

六 技能拓展

以一条城市轨道交通线路为对象做客流调查,试着推算线路中不同车站的旅客输送能力。

七 复习思考

(1)什么是城市轨道交通的线路通过能力?

(2)城市轨道交通线路通过能力的影响因素主要有哪些?

(3)什么是城市轨道交通的旅客输送能力?

(4)城市轨道交通线路输送能力的大小主要取决于哪些因素?

(5)轨道交通系统的线路输送能力是如何计算的?

八 实训演练

查找资料,计算不同的城市轨道交通不同线路的通过能力和旅客输送能力,每人至少完成两条不同线路的计算。

九 交流与讨论

分析不同的城市轨道交通不同线路的高峰小时通过能力,讨论影响城市轨道交通线路高峰小时通过能力的因素主要有哪些。

项目十　行车事故分析与处理

一 案例导入

图 10-1 所示为某地铁公司车辆段挤岔后的道岔尖轨。1999 年 2 月 13 日 11 时 30 分，17＋18 车在 6 道(洗车线)进行洗车，12 时 52 分第二次洗车完毕，司机、副司机未与车厂信号楼(6502 电气集中联锁)值班员联系，未确认进路防护 SX 信号机(进厂信号机)，亦未确认道岔位置，擅自动车(当时速度为 15km/h)，于 12 时 54 分将车厂 4 号交分道岔挤坏。信号楼值班员听到挤岔警示后，立即用电台呼叫司机停车，司机采取紧急停车，列车越过 4 号岔尖轨一个车多距离(28～30m)时停稳，造成了挤岔。维修工程部接到挤岔报告后，立即组织通号车间、工建车间等技术人员赶赴现场进行抢修。经现场检查，4 号交分道岔更换了 1 个道岔连接表示杆、2 个挤岔销后，于 15 时 13 分道岔验收合格，恢复正常使用。

图 10-1　地铁车辆段内挤岔后的道岔尖轨

城市轨道交通行车事故在地铁运营中时有发生，轻者可导致地铁设备破坏、运营中断，重者可引发伤亡事件，其危害性是显而易见的。为防止事故的发生，减少事故带来的损失，地铁工作人员必须严格按照有关规定行车，不得违规操作；发生事故时应及时、准确做好事故通报工作，把损失降低到最低点。

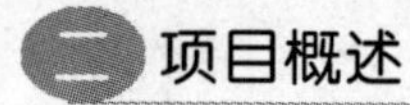

二 项目概述

城市轨道交通作为大容量的公共交通工具，直接关系到广大乘客的生命安全，安全运营是运营组织工作的原则和首要目标。为此，城市轨道交通行车人员必须严格按照有关规定行车，不得违规操作，时刻保持高度的安全警觉，防止行车事故的发生，保障乘客生命安全。一旦发生事故，应及时、准确地做好事故通报工作及现场应急处置工作，减少事故带来的损失。

三 学习目标

按照地铁车站值班员及站务员的职业技能考核大纲，铁路车站值班员、信号员国家职业标准的规定，明确本项目学习目标如下。

1. 技能目标

(1)进行事故通报；

(2)进行事故救援的请求；

(3)进行简单复旧的处理。

2. 知识目标

(1)地铁行车事故的处理与救援方法；

(2)《铁路行车事故处理规则》、《铁路行车事故救援规则》有关规定。

3. 素质目标

培养良好的岗位安全意识和职业素质，熟练掌握各类规章规则，严格执行工作程序、工作规范、工作标准和安全操作规程。

四 职业技能鉴定相关规定

1. 地铁职业技能鉴定标准相关规定

珠三角城市轨道交通运营企业地铁车站值班员、站务员职业技能鉴定标准对行车事故与处理没有具体规定，但在其岗位应知应会对行车事故分析与处理均作了相关规定，主要包括行车事故的分类及判断等行车事故管理规定。

2. 车站值班员国家职业标准相关规定

(1)基本要求

《铁路行车事故救援规则》有关规定；《铁路行车事故处理规则》有关规定。

(2)中级车站值班员

技能要求：能进行事故通报；能进行事故救援的请求；能进行简单复旧的处理。

相关知识：《铁路行车事故处理规则》中关于行车事故分类、通报及内容解释的有关知识；简单复旧及处理的规定。

(3)高级车站值班员

技能要求：能按要求组织一般性事故救援；能对一般行车事故进行分析，提出整改防范措施。

相关知识：组织一般性事故救援的有关知识及规定；一般行车事故分析的基本方法和有关知识；防止行车事故的知识和措施。

(4)技师

技能要求：能制订安全措施，包括根据新设备的采用、设备变化、行车作业的薄弱环节制订行车安全措施；能按照施工计划制订施工行车安全措施，按施工行车办法组织行车，保证施工行车安全。

相关知识：各种行车安全措施、办法；施工作业组织及有关行车办法的知识。

五 任务驱动

任务1　判断行车事故的类别及性质

【任务描述】

判断下面行车事故属于哪种类别。

××年11月19日21时11分，1209次列车以ATO模式到达××站1道停稳自动开门后，到达司机发现显示屏没有列车自动折返符号且AR灯不亮，立即报告行车调度员。行车调度员要求到达司机在列车正点开车前提前1min关客室门以做好故障的处理和换室的准备。在列车停稳后，1210次接班司机便进入驾驶室，接着到达司机就通过驾驶室对讲通知接班司机，告知他列车没有自动折返功能并已报行车调度员，且行车调度员同意提前1min关门并采用RM模式开出车站。

21时13分，1210次列车后室司机按行车调度员的要求提前1min关门，待客室门关好后关了主控钥匙并通知了前方驾驶司机便交班下车。列车关门时，接班司机正在填写车辆状态卡，待后室司机关闭主控钥匙且过了30s后，接班司机才开启本端驾驶室主控钥匙。当主控钥匙开启时，列车立即出现紧急制动，经按压RM按钮后列车恢复正常状态。在没有确认站务员是否显示“车门关好信号”和S111信号机显示状态下，接班司机于21时13分40秒开车。当列车起动后接班司机看见前方道岔(W123 号)开通下行线才停车。

当时该站值班站长、站务员、行车调度员均发现司机臆测动车,行车调度员当即呼叫司机,该站按紧急停车按钮。列车停车后已越出该站 S111 信号机并压上 W123 号道岔。报行车调度员,经其同意后退回 1 道。21 时 15 分 42 秒,1210 次列车在 S111 信号机显示绿灯后从车站开车。

【职业实景】

图 10-1 所示为道岔挤岔后被损坏的尖轨。

【职业岗位】

地铁行车调度员、车站值班员、站务员,铁路车站值班员、行车调度员岗位需要掌握本任务。

【任务分析】

先了解事故概况,是本任务的基础。需了解的内容有行车事故发生的时间和地点、涉及的人员、造成的乘客伤亡情况、列车车辆等设备破损情况、中断行车时间等。在清楚掌握这些情况后,再判断行车事故的类别及性质。

【相关知识】

(一)行车事故的管理原则

为减少事故的发生,做到防患于未然,应加强安全生产管理。通常来说,行车事故的管理要遵循以下原则。

(1)以“安全第一,预防为主”为安全生产方针,各级领导要把安全工作当做首要任务去抓,加强安全管理和安全思想教育,强化员工安全意识。严肃劳动纪律和作业纪律,教育员工自觉执行各项规章制度。

(2)做好员工技术培训,提高技术业务水平,加强安全检查,及时消除各类隐患。搞好设备维修保养,提高设备质量。深入开展增产节约运动和安全正点、优质服务的竞赛活动,确保地铁安全运营。

(3)发生行车事故时,要积极采取措施,迅速抢救,尽快恢复运营,尽量减少损失。

(4)事故发生后,要按照“三不放过”(即事故原因分析不清不放过,责任者和群众没有受到教育不放过,没有制订防范措施不放过)的原则处理事故,找出原因,分清责任,吸取教训,制订措施,防止同类事故再次发生。

(5)对事故责任者,应根据事故性质和情节分别给予严肃的批评教育、经济处罚,甚至纪律处分、法律制裁。对事故性质严重的,要逐级追究领导责任。

(6)对事故分析处理拖延、推脱责任、姑息纵容、隐瞒不报或不如实反映事故情况者,应予以严肃批评教育和纪律处分。

(二)行车事故的概念和分类

1.行车事故的概念

凡在行车工作中,因违反规章制度、违反劳动纪律或因技术设备不良及其他原因造成人员伤亡、设备损坏,影响正常行车或危及行车安全的,均构成行车事故。

2.行车事故的分类

由于我国各城市地铁在设备、规章上并没有完全统一,所以我国城市轨道交通系统没有统一的行车事故分类标准。借鉴铁路的行车事故分类标准,城市轨道交通系统行车事故按照事故的性质、损失及对行车造成的影响,可分为重大事故、大事故、险性事故、一般事故和事故苗头。

(1)重大事故

①客车发生冲突、脱轨、火灾或爆炸,造成下列后果之一时:

a.人员死亡3人或死亡、重伤5人及其以上者。

b.客车中破一辆。

c.中断正线(上下行正线之一)行车180min及其以上者。

②其他列车发生冲突、脱轨、火灾或爆炸,造成下列后果之一时:

a.人员死亡3人或死亡、重伤5人及其以上者。

b.内燃机车大破一辆或轨道车报废一辆。

c.中断正线(上下行正线之一)行车180min及其以上者。

③调车作业(包括整备作业)发生冲突、脱轨,造成①、②款各项后果之一时。

④由于地铁技术设备、其他临时设备破损或工程车货物装载不良致使地铁技术设备破损,造成①、②款各项后果之一时。

(2)大事故

①客车发生冲突、脱轨、火灾或爆炸,造成下列后果之一时:

a.人员死亡1人或重伤2人及其以上者。

b.客车小破一辆。

c.中断正线(上下行正线之一)行车120min及其以上者。

②其他列车发生冲突、脱轨、火灾或爆炸,造成下列后果之一时:

a.人员死亡1人或重伤2人及其以上者。

b.内燃机车中破一辆或轨道车大破一辆。

c.中断正线(上下行正线之一)行车120min及其以上者。

③调车作业(包括整备作业)发生冲突、脱轨,造成①、②款各项后果之一时。

④由于地铁技术设备、其他临时设备破损或工程车货物装载不良致使地铁技术设备破损,造成①、②款各项后果之一时。

(3)险性事故(凡事故的性质严重,但未造成损害或损害后果不够重大、大事故的为险性事故)

①列车冲突。

②列车脱轨。

③列车分离。

④向占用区间发出列车。

⑤未准备好进路接发列车。

⑥向占用线接入列车。

⑦客车错开车门、运行途中开门、车未停稳开门。

⑧列车冒进信号或越过警冲标。

⑨列车开错方向或进错股道。

⑩客车夹人开车。

⑪在实行站间行车法时,未办或错办手续发车。

⑫隧道内设备侵入机车车辆限界。

⑬机车车辆溜入区间或站内。

⑭应停列车在站通过。

⑮未拿或错拿行车凭证。

(4)一般事故(凡事故的性质及损害后果不够重大、大事故及险性事故的为一般事故)

①调车冲突。

②调车脱轨。

③挤岔。

④因错办或未办理接发列车进路致使列车停车。

⑤应通过列车在站停车。

⑥列车运行中,因车辆部件脱落或施工列车装载不良刮坏技术设备。

⑦因车辆故障或其他原因中断正线(上下行正线之一)行车 30min 及其以上者。

⑧因行车有关人员违反劳动纪律漏乘、出乘迟延,耽误列车运行。

⑨错误办理行车凭证耽误列车运行。

⑩漏发、漏传、错发、错传调度命令耽误列车运行。

(5)其他

因其他原因严重危及行车安全,地铁安全机构认为有必要时可定为事故,也有权对事故重新认定。

【任务实践】

任务描述中的案例,司机违反了《行车事故管理规则》中的未准备好进路接发列车相关规定，应定性为险性事故。

【拓展知识】

《铁路交通事故应急救援和调查处理条列》中规定了铁路行车事故的分类——根据事故造成的人员伤亡、直接经济损失、列车脱轨辆数、中断铁路行车时间等情形，事故等级分为特别重大事故、重大事故、较大事故和一般事故。

(一)特别重大事故

有下列情形之一的，为特别重大事故。

(1)造成 30 人以上死亡，或者 100 人以上重伤(包括急性工业中毒，下同)，或者 1 亿元以上直接经济损失的。

(2)繁忙干线客运列车脱轨 18 辆以上，并中断铁路行车 48h 以上的。

(3)繁忙干线货运列车脱轨 60 辆以上，并中断铁路行车 48h 以上的。

(二)重大事故

有下列情形之一的，为重大事故。

(1)造成 10 人以上 30 人以下死亡，或者 50 人以上 100 人以下重伤，或者 5000 万元以上 1 亿元以下直接经济损失的。

(2)客运列车脱轨 18 辆以上的。

(3)货运列车脱轨 60 辆以上的。

(4)客运列车脱轨 2 辆以上 18 辆以下，并中断繁忙干线铁路行车 24h 以上或者中断其他线路铁路行车 48h 以上的。

(5)货运列车脱轨 6 辆以上 60 辆以下，并中断繁忙干线铁路行车 24h 以上或者中断其他线路铁路行车 48h 以上的。

(三)较大事故

有下列情形之一的，为较大事故。

(1)造成 3 人以上 10 人以下死亡，或者 10 人以上 50 人以下重伤，或者 1000 万元以上 5000 万元以下直接经济损失的。

(2)客运列车脱轨 2 辆以上 18 辆以下的。

(3)货运列车脱轨 6 辆以上 60 辆以下的。

(4)中断繁忙干线铁路行车 6h 以上的。

(5)中断其他线路铁路行车 10h 以上的。

(四)一般事故

造成 3 人以下死亡，或者 10 人以下重伤，或者 1000 万元以下直接经济损失的，为一般事故。

除上述规定外，国务院铁路主管部门可以对一般事故的其他情形作出补充规定。

任务2　分析及处理典型行车事故

【任务描述】

对下面行车事故进行分析并提出防范措施。

××年3月27日，由于江（南西）—晓（港）区间限速的原因，4432次客车晚点4min达到晓港站，于16时19分进站停稳（当时晓港站为2号线首通段下行终点站）。接车副司机操作站台PSL打开屏蔽门，司机打开驾驶室侧门进入驾驶室与到达司机交接，待乘客上下完毕后，副司机关屏蔽门，司机通知交班司机关客室门，副司机关好屏蔽门后进司机室开主控钥匙。此时对讲机传来“交班司机已下车”，司机复诵，副司机（该副司机有列车操作权）立即坐到主控台的驾驶座位上打开主控钥匙，但没有确认信号机S1307的信号显示，就将方向手柄推向前位，接着推牵引手柄动车。动车后发现列车走向不是直向而是侧向，司机和副司机意识到闯了S1307信号机显示的红灯，进错了股道，便立即停车。

同时，2号线行车调度员发现道岔W1303岔区红光带，立即用无线电呼叫4432次司机，但司机未回应。行车调度员立即通知江南西站和下行的4631次，在站台待令，确认信号才能动车，并且通知晓港站车控室要求4432次司机按信号行车。

4432次列车在越过S1307信号机、压上W1303道岔约10m后停车。司机没有把情况汇报车站，而将方向手柄打到后位，退行越过S1307信号机后进入站内停车。行车调度员通知晓港站按规定逻空1312区段，S1307信号机开放绿灯，司机确认信号、道岔方向正确后于16时21分动车出站。4432次晚点6min到达三元里上行站台。

【职业实景】

图10-1所示为一起地铁挤岔事故。

【职业岗位】

地铁行车调度员、车站值班员、站务员，铁路车站值班员、行车调度员岗位需要掌握本任务。

【任务分析】

行车事故发生后，应组织相关人员对事故进行深刻的原因分析，针对该事故提出若干防范措施，避免今后发生同类事故。主要从事故原因、事故责任分析、事故处理防范措施等方面进行行车事故分析及处理。

【相关知识】

(一)行车事故的通报及调查处理

1.行车事故报告程序

(1)报告原则:在区间发生时,由司机立即报告行车调度员。在车站内或车辆段发生时,由车站值班站长或车辆段调度员报告行车调度员。

(2)发生人员伤亡、火灾、爆炸、毒气袭击等事故,需要报告119火警、120急救中心或公安分局时,由值班站长、事故现场人员或目击者在第一时间内报告;如果没有电话直接报告(如列车司机),则立即报告控制中心,由控制中心报告119火警、120急救中心或公安分局。

(3)报告事项:

①时间(月、日、时、分)。

②地点(区间、百米标和上下行正线)。

③列车车次、车组号,关系人员姓名、职务。

④事故概况及原因。

⑤人员伤亡情况及车辆、线路等地铁设备损坏情况。

⑥是否需要救援。

⑦是否影响邻线运行。

⑧其他必须说明的内容及要求。

(4)行车调度员接到事故报告后,应做到:

①积极设法防止事故扩大,积极组织救援,同时维持最大限度的运营。

②立即报告控制中心值班主任。

③按照"先通后复"的原则组织指挥事故处理。

④行车调度员应对每件行车事故及时填写《行车事故概况》,报安全监察室和车务部。

2.处理方式

(1)重大、大事故调查和处理程序

①重大、大事故发生后,事故调查处理小组到达事故现场前,若事故发生在区间,由司机负责;就近车站值班站长到达现场后,由该值班站长负责。若事故发生在车站或车辆段,由值班站长或车辆段调度员负责。其任务是负责指挥抢救伤员,做好救援准备工作,尽快开通线路,并查看现场,保存可疑物证,查找事故见证人,做好记录,待事故调查处理小组到达后要如实汇报。

②接到重大、大事故报告后,要立即组成事故调查处理小组迅速赶赴现场,组

织指挥有关人员积极抢救伤员，采取一切措施，迅速恢复运营。同时，做好以下工作。

a.保护、勘察现场，详细检查车辆、线路及其他设备，做好调查记录。绘制现场示意图、摄影录像，如技术设备破损故障时，应保存其实物。

b.若事故地点的线路破坏严重，无法检查线路质量，则应对事故地点前后不少于50m的线路进行测量，以作为衡量事故地点线路质量的参考依据。

c.对事故关系人员分别调查，由本人写出书面材料。

d.检查有关技术文件的编制、填写情况，必要时将抄件附在调查记录内。

e.必要时召开事故调查会。

f.根据调查结果，初步判定事故原因及责任，及时向安全部门汇报。

③发生重大、大事故的责任单位，应于事故后及时写出《行车事故报告》。

④事故调查处理小组接到责任单位事故报告后，由事故调查处理小组组长主持召开事故分析会议，分析事故原因，判明事故责任，制订防范措施。

⑤重大、大事故若初步判明系属地铁外部单位责任时，事故调查处理小组应立即发出电传，通知地铁外部责任单位，说明情况和原因，要求责任单位迅速派员参加事故调查分析会议。若双方意见不一致时，可提请司法部门裁决处理。

(2)险性、一般事故调查和处理程序

①险性、一般事故发生后，事故处理人员到达事故现场前，若事故发生在区间，由司机负责；就近车站值班站长到达现场后，由该值班站长负责。若事故发生在车站或车辆段，由值班站长或车辆段调度员负责。接到运营控制中心(或车辆段控制中心)报告赶赴现场后，主要设备部门负责指挥抢险，相关部门配合。

②发生险性事故，应由安全监察室负责人立即组织有关人员进行调查。发生一般事故，各部门要立即进行调查。召开事故分析会，查明原因及责任者，作出处理建议，制订防范措施。

(二)城市轨道交通运营事故分析

城市轨道交通运营的安全不仅需要先进的现代化智能设备作为保障，同时还必须有系统的安全规章和制度保障。一般来说，人、设备及社会灾害是地铁事故发生的主要因素。

1.人员因素

由于乘客和工作人员不遵守规章制度或者疏忽大意造成的事故时有发生，发生事故后，地铁工作人员的应急处理不当也会使事故后果进一步扩大。

从2002年和2003年对上海地铁1号线、2号线发生事故的分类统计发现：一般性事故主要是因乘客未遵守安全乘车规则发生的，而险性事故多是由于工作人员职责疏忽引发的。人员因素是引起地铁事故的主要原因，其中包括以下三点。

(1)拥挤

在大客流的情况下，站台一般十分拥挤，乘客被挤下轨道的事故也时有发生。2001年12月4日晚，北京地铁1号线一名女子在站台上候车，当车驶入站台时，被拥挤人流挤下站台，当场被列车压死。1999年5月在白俄罗斯，因地铁车站人员过多，造成混乱，导致54名乘客被踩死。地铁公司可以在站台上装设屏蔽门来减少此类事故的发生。

(2)不慎落入和故意跳入轨道

长期以来，因人员跳入地铁轨道，造成地铁列车延误的事件屡次发生，短则一两分钟，长则三五分钟。而地铁列车一旦受到影响，便不能正点行驶，势必影响全局，需要全线进行调整。这不仅影响当事列车上的乘客，而且可能使整条线路甚至其他轨道交通线路上的乘客被延误。

(3)工作人员处理措施不得当

在2003年韩国大邱地铁大火中，地铁司机和综合调度室有关人员对灾难的发生就有着不可推卸的责任。前方车站已经发生火灾后，另一辆1080号列车依然驶入烟雾弥漫的站台，在车站已经断电、列车不能行驶的情况下，司机没有采取任何措施果断疏散乘客，车门紧闭，仍请示调度员该如何处理。行车调度员在事故发生5min后，甚至下达"允许1080号车出发"的指令。

此类事故往往是由于工作人员在事故发生后应急处理不当，而使得事故进一步扩大，地铁公司应加强员工的基本能力训练，提高员工的应急处理能力。

2.设备因素

地铁一般都采用先进的现代化设备，但由于设备的状态不良等原因造成的事故也是非常多见的。一般来说，设备因素主要有车辆因素、轨道因素、供电因素和信号系统因素。

(1)车辆因素

①列车出轨。2003年1月25日，伦敦地铁中，一列挂有8节车厢的中央线地铁列车在行经伦敦市中心一地铁站时出轨并撞在隧道墙上，最后3节车厢撞在站台上，32名乘客受轻伤。同年9月，一列慢速行驶的地铁列车在国王十字地铁站出轨，并导致地铁停运数小时。

②其他车辆设备故障等因素。2003年3月20日，上海地铁3号线闸门自动解锁拖钩故障，停运一个多小时。2002年4月4日，上海地铁2号线因机械故障车门无法开启，停运30min。

(2)轨道因素

2001年5月22日，台北地铁淡水线士林站附近轨道发生裂缝，地铁被迫减速，并改为手动驾驶,10万旅客上班受阻。

(3)供电因素

2003年7月15日上海地铁1号线莲花路到莘庄的列车突然停电,被迫停运62min。经查明原因是由于地铁牵引变电站直流开关跳闸,列车蓄电池亏电过量,致使列车无法正常起动。2003年8月28日,英国首都伦敦和英格兰东南部部分地区突然发生重大停电事故,伦敦近2/3地铁停运,大约25万人被困在地铁中。

(4)信号系统因素

2003年3月17日,上海地铁1号线信号控制系统突然发生故障,停运8min。2003年2月14日,上海地铁2号线中央控制室自动信号系统发生故障,停运20min。

要杜绝此类事故的发生,必须建立健全设备的安全使用制度,定期对设备进行检修,保证设备的良好状态。

3.社会灾害

地铁车站及地铁列车是人流密集的公众聚集场所,一旦发生爆炸、毒气、火灾等突发事件,会造成群死群伤或造成其他重大损失,严重影响社会秩序的稳定。1995年3月20日,日本东京地铁遭受邪教组织"奥姆真理教"施放沙林毒气,导致十余人死亡,5000多人受伤。2003年2月18日,韩国大邱地铁发生的纵火事件造成至少126人死亡,146人受伤,318人失踪。2004年2月6日,莫斯科地铁发生爆炸,造成多人死伤。

(三)城市轨道交通行车事故的预防

城市轨道交通一旦发生事故,所带来的后果是十分严重的。不仅带来不利的社会影响,而且人员伤亡、车辆损毁所造成的经济损失也将十分严重。为了提高地铁运营的安全,有效减少事故的发生和降低事故损失,通过对事故进行分析,可以作出一些预防和处理措施。

1.事故发生前的预防对策

(1)加强对乘客和工作人员的教育

①由于乘客素质对地铁安全有很大的影响,所以应加强市民的地铁安全乘车意识教育,减少由于乘客的失误而引发的地铁运营事故。例如,2004年4月出台的《北京市城市轨道交通安全运营管理办法》中,对乘客的各种危害城市轨道交通安全运营的行为做了规定,并且明确了运营单位工作人员应当履行的安全管理职责。另外,还要多加强对乘客在紧急情况下逃生自救知识的宣传教育。

②统计表明,几乎每一起重大事故都与地铁工作人员的失职有关。所以,务必加强对工作人员的法制教育、技术教育、安全教育和职业道德教育。工作人员要牢

记“安全第一”的运营准则，任何时候都不能麻痹大意。

(2)采用先进的设备及其检测体系

地铁的运营涉及众多人员和先进的设备。车辆因素、线路问题、信号等设备都直接关系到列车的安全运行。车辆所使用的阻燃材料是否合格，安全装置是否充足有效，车辆是否符合运行要求，车辆技术状况的好与坏，都会直接影响到地铁的运行安全。韩国大邱地铁车厢内为了防止触电未安装自动报警设备和自动淋水灭火装置，同时未采用先进的阻燃材料。所以韩国大邱地铁发生火灾时，易燃材料燃烧后产生了大量毒气和烟雾，导致了事故的扩大。

上海地铁有两套自动防火设施和两级自动监控系统，一级设在车站，一级设在中央控制室。自动灭火喷淋系统，有水喷和气体喷两种，可以针对不同的火灾原因进行调控。地铁隧道里还设有专门的排烟装置，一旦发生火灾，隧道内的事故风机系统就会启动，在最短时间内排出有毒烟雾，防止窒息。

北京地铁设有双组变电站供电、紧急照明和应急通风设施，即使在出现两个主变电站同时停电，列车失去牵引力最终停车时，也不会出现地铁“失控”现象。地铁的指挥系统，如调度电话、通信系统等，在失电情况下仍能正常使用，全部由蓄电池供电。

地铁发生意外导致紧急断电，在突如其来的黑暗状态下人员极易发生混乱，造成伤亡。因此，在断电情况下能持续提供光源十分关键。许多城市地铁都安装了自发光疏散指示系统。这些安全标志在完全失去光源的情况下仍然能够利用自身的蓄能发光，以便乘客在黑暗中找到逃生的方向。

另外，还应该将候车安全线改为屏蔽门以杜绝坠落地铁事故，加强车辆维护及检修工作，提高综合服务水平。建立和完善设备状况计量检测体系，确保设备运作的安全度。对已出过的事故苗头、灾害险情要及时记录，用系统安全工程的方法进行评价，及时制订切实可行的整改措施，把工作落到实处，尽量把事故和灾害消灭在萌芽状态。

(3)建立 FAS

为了保证地铁的安全运行，每个地铁系统都应具备 FAS。FAS 对于确保地铁的安全以及正常运营，具有极其重要的作用，是地铁各系统中不可缺少的重要组成部分。受 FAS 保护的具体对象是全线车站、主变电所、车辆段及通信信号楼。FAS 必须是一个高度可靠的系统，接线简单，组网灵活，容易维修和扩展。OCC 应有全线示意图，能监控全线的报警情况。

伦敦地铁当局在所有 115 个地下车站内安装有名为“快速追踪”的火灾探测与报警系统。该设备包括一个探测范围宽广的模拟可寻址烟雾与热量探测系统，以及其他一些诸如遥控关门器、应急有线广播系统、防火阀控制装置、检票门等安全防火设施。每个车站内的电脑能对本区段内的消防设施予以监视与控制。通过预先编制的程序,能对每个车站上的所有消防安全设施进行扫描、搜检,可确认这些设备的特征、位置及所处的形式与工作状况。

地铁系统应具备无线电通信设备和有线通信紧急电话(车站工作人员和司机可通过无线系统或有线电话向控制中心传递事态信息)及站台内 CCTV 视频传输系统。车站内应装设全方位的监视器,实时收集站内各方位视频信息,以免出现地铁发生火灾、爆炸、毒气而控制中心不知情的情况。列车上还应配备有紧急报警按钮,发生火灾爆炸等意外事件时,乘客可迅速按压此按钮通知司机。

(4)制订应急方案并进行模拟演练

事故和灾害是难以根本杜绝的,必须高度重视应急预案的制订。"安全第一,预防为主"是地铁安全正常运营的原则。凡事预则立,不预则废。不同的事故,其应急处理方法不同。只有事先制订多套突发事故应急预案,增强突发性事件的应急处理能力,才能把事故与灾害所造成的人员伤亡和财产损失降到最低程度。迅速的反应和正确的措施是处理紧急事故和灾害的关键。

应急预案是对日常安全管理工作的必要补充。要做到不发生事故,保证地铁运营安全,除了加强员工安全思想教育、提高群体安全意识、健全各项规章制度、严肃劳动纪律和作业纪律、建立安全监督管理机构工作以外,进行事故应急处理模拟演练也是十分必要的。可以增强全员安全生产意识,逐步提高各有关专业和工种的应变能力、协同配合能力和对事故的综合救援能力,达到锻炼员工队伍的目的。例如北京地铁曾在建国门站进行了名为"列车发生爆炸迫停隧道内的应急先期处置"模拟演习。

2. 事故发生后的处理对策

(1)乘客的安全疏散问题

根据地铁重大事故的经验和教训,乘客没有得到快速、及时、安全的疏散是造成严重后果的重要原因。所以,乘客快速、及时、安全的疏散是整个地铁安全体系中极其重要的内容。一个完善的乘客安全疏散方案要尽可能详尽和具体。在 1～2h 不能恢复交通的情况下,地铁公司要立即联系公交公司,在各个地铁出口处设立开往不同地方的专车,有效疏导乘客。发生事故后,地铁应担负起告知乘客的责任,不能以"故障"为借口,忽视甚至漠视乘客的知情权,导致乘客恐惧不安和混乱。

(2)建立事故处理专家系统

地铁事故的分析和处理是一项复杂的、经验性很强的技术工作。近年来,在安全科学领域中计算机技术已与安全管理、安全评价、风险分析预测等工程技术广泛结合,并且推动了安全科学发展的进程。目前,地铁普遍安装了计算机监控系统,但对状态监测的作用没有得到充分发挥,需要有一个后台的故障处理和分析系统来实现对监控信号的处理，充分实现对系统的智能化监控，提高整个监控系统的利用率。

专家系统内部含有大量的某个领域专家水平的知识与经验，能够利用人类专家的知识和解决问题的方法来处理该领域问题。利用专家的经验快速给出处理措施，可以辅助管理人员进行事故处理，提高地铁的安全运行水平。地铁事故处理专家系统就是建立在这样的基础上的。

一旦事故和灾害发生，在全线上运行的列车不能继续按照原先的计划运行图运行，中央控制室必须及时对所有列车运行作出科学、正确的调整。韩国大邱地铁纵火案中正是由于中央控制室管理不力，没有及时阻止另一列列车驶入已经失火的车站，导致了伤亡人员的增加，多数死亡人员也是第二列列车的乘客。

ATC系统中应包括针对发生紧急事故和灾害情况下的列车自动调度系统。这个自动调度系统应该是一个实时专家系统。自动调度系统软件由事实库、规则库、推理机、数据黑板等构成。事实库中主要存放与推理有关的静态事实；规则库中主要存放调度领域的知识，如故障判断规则、运行图调整规则等；推理机模拟调度专家的思维方式，根据事实库中的事实，调用规则库中的规则，逐步进行推理，推理的中间结构暂存在数据黑板上。自动调度系统将及时制订出新的列车运行方案，防止灾害的扩大。

地铁作为大容量公共交通工具，其安全性直接关系到广大乘客的生命安全。安全运营是地铁运输的首要目标和基本原则。要保证地铁运营的安全，地铁运营管理部门应做到以下几点：

①加强对乘客和工作人员的宣传教育。

②装备先进的设备及其检测系统。

③建立监视及报警系统。

④制订应急方案。

⑤进行模拟演练。

⑥事故发生后要注意乘客的紧急疏散。

【任务实践】

针对任务描述中的典型行车事故案例，进行如下的原因分析并提出防范措施。

(一)原因分析

(1)该机班责任心不强，动车前精力不集中，没有确认信号而盲目动车。司机、副司机没有执行标准化作业程序和呼唤应答制度，司机没有对副司机进行认真监控，进而作业中失控，严重违反了《行车组织规则》中“司机凭进路防护信号机的信号显示行车”，导致事故发生。

(2)由于该线线路、道岔及区间的限速，该线列车对比时刻表晚到、晚发现象严重，当4432次列车在晓港准备发车时，4432次列车在市二宫上行1512、1510区段仍未出清，晓港S1307信号机不能开放，行车调度员、车站与司机联控、互控措施不足，行车岗位互控不到位。

(3)规章制度落实不够，员工责任心不强，管理上有漏洞。

①人员管理问题：当值司机是刚从1号线调到该线的第二个班，对该线来说也是新司机。学习副司机在3月18日驾驶实操考试完毕回该线上班后，接二连三地变换师傅，到事发时9d时间换了3名师傅。司机、副司机相互之间业务能力了解不够，两个新司机配班不妥当。

②人员培训问题：当值司机由于前期休假未参加总部该线《行车组织规程》的培训，回来上班期间，参加车务分部培训不系统，对该线的运作和线路不熟悉。

③排班上的问题：该机班在3月26日17时55分到次日0时28分上了一个班；接着在27日10时10分到18时25分上第二个班；本机班在27日上第二个班第五个往返时于晓港站发生冒进信号事故（当天的交路表是跑7个往返共8.3h）。司机出勤前的休息不充分。

④总部技术管理问题：由于技术部门没有最终确定江—晓区间的限速要求，导致新的时刻表未能及时出台，实迹运行图比较混乱，车次晚到、晚发比较严重，晓港站折返压力比较大。

(二)防范措施

(1)各部门要加强员工安全教育，广泛开展"安全第一"的思想教育，把安全责任落实到每一个岗位，使每个员工，具备强烈的安全责任感和紧迫感。

(2)加强对客车司机工作责任心的教育，严格履行岗位职责和执行标准化作业程序，动车前和客车运行中要认真确认道岔、进路和信号，严格按信号显示行车。

(3)司机应认真执行在信号开放后再关闭客室门的作业程序，杜绝此类事故的再次发生。

(4)在行车工作中，各岗位员工必须严格执行呼唤应答制度和车务安全联控措施，做到信号不清不动车，未经确认不动车。

(5)科学合理地安排作业人员的班次、人员之间的搭配，防止行车作业人员出现超劳现象和人为事故的发生。建议明确客车司机班与班之间的间隔和休息时间的要求。

(6)车务部要加大司机作业时的抽查力度，发挥现场监控的作用，指导、检查司机执行呼唤应答制度等标准化作业。

(7)调度票务部根据行车设备状况，及时调整列车时刻表，确保图定列车的正点率。

(8)当列车出现行车间隔不正常的情况时，行车调度员要及时采取应对措施及时调整。

(9)事件发生后，行车调度员没有将事件迅速向有关职能部门进行通报，反映出行车调度员对事故性质的判定不准确，要求进一步加强学习。

(10)调度票务部要与车务部加强沟通，统一各种行车规章的理解，以便行车组织工作的顺利开展。组织行车调度员到现场添乘，了解现场的操作；部门之间的有关安全案例要进行交流，相互学习，互相提高。

【拓展知识】

《铁路交通事故应急救援和调查处理条列》对于铁路行车事故的处理作出了如下规定。

(一)事故报告

(1)事故发生后，事故现场的铁路运输企业工作人员或其他人员应当立即报告邻近铁路车站、行车调度员或者公安机关。有关单位和人员接到报告后，应当立即将事故情况报告事故发生地铁路管理机构。

(2)铁路管理机构接到事故报告后，应当尽快核实有关情况，并立即报告国务院铁路主管部门；对特别重大事故、重大事故，国务院铁路主管部门应当立即报告国务院并通报国家安全生产监督管理等有关部门。发生特别重大事故、重大事故、较大事故或者有人员伤亡的一般事故时，铁路管理机构还应当通报事故发生地县级以上地方人民政府及其安全生产监督管理部门。

(3)事故报告应当包括下列内容：

①事故发生的时间、地点、区间(线名、km、m)、事故相关单位和人员。

②发生事故的列车种类、车次、部位、计长、机车型号、牵引辆数、吨数。

③承运旅客人数或货物品名、装载情况。

④人员伤亡情况，机车车辆、线路设施、道路车辆的损坏情况，对铁路行车的影响情况。

⑤事故原因的初步判断。

⑥事故发生后采取的措施及事故控制情况。

⑦具体救援请求。

事故报告后出现新情况的，应当及时补报。

(4)国务院铁路主管部门、铁路管理机构和铁路运输企业应当向社会公布事故报告值班电话，受理事故报告和举报。

(二)事故应急救援

(1)事故发生后,列车司机或者运转车长应当立即停车,采取紧急处置措施;对无法处置的,应当立即报告邻近铁路车站、行车调度员进行处置。为保障铁路旅客安全或者因特殊运输需要不宜停车的,可以不停车;但是,列车司机或者运转车长应当立即将事故情况报告邻近铁路车站、行车调度员,接到报告的邻近铁路车站、行车调度员应当立即进行处置。

(2)事故造成中断铁路行车的,铁路运输企业应当立即组织抢修,尽快恢复铁路正常行车;必要时,铁路运输调度指挥部门应当调整运输径路,减少事故影响。

(3)事故发生后,国务院铁路主管部门、铁路管理机构、事故发生地县级以上地方人民政府或铁路运输企业应当根据事故等级启动相应的应急预案;必要时,成立现场应急救援机构。

(4)现场应急救援机构根据事故应急救援工作的实际需要,可以借用有关单位和个人的设施、设备和其他物资。借用单位使用完毕应当及时归还,并支付适当费用;造成损失的,应当赔偿,有关单位和个人应当积极支持、配合救援工作。

(5)事故造成重大人员伤亡或需要紧急转移、安置铁路旅客和沿线居民的,事故发生地县级以上地方人民政府应当及时组织开展救治和转移、安置工作。

(6)国务院铁路主管部门、铁路管理机构或者事故发生地县级以上地方人民政府根据事故救援的实际需要,可以请求当地驻军、武装警察部队参与事故救援。

(7)有关单位和个人应当妥善保护事故现场以及相关证据,并在事故调查组成立后将相关证据移交事故调查组。因事故救援、尽快恢复铁路正常行车需要改变事故现场的,应当作出标记、绘制现场示意图、制作现场视听资料,并作出书面记录。任何单位和个人不得破坏事故现场,不得伪造、隐匿或毁灭相关证据。

(8)事故中死亡人员的尸体经法定机构鉴定后,应当及时通知死者家属认领;无法查找死者家属的,按照国家有关规定处理。

(三)事故调查处理

(1)特别重大事故由国务院或国务院授权的部门组织事故调查组进行调查。重大事故由国务院铁路主管部门组织事故调查组进行调查。较大事故和一般事故由事故发生地铁路管理机构组织事故调查组进行调查;国务院铁路主管部门认为必要时,可以组织事故调查组对较大事故和一般事故进行调查。

根据事故的具体情况,事故调查组由有关人民政府、公安机关、安全生产监督管理部门、监察机关等单位派人组成,并应当邀请人民检察院派人参加。事故调查组认为必要时,可以聘请有关专家参与事故调查。

(2)事故调查组应当按照国家有关规定开展事故调查，并在下列调查期限内向组织事故调查组的机关或铁路管理机构提交事故调查报告：

①特别重大事故的调查期限为60d。

②重大事故的调查期限为30d。

③较大事故的调查期限为20d。

④一般事故的调查期限为10d。

事故调查期限自事故发生之日起计算。

(3)事故调查处理，需要委托有关机构进行技术鉴定或对铁路设备、设施及其他财产损失状况以及中断铁路行车造成的直接经济损失进行评估的，事故调查组应当委托具有国家规定资质的机构进行技术鉴定或评估。技术鉴定或评估所需时间不计入事故调查期限。

(4)事故调查报告形成后，报经组织事故调查组的机关或者铁路管理机构同意，事故调查组工作即告结束。组织事故调查组的机关或铁路管理机构应当自事故调查组工作结束之日起15d内，根据事故调查报告，制作事故认定书。事故认定书是事故赔偿、事故处理以及事故责任追究的依据。

(5)事故责任单位和有关人员应当认真吸取事故教训，落实防范和整改措施，防止事故再次发生。国务院铁路主管部门、铁路管理机构以及其他有关行政机关应当对事故责任单位和有关人员落实防范和整改措施的情况进行监督检查。

(6)事故的处理情况，除依法应当保密的外，由组织事故调查组的机关或铁路管理机构向社会公布。

六 技能拓展

分析一例典型的铁路行车事故。

1.事故概况

××年4月11日9时32分，××局××机务段DF11319号机车担当的青岛开往广州东的T159次旅客列车，运行至广州铁路集团管内京九下行线林寨站至东水站间K2067＋000处，与武昌开往汕头的1017次旅客列车发生追尾，造成1017次尾部1位发电车、尾部2位宿营车、尾部3位硬卧车颠覆，尾部4位硬卧车脱轨，中断京九上下行线行车9h58min，2名铁路职工死亡，3名铁路职工、18名旅客受伤，构成旅客列车重大事故。

2.原因分析

造成这起事故有多方面的原因，最重要的有如下三个方面。

(1)机车乘务员一系列违章作业，是造成这起事故的主要原因。

一是臆测行车。T159次列车机车乘务员在20667号区间通过信号机时，因1017次列车占用而显示红灯，臆测信号机故障，认为防护区间没有列车，盲目行车。二是错认信号。机车乘务员在得到车站值班员通知20679号信号机故障后，错误地将正常显示红灯的20667号信号机认为是故障信号机，并将地面信号与机车信号故障混淆，错认为机车信号也处于故障状态，导致产生了没有严格按信号显示行车的严重错误。三是恶性解锁。在地面信号故障的情况下，机车乘务员违规调用机车故障监控模式，并在没有向行车调度员提出转换机车信号故障模式请求和得到调度命令的情况下，擅自编拟虚假调度命令号并输入监控装置，启动"机车信号故障模式"控车，破坏了监控装置对地面信号故障的运行防护条件。四是违章操纵。在自闭信号显示红灯的情况下，严重违反《技术管理规程》规定，仅停车44s，并以48km的时速进入有车占用的闭塞分区，导致旅客列车追尾事故发生。

(2)电务部门对信号故障处理不及时，是造成这起事故的重要原因。

从3月6日到发生事故的35d中，20679号信号机共发生6次故障，都未及时处理。事故发生当天，T185次列车司机于2时24分报告该信号机发生故障，至事故发生时长达近7h未恢复，不仅严重影响列车运行秩序，而且导致追踪2013次列车运行的1017次列车在林寨站开车后，时隔38min17s尚停留在该站三离去区段，给列车安全埋下了重大隐患。T159次列车机车乘务员正是在信号机故障情况下发生了一系列违章行为，最终酿成这起重大旅客列车追尾事故。

(3)车站值班员作业不规范，处理不当，是造成这起事故的另一个重要原因。

车站值班员违反了《车机联控作业》(TB/T 3059—2009)，提示行车安全信息不及时、不准确、不规范，为事故发生埋下了严重隐患。在T159次列车林寨站开车前，车站控制台明确显示1017次仍占用三离去区段，但车站值班员在车机联控中只提示机车乘务员"20679信号机故障，注意运行"，不仅没有作出及时、规范、准确的提示，反而对机车乘务员臆测前方闭塞分区无车占用产生误导作用。当T159次列车机车乘务员用无线电话向车站值班员询问"地面信号不好，机车信号好否"时，车站值班员盲目回答"两个都不好了"，又对机车乘务员混淆地面信号故障与机车信号故障产生误导作用。

(4)工程质量缺陷，尤其是隧道渗水，是造成信号故障频繁发生的重要原因。

从事故发生的过程和原因看，这是一起多环节严重违章、不负责任造成的事故，是一起完全不应该发生的事故，性质、后果、危害极其严重。

七 复习思考

(1)什么是行车事故？

(2)行车事故的管理原则是什么？

(3)行车事故的分类是怎样的?

(4)重大事故、大事故的调查处理程序是怎么样的?

(5)造成城市轨道交通事故的因素有哪些?

八 实训演练

(1)模拟演练乘客坠入站台轨行区的事故分析及处理。

(2)搜集所在城市的地铁火灾应急预案,并进行模拟实训。

九 交流与讨论

尽可能多地列举城市轨道交通行车事故原因,与其他小组交流,并讨论如何预防。

参 考 文 献

[1] 费安萍. 城市轨道交通行车组织[M]. 成都:西南交通大学出版社,2007.

[2] 胡思继. 铁路行车组织[M]. 北京:中国铁道出版社,2002.

[3] 赵况英,冯俊杰. 铁路行车组织与管理[M]. 北京:中国铁道出版社,2002.

[4] 季令,张国宝. 城市轨道交通运营组织[M]. 北京:中国铁道出版社,2003.

[5] 何宗华,汪松滋,何其光. 城市轨道交通运营组织[M]. 北京:中国建筑工业出版社,2003.

[6] 毛保华,姜帆,刘迁,等. 城市轨道交通[M]. 北京:科学出版社,2002.

[7] 牛凯兰,牛红霞. 城市轨道交通行车组织[M]. 北京:机械工业出版社,2009.

[8] 万传军. 列车自动控制系统的设计与实现[J]. 西安石油学院学报,2005(18).

[9] 刘铭. 列车自动防护系统(ATP)技术[J]. 上海铁道科技,2003(3).

[10] 吴汶麒. 轨道交通运行控制与管理[M]. 上海:同济大学出版社,2004.

[11] 蔡铭军. 列车的自动防护和自动驾驶技术[J]. 电子工程师,2000(8).

[12] 余向海. 城市轨道交通列车自动监控系统模块分析[J]. 电子工程师,2000(5).

[13] 孙章,何宗华,徐金祥. 城市轨道交通概论[M]. 北京:中国铁道出版社,2000.

[14] 孙有望,李云清. 城市轨道交通概论[M]. 北京:中国铁道出版社,2003.

[15] 何宗华,汪松滋,何其光. 城市轨道交通车站机电设备运行与维修[M]. 北京:中国建筑工业出版社,2003.

[16] 魏晓东. 城市轨道交通自动化系统与技术[M]. 北京:电子工业出版社,2004.

[17] 彭其渊. 客运专线运输组织[M]. 北京:科学出版社,2007.